行远自迩

张铁城 ◎ 著

提高中学历史课堂教学有效性的
实践和研究

世界图书出版公司

图书在版编目（CIP）数据

行远自迩：提高中学历史课堂教学有效性的实践和研究 / 张铁城著 . -- 北京：世界图书出版公司，2020.6

ISBN 978-7-5192-7470-2

Ⅰ.①行… Ⅱ.①张… Ⅲ.①中学历史课—课堂教学—教学研究 Ⅳ.① G633.512

中国版本图书馆 CIP 数据核字（2020）第 069389 号

书　　　　名	行远自迩：提高中学历史课堂教学有效性的实践和研究
（汉语拼音）	XINGYUAN ZI'ER：TIGAO ZHONGXUE LISHI KETANG JIAOXUE YOUXIAOXING DE SHIJIAN HE YANJIU
著　　　　者	张铁城
总　策　划	吴　迪
责　任　编　辑	冯晓红　刘贝贝
装　帧　设　计	刘　岩
出　版　发　行	世界图书出版公司长春有限公司
地　　　　址	吉林省长春市春城大街 789 号
邮　　　　编	130062
电　　　　话	0431-86805551（发行）　0431-86805562（编辑）
网　　　　址	http：//www.wpcdb.com.cn
邮　　　　箱	DBSJ@163.com
经　　　　销	各地新华书店
印　　　　刷	北京虎彩文化传播有限公司
开　　　　本	787 mm×1092 mm　1/16
印　　　　张	15.25
字　　　　数	272 千字
印　　　　数	1—5 000
版　　　　次	2022 年 6 月第 1 版　2022 年 6 月第 1 次印刷
国　际　书　号	ISBN 978-7-5192-7470-2
定　　　　价	45.00 元

行远自迩：追求更高的历史教学境界

　　"行远自迩"一语出自《礼记·中庸》，意思是要实现远大的目标，必须从近处开始。这虽是日常生活中的细微道理，但隐含着深刻寓意。它告诉我们，做任何事情首先必须有一个远大而确定的目标，做事时要依据事物的自然规律，脚踏实地，循序渐进，不可操之过急。中学历史教学研究也是如此，应首先立足于区域的教学实际，紧盯学科领域的理论最前沿，把远大的目标和务实的日常教研结合起来，心中有梦想，脚下有方向，不忘初心，与时代同行，以求达成更高的教学境界。

　　为全面推进素质教育，2001年6月，教育部印发《基础教育课程改革纲要（试行）》，指出基础教育课程改革的具体目标是改变课程过于注重知识传授的倾向，强调形成积极主动的学习态度，使获得基础知识与基本技能的过程同时成为学会学习和形成正确价值观的过程。改变课程实施过于强调接受学习、死记硬背、机械训练的状况，倡导学生主动参与、乐于探究、勤于动手，培养学生收集和处理信息的能力、获取新知识的能力、分析和解决问题的能力以及交流与合作的能力。《基础教育课程改革纲要（试行）》的颁布正式拉开了中华人民共和国成立以来第八次基础教育课程改革的序幕。

　　21世纪是人类社会面临深刻变化的时代，教师正被重新发现，教师专业化发展已成为国际教师教育改革的趋势，受到许多国家的重视，也是当下教育改革实践提出的一个具有重大理论意义的课题。正是在教师专业化发展的进程中，教师在教育实践中的主体地位和主体作用得到确认，教师的工作作为重要的专业和职业得到确认，教师发展的意义和可能得到确认。课程改革对教师专业化发展提出了更高要求，教师专业化成长关系到新一轮课程改革能否取得成功。"没有一支教学水平高、业务能力强和抱负远大的专业队伍，任何改革都不会长久。"（摘自美国《国家为21世纪的教师作准备》）《基础教育课程改革纲要（试行）》提出了转变教师教学行为和学生学习方式的任务，要求教师在实施新课程中必须加强课堂教学改革实验与研究，以教学研究和教育科学研究来推动课堂教学改革，以课堂教学改革来推进新课程的实施。人们对教学改革的热情开始转化为更加理性的认识，更加关注如何转变教师的教学方式和学生的学习方式。教师的专业化发展主阵地是课堂，"上好课"是教师专业化成长的支点。虽然很多教师对教学方式的研究取得了一定的成果，但从总体上看，如何实现课堂教学有效性还远远没有取得突破性的进展。提高教学有效性研究和促进教师专业化发展是相互交融的，是相伴而行、相随而生的，教师的专业水平是影响教学有效与否、效率高低的重要因素，教学的双边性、反馈性决定了教学的进步既是学生的发展，又是教师的成长和提高，正所谓"教学相长"。教师专业水平的提高是其教学有效性不断提高的过程，教学的有效程度则是教师专业化发展水平最全面、最客观的评判依据。

关于教学有效性的论述，可上溯到中国古代专门论述教育教学问题的《学记》。《学记》指出："善歌者，使人继其声；善教者，使人继其志。"形象地说明了教师在教育过程中的主导作用。"君子之教，喻也。道而弗牵，强而弗抑，开而弗达。道而弗牵则和，强而弗抑则易，开而弗达则思。和易以思，可谓善喻也。"这就要求教师在教学过程中善于启发引导，充分调动学生的积极性，鼓励学生积极思考，使教学过程成为师生共同活动的过程；师生之间要和悦相亲，教师对学生要严格要求，但不要压抑其个性与需求；引导学生打开思路，但不要急于提供现成的答案，以培养学生独立思考的能力。提出"教学相长"，师生相辅相成，相互促进。

作为一种现代教学理念，有效教学理论兴起于20世纪上半叶西方的教学科学化运动，是指教师遵循教学活动的客观规律，以尽量少的时间、精力和物力投入，取得尽可能多的教学效果，其核心思想是要求教师关注学生的进步或发展，关注教学效益。美国的布卢姆在1956年出版的《教育目标分类学·认知领域》中指出：有效的教学始于准确地知道希望达到的目标是什么。在此后的研究中他又提出了一套完整的"掌握学习"的教学策略，认为只要提供恰当的材料和进行教学的同时给学生充分的学习时间与恰当的帮助，那么几乎所有的学生都能达到并掌握规定的目标。

有效教学着重关注的是教师提高工作效益、强化过程评价和目标管理，教师要遵循教学活动的客观规律，以尽量少的时间、精力和物力投入，实现教学目标和学生的个性培养与全面发展，取得尽可能好的教学效果。其基本的体现包括：有效果，即教学活动结果与预期教学目标的吻合程度；有效率，即以少量的投入换得较多的回报；有效益，即教学活动的收益、教学活动价值的实现，具体是指教学目标与特定社会和个人的教育需求是否吻合及吻合的程度。

所谓"有效"，主要是指通过教师在一段时间的教学后，学生所获得的具体进步或发展。有效教学的"教学"，是指教师引起、维持和促进学生学习的所有行为与策略。教师，不是简单的知识传输者，教育应是人与人之间的沟通，教师在传授知识的同时与学生建立良好的沟通模式才是教育的根本。一节高效的课应该是精雕细琢的，一节高效的课更应该是眼中有人的，眼中有人的课堂一定是有生命的课堂，有生命的课堂一定是有思想、有情感、有生活的课堂，是能影响学生生命质量的课堂。因此教学有没有效益，并不是指教师有没有教完内容或教得认不认真，而是指学生有没有学到什么或学得好不好。如果学生不想学或者学了没有收获，即使教师教得再辛苦也是无效教学。同样，如果学生学得很辛苦，但没有得到应有的发展，也是无效或低效教学。因此，有效教学强调关注学生的进步和发展，学生有无进步或发展是教学有没有效益的唯一指标。

课程改革的深入实施过程也为教研工作提出了新问题和新挑战，研究、服务和指导课堂教学的任务更加凸显，教研员要不断强化问题意识，将教育教学中的重点、难点和热点问题转化为研究课题，开展各种个性化的课题研究，把教育理论与教学实践有效融合。"纸上得来终觉浅,绝知此事要躬行。"为此,我们于2013年开始在梅州区域内开展广东省教育科学规划课题"提高高中历史课堂教学有效性,促进历史教师专业化发展的策略研究",课题组成员和子课题主持人均是中学历史骨干教师。在研究过程中突出课堂教学主阵地,整合教研和科研,引导历史学科开展校本教研,以解决"教学问题",变教室为研究室,变教师为研究者,发挥集体智慧,促进每位教师自我反思创新;引导历史教师开展基于"有效教学"理念的历史课堂教学设计,借鉴他人的经验和智慧来设计自己的教学方案,解决自己教学中真实的问题;引导历史教师开展基于"教学对话"的历史课堂教学案例研究。该课题研究教学与课程的整合问题、师生关系的互动问题、学生学习方式的转变问题、小组合作学习等问题;引导教师开展基于"问题解决"的教学反思,使其养成对自己的教学现象、教学问题进行独立思考和提出创新性见解的习惯,真正成为教学和教研的主人,成为一名新课程的实践者、推动者;引导全市中学历史教师追求高效而富有个性特色的课堂教学,为梅州打造一批具有现代教育理念的优秀中学历史教师,为粤东北山区中学历史教学提供可资借鉴的经验。

本书就是上述课题的研究过程和作者多年来在历史教学教研方面的相关成果的凝练,内容包括梅州中学历史教学现状调研报告、课题(含子课题)研究报告、历史教学论文、历史高考中考复习教学指导、教学反思和教研心得等。"精华在笔端,咫尺匠心难。"这些成果呈现了梅州区域内的中学历史教学文化,展示了课程改革以来梅州区域内中学历史学科提高课堂教学有效性的实践智慧,这些教学实践智慧是立足于课堂教学实践活动之上的学科教学知识与学科教学技能的有机整合,作为一种"案例知识"积累,恰恰就是促进历史教师专业发展的核心内容。

"行之力则知愈进,知之深则行愈达。"越是深入实践,知识就越能不断增长,认识就越能不断精进;有了更深刻的认识,实践才越有方向,越能达到更高目标。时代在发展,教育在不断创新,新时代的教师绝不能固守在经验化的自我满足之中而止步不前,要做一名既能运筹于笔墨又能决胜于课堂的与时俱进的优秀教师。2018年,教育部发布了新修订的《普通高中课程方案和语文历史等学科课程标准（2017年版）》，把党的教育方针关于人的全面发展要求和立德树人根本任务进行具体化、细化，将目标聚集于培养我国学生跨学科核心素养和学科核心素养，这一变化将进一步深化新时代基础教育课程改革。那么新时代中学历史教师应如何深刻领会历史课程的本质和历史教育价值？如何全面认识历史学习对学生全面发展、个性发展和持续发展的重要意义？如何转变课堂教学的育人模式，实现从知识本位到育人本位、从学科本位到学生素养发展本位的根本转型，提高核心素养导向下的中学历史课堂教学有效性？唯愿本书的成果凝练对达成这种更高的历史教学境界有所启发和帮助。

编 者

2019年6月3日

目 录

上 篇

知之深，行愈达——躬行篇

课程改革背景下梅州市中学历史课堂教学现状分析 ………………………… 2

提高高中历史课堂教学有效性　促进历史教师专业化发展的策略研究实施过程………30

　　提高高中历史课堂教学有效性　促进历史教师专业化发展的策略研究课题开题报告 … 30

　　提高高中历史课堂教学有效性　促进历史教师专业化发展的策略研究课题中期总结 … 43

　　提高高中历史课堂教学有效性　促进历史教师专业化发展的策略研究课题结题工作 … 49

　　提高高中历史课堂教学有效性　促进历史教师专业化发展的策略研究课题研究报告 … 58

提高高中历史课堂教学有效性　促进历史教师专业化发展的策略研究子课题研究过程………69

　　山区高中历史教师专业化发展现状及对策研究——以梅州山区高中历史教师为例 … 69

　　新课改背景下高中历史高效课堂的自主学习教学模式研究 …………………… 76

　　山区学校高效历史课堂教学模式研究 ……………………………………… 82

　　注重细节教学提高高中历史课堂教学的有效性 …………………………… 86

　　乐学高效历史课堂教学模式研究 …………………………………………… 93

　　目标导航+历史体验+探究能力提升教学模式研究 ……………………… 98

　　构建学导型高中历史高效课堂教学模式的研究 ………………………… 102

　　以生为本打造高中历史高效课堂策略研究 ……………………………… 108

下 篇

以匠心，致初心——学思篇

略论研究性学习中历史课题的选择 …………………………………………… 118

历史新课程的教学过程和教学设计 …………………………………………… 122

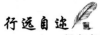
开发客家地方教材　支撑梅州绿色崛起 …………………………………… 127

2011年梅州市初中毕业生学业考试历史试卷分析和初中历史教学建议 ………… 134

突出主题教学　打造历史高效课堂 ……………………………………… 141

2012年广东高考文综历史试题简评与2013年备考建议 …………………… 149

2014年梅州市初中毕业生学业考试历史试卷分析和提高初中历史教学有效性的策略 … 158

基于素养立意的历史课堂教学优化策略 ………………………………… 169

主动融入21世纪海上丝绸之路建设　助推梅州加快实现振兴发展宏伟目标 ……… 178

让校园成为师生共同的精神家园 ………………………………………… 183

基于历史意识培养的史料教学优化策略 ………………………………… 188

高考全国卷历史命题特点和历史复习教学新路径 ……………………… 195

精准把握高考历史命题趋势　知行合一提升历史备考质量 …………… 208

附　录 ……………………………………………………………………… 219

　　新趋势·新挑战·新机遇 …………………………………………… 219

　　2018年广东省"新修订普通高中课程方案和课程标准省级培训"培训日志 ……… 228

上 篇

知之深，行愈达——躬行篇

纸上得来终觉浅，绝知此事要躬行。

——（宋）陆游《冬夜读书示子聿》

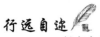

课程改革背景下梅州市中学历史课堂
教学现状分析

梅州地处广东省东北部，北邻赣南，东连闽西，是粤闽赣边区域性中心城市。梅州是客家人比较集中的聚居地之一，"文物由来第一流"，被誉为"世界客都"；是叶剑英元帅的故乡，也是国家历史文化名城。

一、梅州素有"文化之乡"的美誉，崇文重教氛围浓厚，文教底蕴深厚

教育一直是"世界客都"梅州的突出优势和重要品牌。梅州地处山区，交通不便，信息闭塞，经济落后，土瘠民贫，但客家人富有理想与担当，具有崇文重教的优良传统。"梅花端的种梅州"，梅花为百花魁首，激励着历代莘莘学子以"梅花香自苦寒来"自勉，蕴含着梅州成为"文化之乡"的深刻意义。客家人自认是中原冠带之后，负有传承中原正统文化的责任，民众文化素养底蕴深厚，自古视上学求知、教化子女、树德良行为人生头等大事，有着"耕可养身读可养心，身心无恙多可安泰；饥能壮志寒能壮气，志气不凡必有大成"的优良品性，形成了"宁肯挑担、卖柴、做苦力，也要供子女读书"的优良传统和社会风尚。崇文尚学，读书至上；光前裕后，教育为先；客家风华聚梅州，呈现出"学舍最多文教盛、满街儿女挟书囊"的盛况。

科举考试是古代衡量一个地方文教事业发展水平的重要尺度，梅州历代成绩骄人，"九子七成才""三代三翰院""父子同进士"等关于科举的故事至今还为客家人津津乐道。山多田少的自然环境、历代官员的重视和支持、地方士绅的办学、强大的社会舆论是梅州教育兴盛的外在因素，而深厚的家学渊源和书香风气、竞争的乡土环境、家族的全方位支持、广泛的社会网络、善于抓住机遇则是其教育兴盛的内在因素。从唐敬宗宝历二年（826）到清光绪三十

（1904）的千余年间，全州登科第者共计中进士234人，选翰林院学士33人，举人1645人，秀才16479人。特别是清朝时期，梅州科举成绩高居全省榜首，被誉为"人文秀区"，成为著名的文化之乡。崇文尚学传统，让梅州较早就形成了相当庞大的教育规模。清乾隆年间，时任广东督学的吴鸿称"嘉应（梅州的古称）之为州也，人文为岭南冠"，学校密度之大，国内少见。据不完全统计，清宣统三年（1911），嘉应州共有小学堂803间、中学堂9间、女子学堂2间。梅州各地都有古老的学宫、学堂，兴宁学宫、五华学宫、梅县丙村三堡学堂等遗存至今。

民国时期，梅州教育亦走在了全省乃至全国前列。曾在梅州传教20余年的法国神父赖查斯在其《客家词典》自序中，记述了当时梅州的教育盛况：嘉应州，这个不到三四十万人口的地方，我们可以看到随处都是学校，一个不到三万人的城市中，便有十余间中学和数十间小学，学生人数几乎超过城市内居民的一半。按照人口比例来说，不但全国没有一个地方可以和它相比较，就是较之欧美各国也毫不逊色。1935年，当时的省教育厅考查全省国民教育，梅县（今梅县区）列居第一。1945年，国民政府教育部报告全国普及教育情况，江苏武进名列第一，梅县居第二。梅州历来发达的教育造就了一代又一代的名士英才，历史上梅州孕育了两院院士30名，大学校长340名，国共两党将军518名。

中华人民共和国成立以来的几十年里，梅州教育更是呈快速发展的势头，先后实现了普及初等教育、基本普及九年义务教育和基本扫除青壮年文盲的目标，至二十世纪七八十年代，梅州基础教育仍处于整个广东省前列。2000年获得了全国"普九"先进市称号。

崇文重教的传统塑造了客家人在逆境中奋斗求生、在苦寒中开天辟地的独特性格，支撑了梅州在客观条件比较落后的情况下经济社会的不断发展，使梅州成为近代史上著名的文化之乡、华侨之乡和足球之乡，强化了梅州作为"世界客都"的效应。二十世纪九十年代开始，特别是新一轮课程改革以来，梅州基础教育的发展水平与省内其他经济发达地区的差距不断加大。课程改革强烈地冲击着现有的教育人才体系，对广大教师的专业结构、专业技能提出了新挑战，教师专业素质难以适应新一轮课程改革的要求，成为梅州教育发展的"瓶颈"。山区学校的教师在职业道德意识、教育观念、创新意识、研究能力、知识面等诸多方面存在许多不可忽视的潜在问题。随着新课程改革的不断深化，

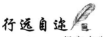

梅州教师的整体素质与全面教育要求的矛盾必将凸显出来，因此，改革与发展教师教育，推进教师的专业化水平势在必行。

2008年，为深入贯彻党的十七大和省委十届二次全会、市委五届三次全会精神，根据《中共梅州市委关于贯彻〈中共广东省委关于开展"继续解放思想，坚持改革开放，争当实践科学发展观的排头兵"学习讨论活动的通知〉的实施意见》的要求，为了更具体准确地查找梅州教育在人才培养和储备方面的短板，谋划梅州教育人才培养的发展目标思路，推动梅州市教育又好又快发展，根据市委有关开展八大专题调研的指示精神，梅州市教育局在教育系统内深入开展了"彰显后发优势，实现绿色崛起"人才战略专题教育子课题调研活动。调研组先后深入梅州市8个县（市、区）及市直学校计60余所学校，召开各类型座谈会30余场次，走访教育行政干部、中小学校长和教师，广泛征求意见建议，分析查摆相关问题，探讨发展目标思路，提出解决问题的对策措施。

由于梅州辖区内中心城市及各县城、市镇规模小，城市化水平较低，对教育人才的聚集能力相对较弱；全市除一所嘉应学院外，没有国家级、省级的较大规模的教育人才培养和聚集平台；各级各部门仍未切实树立教育人才既是"软件"更是"硬件"和教师队伍建设是教育第一资源建设的观念，导致长期以来我市教育优秀人才增长缓慢，人才存量与基础教育改革发展和实现我市"绿色崛起"蓝图的要求不相称。

梅州教师队伍总体现状是优秀拔尖人才存量少，学科带头人紧缺，领军式骨干教师队伍尚未形成。普通高中师生比例低于全国、全省水平，高职称、高学历教师外流现象严重。教师队伍整体素质与教育形势发展要求有较大差距。教师中第一学历为本科的比例较小。在本科以上学历的人才中，有相当一部分人才的学历是通过继续教育取得的，即后续学历，学历与实际教育教学能力有很多是不对称的，真正有学位和教育能力较强、素质较高的教育人才比较紧缺。此外，还存在着教师层层拔高使用的问题。部分教师教育观念落后，思想陈旧，特别是一些教师没有真正地从传统的教育观、陈旧的教学观和传统的师生观中解放出来。教育人才的创新能力未能完全适应创新人才的培养需要，经验型的"教教材"的"教书匠"式教师多，有创新智慧，有所发现、有所创造的科研型教师少，与素质教育的要求不相适应。由于一些社会环境的干扰和个人内在事业驱动力的减退，部分中年骨干教师职业信念不够坚定，个人功利主义表现比较严重，素质提高缓慢。

二、课程改革背景下梅州中学历史教学存在的问题和原因分析

从2004年开始，高中历史课程改革实验提出了新的基本理念、课程结构、教学内容、教学要求。新课程的实施关键是要转变课堂教学，为此，通过在梅州地区进行问卷调查来研究新课程背景下高中历史教师课堂教学行为，调查研究高中历史教师的备课行为、课堂教学情况、课后教学反思、课程观念等成为首要问题。在分析问卷调查结果的基础上，我们提出了高中历史教师应主动迎接挑战，完善培训和建立新课程的课堂教学评价的建议，并对高中历史课堂教学现状以及影响高中历史课堂教学低效的因素进行分析探讨，提出了提高高中历史课堂教学效率的策略。

《新课程背景下高中历史教师课堂教学行为调查问卷》主要涉及教师的课堂教学行为（备课，课堂教学方法、手段、形式，课堂管理，等等）和教师的教育理念等。下面选取梅州市三所中学历史教学现状的调查分析报告。

（一）"山区学校高效历史课堂教学模式研究"子课题组：以蕉岭县蕉岭中学老师为例

1. 调查方法与对象

本次调查以不记名的方式进行，围绕高中历史教学的有效性设计了常见的25个问题，并展开问卷调查。调查对象是本校15位一线历史教师，发出问卷15份，有效问卷15份。

2. 问卷统计结果

问卷的统计结果见表1。

表1　问卷的统计结果

题号	问题	选项	百分比/%
1	将新授内容与学生已有知识联系起来	从未	0
		有时	0
		经常	93.33
		总是	6.67

续 表

题号	问题	选项	百分比/%
2	明确规定讨论的主题和提出讨论的目的	从未	0
		有时	53.3
		经常	33.3
		总是	13.4
3	提出的问题是大多数学生能通过思考正确回答的	从未	0
		有时	40.0
		经常	46.7
		总是	13.3
4	教师和学生都始终围绕教学目标开展活动	从未	0
		有时	13.4
		经常	33.3
		总是	53.3
5	向学生提出既使学生感到有一定难度又通过努力可以解决的问题	从未	0
		有时	6.67
		经常	53.33
		总是	40.0
6	使课堂教学活动有条不紊地开展	从未	0
		有时	0
		经常	66.7
		总是	33.3
7	自然、恰当地运用注视、凝视、监视等眼神辅助教学	从未	0
		有时	6.6
		经常	46.7
		总是	46.7
8	课堂规则清晰、明确，规定了学生应该怎么做	从未	0
		有时	6.67
		经常	53.3
		总是	40.0

续 表

题号	问题	选项	百分比/%
9	重视教怎么办的程序性知识而非是什么的陈述性知识	从未	0
		有时	20.0
		经常	53.3
		总是	26.7
10	适时引导学生的讨论，保证讨论围绕主题和有明确的方向	从未	0
		有时	13.3
		经常	73.4
		总是	13.3
11	提问后 3~5 秒再叫学生回答	从未	0
		有时	6.7
		经常	40.0
		总是	53.3
12	让学生迅速地将注意力集中于教学内容	从未	0
		有时	13.3
		经常	73.4
		总是	13.3
13	教学活动几乎占用了课堂教学的全部时间	从未	20.0
		有时	20.0
		经常	60.0
		总是	0
14	准确地讲授内容，不使学生出现误解	从未	0
		有时	6.7
		经常	80.0
		总是	13.3
15	启发式激励学生思考和参与	从未	0
		有时	0
		经常	86.7
		总是	13.3

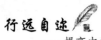

续 表

题号	问题	选项	百分比/%
16	通过提问、提示、支持、鼓励，让学生参与课堂讨论	从未	0
		有时	6.6
		经常	66.7
		总是	26.7
17	给优秀学生更多回答问题的机会	从未	40.0
		有时	46.7
		经常	13.3
		总是	0
18	采取适合学生学习基础、兴趣和需求的教学方法	从未	0
		有时	26.7
		经常	66.7
		总是	6.6
19	创建师生关系温暖、友好、融洽的课堂教学环境	从未	0
		有时	0
		经常	46.7
		总是	53.3
20	布置与教学内容直接相关的课堂作业和家庭作业	从未	0
		有时	6.7
		经常	33.3
		总是	60.0
21	教学生学习策略、思考方法和培养学生解决问题的能力	从未	0
		有时	20.0
		经常	53.3
		总是	26.7
22	看重和肯定学生学习上的努力和所取得的成就	从未	0
		有时	6.7
		经常	40.0
		总是	53.3

续 表

题号	问题	选项	百分比/%
23	根据学生实际及时调整教学速度或进度	从未	0
		有时	0
		经常	60.0
		总是	40.0
24	创建合作的课堂教学环境	从未	0
		有时	13.3
		经常	60.0
		总是	26.7
25	对课堂讨论进行小结或归纳	从未	0
		有时	0
		经常	86.7
		总是	13.3

3. 结果分析

（1）教学态度和教学经验方面：调查的数据反映出，绝大部分教师对工作是认真的，经过多年的新课改实践，教师非常注重高中历史课堂的有效性，在教材钻研、课堂教学进度的调控、教学方法的选择、创建合作的课堂教学环境等方面力求做到最好。

（2）存在的主要问题：调查的数据反映出，作为山区学校的教师，思想仍略显保守，课堂开放性、学生主体作用的发挥等方面需要改进。

（二）"山区学校高效历史课堂教学模式研究"子课题组：以蕉岭县蕉岭中学学生为例

1. 调查方法与对象

本次问卷调查以不记名的方式进行，共提出了28个问题，设计的问卷涵盖了学生对历史学习过程的认识、体会和评价。调查对象是本校48位高一年级学生，发出问卷48份，有效问卷48份。

2. 结果和分析

问卷的统计结果表略，结果分析如下。

（1）学习态度方面：调查的数据反映出，大部分学生对历史学科是感兴趣

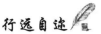
的，学习主动、积极性较高。课堂上能积极思考老师的提问，课后能认真完成作业，对于自主、合作等探究方式较为感兴趣，并对新时期的历史教师提出了较高的要求。

（2）学习方式方法状况：调查的数据反映出，目前大部分学生的历史学习处于由传统方式向现代方式转变的过程中，在教师的引导下基本上摆脱了机械记忆的方法，知道了理解记忆的重要性并正在尝试；课堂上不再被动地听课，而是慢慢学会了思考并提出一些自己的疑问，对于教师的讲解有时也会质疑；不喜欢单独进行学习，希望教师多组织一些小组形式的探究。

（3）存在的主要问题：调查的数据反映出，不少学生在每节历史课前，并不清楚本节课的学习目标；历史教师提出的教学目标也只是偶尔能够引起学生主动学习的欲望；对于一些开放性问题，学生平时也没有兴趣深入探究。

（三）东山中学高中历史教与学方式的问卷调查分析（陈兴、郑玲玲）

1. 调查时间和对象

调查时间：2014年5月上旬。

调查班级：东山中学高一（38）班。

发放问卷：55份（回收有效问卷53份）。

2. 问卷反馈结果

问卷反馈结果统计如下（括号内的数字为选择该选项的学生的总人数）。

客观题：

1. 年级（　　　）

A. 高二（0）

B. 高一（53）

2. 你喜欢学习历史课程的原因是（　　　）

A. 为了更好地了解中国与世界（33）

B. 因为自己本身就对历史感兴趣（18）

C. 为了鉴往知今，认识现实（28）

D. 为了全面提高自身的素质，报效祖国（9）

E. 为了获得家长、老师的赞扬（0）

F. 为了应付考试（17）

G. 为了进一步受到思想教育（13）

H. 历史教师的课讲得精彩（23）

I. 历史教科书编写得生动有趣（3）

J. 其他（4）

分析：从本题的调查结果可看出，现在的高中生喜欢学习历史是因为认为学习历史有很多用处，虽然有17人认为与"为了应付考试"有关，但还是有62%的人（33人）认为是"为了更好地了解中国与世界"，还有约53%的人（28人）是"为了鉴往知今，认识现实"，可见现在的学生观念有所转变，不再是完全死板地为了分数，而是为了提高自己的综合素质。另外，有近一半的学生（23人）认为与"历史教师的课讲得精彩"有关，可见，教师肩负着重任，应勇于承担责任。

3. 不喜欢学习历史课程是因为（　　　）

A. 历史本身就枯燥无味（5）

B. 不喜欢历史教师讲的课（0）

C. 不喜欢现在使用的历史教科书（8）

D. 历史课程要记忆的东西太多（28）

E. 其他（12）

分析：在回答不喜欢学习历史课程的原因中，占最大比重的是"历史课程要记忆的东西太多"（28人，约53%），这是由高考指挥棒、学科特点决定的，这个问题确实不好解决。但教师要帮助学生将知识由繁化简，掌握规律，从系统的知识框架中引导学生，帮助学生解决困惑。

4. 你喜欢目前的历史自主学习方式吗？（　　　）

A. 特别喜欢（0）

B. 比较喜欢（35）

C. 不太喜欢（16）

D. 一点也不喜欢（3）

5. 目前你学习历史的状态是（　　　）

A. 主动学习（我要学）（25）

B. 被动学习（要我学）（28）

分析：从本题的调查结果可看出，高中学生的历史学习动力不足，一半以上的学生都认为是被动学习，而学习的内在动力是学生前行的重要源泉之一。

11

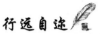

因此，在以后的历史教学中，如何转变学生的观念，变"要我学"为"我要学"，是教师的重要教学目标之一。

6. 你对你的历史学习状况满意吗？（　　　）

A. 很满意（0）

B. 满意（12）

C. 不太满意（37）

D. 很不满意（5）

7. 你的历史成绩不好的原因是（　　　）

A. 对该课程不感兴趣（5）

B. 没有认真学（39）

C. 认真学了，学不会（9）

分析：从本题的调查结果可看出，高一学生普遍不重视历史，不是学不好，而是"没有认真学"。此次问卷调查后，我在学生中多方了解并分析其原因，得出了结论："没有认真学"的最重要原因是高中学习负担重、科目多，学生很难安排时间，特别是上高二后，学生要面临分文理科，且较多学生会选择理科，故而对文科不重视，不想认真学，不愿花时间学。

8. 你认为目前的历史学习方式能否提高你的学习成绩？（　　　）

A. 能（27）

B. 不能（26）

9. 对于一些开放性问题，你平常有兴趣深入探究吗？（　　　）

A. 很有兴趣（3）

B. 有兴趣（19）

C. 一般（24）

D. 没有（6）

10. 你认为与同学合作时，最重要的是（　　　）

A. 自己努力做好分内的事（10）

B. 团结他人，共同努力（21）

C. 经常讨论和交流，综合大家的意见（35）

D. 只按自己的意见做事（0）

11. 你喜欢什么样的合作方式？（　　　）

A. 小组合作（31）

B. 班级合作（10）

C. 跨班级与跨年级合作（16）

D. 个人独立完成，不参与合作（7）

12. 你常用什么样的学习方式学习历史？（　　　）

A. 课前预习（5）

B. 课堂认真听讲（47）

C. 课后认真复习（15）

D. 自学（5）

分析：从本题的调查结果可看出，高一学生要学好历史，最重要的是向课堂40分钟要效益，因为大部分学生是用"课堂认真听讲"这一方式来学习历史的，所以高中教师在课前应做好最充分的准备，争取高效的课堂。

13. 在历史学习中，你以什么方式记忆最有效？（　　　）

A. 理清线索（20）

B. 死记硬背（3）

C. 理解记忆（38）

D. 反复看书（27）

14. 你认为老师布置的作业量如何？（　　　）

A. 量大（1）

B. 适中（28）

C. 量小（24）

15. 你认为在历史学习时，你最需要改进的是什么？（　　　）

A. 学习态度（24）

B. 学习方法（20）

C. 学习习惯（23）

16. 你在每节历史课前，是否清楚地了解本节课的学习目标？（　　　）

A. 每节课都了解（3）

B. 新授课了解（12）

C. 偶尔了解（23）

D. 不知道（12）

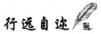

分析： 从本题的调查结果可看出，不少学生对历史课的学习目标不明确或不够重视，这是导致历史课堂效果不佳的重要原因之一。因此，高中历史教师应该在每节历史课前突出强调课程的学习目标，同时在课中重点突破此目标，拿下此目标，让学生有的放矢。

17. 你认为历史老师提出的教学目标能够引起你主动学习的愿望吗？（　　　）

A. 适合我的学习需要，多数能引起我的学习愿望（17）

B. 偶尔让我感到很期待接下来的学习（31）

C. 不能吸引我继续学习下去（6）

18. 你关注自主探究、多维互动教学吗？你认为互动在课堂上的作用是（　　　）

A. 非常重要（20）

B. 可有可无（8）

C. 完全不需要（1）

D. 师生要共同参与（28）

分析： 从本题的调查结果可看出，现在的高中生不像以前的高中生一样只懂得"被动接受"、死记硬背，而是期望互动教学，认为互动在课堂上非常重要，师生要共同参与。这就要求高中历史教师千万不能在课堂上"满堂灌"，而是要转变观念，由"师本教育"逐步向"生本教育"转变。

19. 你怎样看待历史老师的课堂提问？（　　　）

A. 一般都已有明确已知的答案，不能引起我的兴趣（9）

B. 提问能引起我对所学知识进行批判性的反思（20）

C. 提问有一定的难度，但确实能引发我对知识的深入探索和发现（14）

D. 提问基本都是在帮助我分析、复习、记忆所学知识点（21）

20. 课堂上你主动回答问题的主要原因是（　　　）

A. 问题简单，有把握（25）

B. 能够展现自己（14）

C. 配合老师（16）

D. 希望和老师、同学交流互动（19）

21. 如果是小组讨论问题，你会如何参与？（　　　）

A. 听别人说（7）

B. 自己想自己的（8）

C. 和同学一起讨论（43）

D. 请老师帮助（1）

分析：从本题的调查结果可看出，高中学生急切盼望"生本教育"，盼望与同学一起讨论，在讨论中成长。

22. 你对历史学习过程中的疑问一般通过哪种方式解决？（　　）

A. 向任课老师提问，在老师的帮助下解决问题（23）

B. 与同学商量、讨论解决（35）

C. 通过查阅书籍、上网等方式解决（17）

D. 在课外辅导班上解决（1）

23. 你在回答课堂提问或讨论后是否能得到历史老师的反馈？（　　）

A. 立即得到老师的口头反馈（24）

B. 得到老师的课后指导（9）

C. 很少得到反馈（5）

D. 能够得到老师系统的讲解（18）

24. 课堂上的师生讨论会出现下列哪些现象？（　　）

A. 讨论场面不热烈，讨论不起来（12）

B. 讨论无秩序，乱哄哄（18）

C. 讨论难在学生之间或老师与学生之间达成某个共识，草草收场（7）

D. 讨论结果达成一致（23）

分析：对于课堂上的师生讨论，有23％的学生（12人）认为"讨论场面不热烈，讨论不起来"；34%的学生（18人）认为"讨论无秩序，乱哄哄"。可见，学生虽然欢迎讨论课，但如何引导学生讨论，使得讨论课获得最大的效果，不让讨论课流于形式，是高中历史教师应该认真思索并不断实践、总结、提升的工作重点。

25. 你认为历史课堂练习和老师布置的课外练习具有以下哪些特征？（　　）

A. 能揭示方法，提炼规律（19）

B. 能突破疑难，应用创新（10）

C. 能针对学生失误而设计（15）

D. 习题的知识覆盖面广和代表性强（26）

26.你认为平时历史课堂教学中的师生关系主要是（   ）

A.老师是中心，高高在上，学生以接受和服从为主，师生关系不融洽（1）

B.学生为中心，老师处处为学生服务，师生关系很融洽（1）

C.老师为主导，学生为主体，师生关系民主、互动、融洽（49）

27.你认为平时历史课堂的气氛主要是（   ）

A.活跃（42）

B.一般（11）

C.死气沉沉（0）

28.你认为自己的历史课堂学习效率主要取决于（   ）

A.自己的学习状态（48）

B.老师的教学方式（17）

C.同学间的关系（3）

29.你最喜欢老师采用什么教学方式？（   ）

A.教师讲授（一般方式）（2）

B.教师讲授（多媒体辅助）（20）

C.多媒体辅助与师生讨论相结合（30）

D.师生共同讨论或辩论（12）

E.配合教学到博物馆或遗址参观考察（16）

F.活动课，如角色扮演等（19）

G.其他（1）

分析：对于学生喜欢的教学方式，占最大比重的是"多媒体辅助与师生讨论相结合"（30人，57%），接下来依次是"教师讲授（多媒体辅助）"（20人，38%）、"活动课，如角色扮演等"（19人，36%）、"配合教学到博物馆或遗址参观考察"（16人，30%）。

开放性试题的问卷调查反馈结果与数据分析情况如下：

30.你愿意参加什么形式的历史活动？你认为什么样的历史课堂教学能给你最大的收获？

关于"你愿意参加什么形式的历史活动"，学生的观点有以下几个：

讨论或辩论、抢答课、活动课、小组讨论，参加对一些历史事件的分析、辩解活动，学生讲课（14人，26%——占最大比重）

配合教学放一些历史电影、历史视频，加深印象（7人，13%）

小组合作演历史剧、话剧、角色扮演（5人，9%）

配合教学参观历史博物馆或遗址（5人，9%）

其他形式：多媒体教学；生本为主、师本为辅；自主调查；看书上没有的历史故事、资料、图片，联系生活，不尽是课本内容。

关于"你认为什么样的历史课堂教学能给你最大的收获"，学生的观点有：

师生互动，生动、有趣，有多媒体辅助，有图、有故事、有视频；生本课堂，多形式的，不要只有老师讲的，要有交流的；看与知识点有关的课外知识；能有视频播放，比如《大国崛起》《百家讲坛》；配合教学参观博物馆或遗址；老师讲课详细；举浅显易懂的例子讲解；能很好地解释历史专有名词、实质等难点（注：有学生提到，不太喜欢生本课堂，因为感觉课堂气氛很混乱，学生讲解的内容要么不具有权威性，要么就是照本宣科）；老师必须要有很强的分析能力，要引导学生得出正确结论；老师在讲课内知识的同时，给我们讲一些相关的历史事件或知识，并引导我们对其进行思考与分析；以辩论的形式综合探讨问题；老师能够启发学生，有活跃的课堂氛围。

分析：根据以上统计，讨论或辩论、抢答课、活动课、小组讨论是最受高中生欢迎的教学形式，这是我们高中教师以后应在教学中最为关注的。另外，不少学生希望能"配合教学参观历史博物馆或遗址"，可见，在新课程背景下，教师在教学中更要主动自觉地开发和利用课程资源，课程资源的自觉开发和利用已迫在眉睫（历史课程资源包括相关的历史文字资料、影视资料、历史文物、历史遗迹遗址等）。

31. 你最喜欢历史老师的哪些品质？

学生的观点有：说话幽默、活泼、课堂气氛活跃、能带动学生、气氛融洽（16人，30%，占最大比重）。其他的还包括：讲课有针对性；注重讲解方法和规律；讲解分析难点、重点透彻；逻辑思路清晰，系统完备。能很好地将难以理解的事情或官方表达用简单易懂的描述讲解，同时还应特别注重引领学生进入状态，融入课堂，最珍贵的是，要引导学生多方面思考，发散学生思维；真实、直接、高效、不拖拉、直来直去；能够抓重点，尽量让我们少背一些内容；对主观题等题目先进行分析再给出答案；对学生进行提问、引导。有自己的立场、观点、见解（主观）；对史事有自己思考性的见解，且能从客观角度

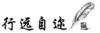

评价历史（客观）；能接受别人的观点；工作认真、热情、乐观、积极，为学生着想，从学生的角度想问题。

32. 如果希望历史老师改进教学，你的建议是什么？

学生的观点有：多放视频（如看《大国崛起》）；参观历史博物馆或遗址；事实故事带理论，理论讲解有分析；背记能够有条理、分点明确，课堂上的笔记应多给时间让学生抄；可以多讲些课外的内容；发散学生的思维，引导学生思考；讲课不那么赶，尽量使课堂生动有趣，对笔记及生僻名词多点解释。

总分析： 此份问卷调查给我最深的体会就是：学生喜欢多讨论、多视频、多形式的学习，如果在历史教学过程中仍然依照旧的"师本教育"理念，不给学生展示的机会，不让学生自主、自如地学习，仅仅是为了考试，那么这种带有功利主义的教学方式将不利于历史学科兴趣的培养与发展，也不利于高中历史教学有效性的提高，不利于学生素质的全面发展。总而言之，"师本教育"应逐步向"生本教育"转变。

（四）以曾宪梓中学高中历史教与学方式问卷调查为例（宋尧）（与东山中学使用同一问卷）

1. 调查对象和方式

通过问卷调查，进一步提高高中历史课堂教学有效性。选取高二年级的一个文科班学生，发放问卷61份，回收有效问卷49份。

2. 结果分析

（1）学生喜欢（不喜欢）历史课程的原因是什么？

在分析自己喜欢历史课程的原因时，53.06%的学生选择"为了更好地了解中国与世界"，44.90%的学生选择"历史教师的课讲得精彩"，42.86%的学生选择"自己本身就对历史感兴趣"，40.82%的学生选择"为了鉴往知今，认识现实"，只有2.04%的学生选择"历史教科书编写得生动有趣"。这一调查结果既让人感到欣慰，也让人感到遗憾。在历史教科书不尽如人意的现状难以短期改变的情况下，除了进一步激发学生原有的志趣和兴趣，教师还要不断提高课堂教学有效性才能更好地完成历史教学任务。

在分析自己不喜欢历史课程的原因时，63.27%的学生选择"历史课程要记忆的东西太多"，只有10.20%的学生选择"历史本身就枯燥无味"。绝大多数学生喜欢历史却不喜欢历史课程，这是当前历史教师面临的一个普遍现象。高中历史课堂教学应充分展示历史本身的魅力，让学生喜欢上历史课，同时要指导学生掌握科学高效的记忆方法，使学生对记忆不再感到恐惧。

（2）学生满意自己的历史学习状况吗？

73.47%的学生都"不太满意"自己的历史学习状况，这一调查结果虽然说明学生对自己的学习负责任的态度，但也反映出学生在历史学习中存在不少问题，需要尽早发现和解决。

（3）学生历史学习的状态怎样？

接近四成（36.73%）学生的历史学习处于"被动学习"状态，这个问题值得教师和学生共同反思。

（4）学生认为自己历史成绩不好的原因是什么？

75.51%的学生认为自己历史成绩不好的原因是"没有认真学"，只有6.12%的学生把原因归结为"对该课程不感兴趣"。这一调查结果虽然能够说明大多数学生没有把兴趣因素作为自己成绩不好的借口，但"没有认真学"背后隐藏的问题值得深思。

（5）学生认为自己目前的历史学习方式能否提高学习成绩？

73.47%的学生认为自己目前的历史学习方式能够提高学习成绩。这一调查结果说明他们已形成一套较为适合自己的历史学习方式。

（6）学生认为自己的历史课堂学习效率主要取决于什么？

87.76%的学生认为自己的历史课堂学习效率主要取决于"自己的学习状态"，也有接近四成（36.73%）的学生认为"老师的教学方式"跟自己的课堂学习效率有很大关系。因此，学生需要学会不断调整学习状态，教师则要努力探索有效的教学方式。

（7）学生怎样学习历史？

学生学习历史主要靠"课堂认真听讲"（85.71%）和"课后认真复习"（63.27%），较不重视"课前预习"（38.78%）和"自学"（10.20%）。

学生能用"理解记忆"（71.48%）和"理清线索"（65.31%）两种较为科学的记忆方法，很少有学生采用"其他方式"（2.04%）。

学生解决学习疑问主要通过"向任课老师提问，在老师的帮助下解决问题"（71.43%）和"与同学商量、讨论解决"（67.35%），而较少有学生通过

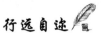

主动"查阅书籍、上网等方式解决"（36.73%）。

综上可知，学生虽然形成了一套适合自己的历史学习方式，但仍较为传统，创新的主动性不足，也不善于利用现代信息手段。

（8）学生怎样参与合作与讨论？

73.47%的学生喜欢"小组合作"。在与同学合作时，75.51%的学生认为最重要的是"经常讨论和交流，综合大家的意见"；在小组讨论问题时，85.71%的学生会"和同学一起讨论"。这一调查结果说明学生对"合作与讨论"是有需求的，历史课堂教学要尽量满足。

（9）学生对探究与互动课堂的态度是怎样的？

55.10%的学生认为"师生要共同参与"课堂探究与互动，这一调查结果说明学生需要"探究和互动"，这有利于课堂教学中探究和互动环节的实施。

（10）学生的历史学习存在哪些不足？

① 73.47%的学生认为自己在历史学习中最需要改进的是"学习方法"，46.94%的学生认为最需要改进"学习习惯"，另有接近四成（36.73%）的学生认为最需要改进"学习态度"。②44.90%的学生认为自己在每节历史课前只是"偶尔了解"本节课学习目标，只有12.24%的学生"每节课都了解"。③61.22%的学生认为自己对于一些开放性问题深入探究的兴趣"一般"，只有18.37%的学生"有兴趣"。④63.27%的学生认为自己主动回答问题的主要原因是"问题简单，有把握"，只有16.33%的学生是为了"能够展现自己"。

综上可知，学生在历史学习中存在学习方法欠缺、学习习惯不良、学习态度不够端正、学习目标不明、探究兴趣不足、自信心不足、不善表现等问题。

（11）学生怎样评价历史教师的课堂教学？

91.84%的学生认为平时历史课堂教学中的师生关系是"老师为主导，学生为主体，师生关系民主、互动、融洽"。

61.22%的学生认为平时历史课堂气氛为"一般"，另有接近四成（38.78%）的学生认为"课堂气氛活跃"。

55.10%的学生认为历史教师提出的教学目标"适合我的学习需要，多数能引起我的学习愿望"。

71.43%的学生认为历史教师的课堂提问"基本都是在帮助我分析、复习、记忆所学知识点"。

53.06%的学生认为自己在回答课堂提问或讨论后能"立即得到老师的口头反馈"，另有接近四成（38.78%）的学生认为"能够得到老师系统的讲解"。

46.94%的学生认为课堂上的师生讨论会出现"讨论结果达成一致"的现象，28.57%的学生认为"讨论场面不热烈，讨论不起来"。

分别有67.35%、48.98%和44.90%的学生认为历史课堂练习和老师布置的课外练习具有"习题的知识覆盖面广和代表性强""能突破疑难，应用创新"和"能揭示方法，提炼规律"等特征，另有接近四成（36.73%）的学生认为具有"能针对学生失误而设计"的特征。

87.76%的学生认为老师布置的作业量"适中"。

71.43%的学生"比较喜欢"目前的历史自主学习方式。

综上可知，学生对历史教师的课堂教学是基本肯定的，但也反映出历史教师在营造良好课堂气氛、组织有效的课堂讨论等方面仍需努力。

（12）学生喜欢怎样的教学方式？

48.98%的学生喜欢"教师讲授（多媒体辅助）"，38.78%的学生喜欢"教师讲授（一般方式）"，34.69%的学生喜欢"多媒体辅助与师生讨论相结合"，这一调查结果说明学生喜欢现代化的"多媒体"教学手段，但同时并不排斥传统的"教师讲授"方式。

（13）学生最喜欢怎样的历史教师？

从学生对问卷调查第31题的回答可知，学生最喜欢板书详备、博学多才、幽默风趣、思路清晰、观点鲜明、尊重学生、有方法技巧、耐心、细致、随和、负责、严谨、沉稳、儒雅、可爱的历史教师。

（14）学生对教师的课堂教学有哪些期盼？

从学生对问卷调查第30题的回答可知，学生愿意参加"小组活动，课堂辩论，角色扮演，制作手抄报，到图书馆阅读，听历史讲座，开展课外社会实践活动（如调查家乡历史，参观博物馆）"等历史活动。另外，学生认为"多媒体教学，看纪录片，讲解生动，条理清楚，讲授与思考相结合，讲故事，互动性强，幽默风趣，开放性课堂，提供多种学者观点供学生探讨，指导记忆方法"的历史课堂教学能得到最大收获。

从学生对问卷调查第32题的回答可知，学生希望历史教师的课堂教学要"采用多媒体教学，播放相关视频、图片，多提一些发散思维的问题，适当拓

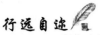
展课外知识，提醒学生注意高考的常考考点，丰富课堂形式，活跃课堂气氛，加强与学生交流"。

中学历史课堂教学现状总结：

从学生方面来看，学生学习历史的动机较主观，不能客观认识历史学科的重要性。学生喜欢历史大多是从自身学识和兴趣爱好出发，较少从提高自身素质和报效祖国的角度出发；不喜欢历史大多是因为要记忆的东西太多和不喜欢现在的教科书。比较多的学生喜欢自主的学习方式，是主动要学，认为现在的学习方式能提高自己的学习成绩；但也有四成的学生是被动学历史，对自己的历史学习现状不太满意，觉得自己还没有认真学，需要改进自己的学习态度、方法、习惯。大部分学生都觉得历史课堂效率的提高取决于自己的学习状态。大多数学生课前较少去预习，偶尔了解一下本节课的目标，期待老师提出课堂学习目标。课堂学习中学生比较喜欢对开放性问题进行小组合作探究，通过讨论和交流，综合大家的意见，课堂讨论结果能达成一致，但课堂讨论不够热烈，氛围一般。大部分学生习惯在课堂上认真听讲，课堂上遇到问题能得到老师的反馈和系统讲解，课后喜欢完成少量作业和简单复习，遇到课外问题喜欢同学一起讨论或上网查资料解决，不太喜欢问老师。对练习题，大多数学生认为题量适中，知识覆盖面广和代表性强。大多数学生对历史课堂的期待是课堂中师生关系要民主、和谐，老师是主导，学生是主体、是中心，彼此关系融洽，而且课堂上师生互动很重要。对简单和有把握的问题学生喜欢主动回答，希望老师提出的探究问题能够引起批判性分析，引发学生深入探索，同时又能紧扣所学知识点。课堂上老师最好能用多媒体辅助教学和师生讨论相结合的教学方式。学习时希望能理清线索和理解记忆，不喜欢死记硬背。大部分学生希望能开展丰富多彩的历史活动，如开讲座、举办知识竞赛、看历史主题影片、到博物馆参观、进行历史情境表演等。大多数学生觉得互动的、好玩的、活跃的课堂，才能引发学习兴趣，有兴趣去学的历史课堂才能给他们带来收获。学生最喜欢历史教师的幽默风趣、认真负责、课堂民主、讲解独到。希望老师改进，能多使用多媒体展示历史情景、多提出值得探讨的问题，以及更好地活跃历史课堂。

在教师方面，教师对自身专业地位和专业发展理念比较模糊，参与教研活动的意识不浓厚，缺乏合作与共享，往往依靠个人的力量单打独斗地进行教学，习惯于闭门造车，鲜有真正的合作。我们看到中学历史课堂教学更多的是历史教师一个人在战斗，是一个人与一群人在交流。许多教师课前准备、课后反思等环节都是一个人在苦思冥想、孤军奋战，不愿意与同事、同行进行切磋及交流。在教学过程中往往把"主导"当作"主角"，历史课堂教学成为教师的"独角戏"，教师掌控教学的各个环节与过程，使得教学按照既定的路线进行，不允许出现偏移，教什么、怎么教都由教师决定，对教学中的生成性采取抵制心态。民主、平等、合作的师生关系未能彰显，教学过程中学生的反应与思维的方式等都在教师的控制与引导之下，学生的参与也只有在教师允许的情况下才有可能发生，而这样的参与也受到教师的干预，学生缺乏应有的课堂主动性，更不要讲教学自由，教学合作也就只是作为一种形式的伪存在，师生的合作、交流、对话在教学中的表现就是问答。只要认真审视这些问题我们就会发现，许多问题缺乏深度，甚至有些就是诸如"是不是""行不行""对不对"等不是问题的问题。

同时，历史教师还习惯于严格按照教材的编排体系和高考考试大纲进行教学，过于依赖教材教辅开展教学的习惯未能改变。应试教育思维使得教师对于考试不得不相当重视，必须按照考试的要求进行教学，考什么就教什么，教学无法或不愿脱离教材进行，认为教材中没有的内容一般不属于教学范围，教材怎么说就怎么教，按教材的要求规范教学。教师习惯于认为教材应该是正确的，而对于质疑之声往往采取制止的态度，因此较少或不敢质疑教材。教辅资料的存在与泛滥，为现行教学提供了各种教学参考资料，使多数教师的课程开发能力弱化，甚至到了离开教辅就不能较好地进行教学、完成教学各环节任务的程度。

缺乏科研意识是制约山区高中历史教师专业成长的薄弱环节。大多数教师仍缺乏科研意识，缺乏对各种有意义的教育教学内在因果关系的思考和研究；有的怕改革、怕影响升学率，因而被迫或自愿沉睡在古老的教育模式之中，导致教育教学工作往往是高投入、低产出，事倍功半，靠苦干、加班、超负荷工作来提高教学成绩；有的教师虽也搞了一些专题研究，但由于缺乏科学性、计划性、系统性，往往是随意的、零碎的、肤浅的；有的重写文章、轻课题研究，重论文的发表和获奖、轻实际的调研过程，重研究成果的获得、轻成果的应用和转化；有的认为"教育科研无用"，教师的任务就是教学，无须搞科

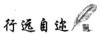

研，搞科研是额外负担；等等。这些都极大地阻碍了教师的专业成长。

这些问题的存在仅反映出三个问题：一是梅州山区高中历史教师对新时期教师专业化发展的要求感到不知所措，对如何规划教师职业生涯无所适从。省市学科带头人、骨干教师的潜力没有得到充分挖掘和最大限度发挥。二是梅州山区高中历史教师专业化发展的途径和环境有待改进。梅州山区学校培训的层次低、次数少、时间短、收效微、专业性不强，培训与教师希望解答的困惑严重脱节，缺少专业发展的内外环境，难以构建真正意义上的学习共同体。三是缺少中学教师专业化标准、专业化发展考核机制和经费保障。梅州山区高中历史教师缺少专业化发展的方向、具体目标和要求，也就缺少提升自己专业水平的责任和动力，始终冲不出困扰和束缚教师专业化发展的怪圈。

由此可见，梅州山区高中历史教师整体素质确实有待进一步提高，特别是随着基础教育发展和新课程改革的不断推进，促进山区高中历史教师专业发展，整体提升山区高中历史教师专业水平必将成为加快我市教育改革发展、全面提高教育教学质量的根本性问题。

三、立足于提高历史课堂教学有效性，促进中学历史教师专业化发展

随着新一轮课程改革的实施，我们亟须进行中学历史课堂有效教学策略的研究，寻找一个切入点，切实有效地改变现状，通过课题引领，鼓励全市中学历史教师追求高效而富有特色的课堂教学，进一步提升历史教师的科研兴教意识和教育科研能力，提高历史教师的整体素质和业务水平，促进历史教师的专业化发展。

课题研究是教师专业成长的重要载体，有助于教师在"提出问题—解决问题—生成新问题—解决新问题"的循环路径中快速成长。课题应当是真实的问题、自己的问题、主要的问题或在教师能力范围内能解决的问题，而不应当是"伪问题"或在教师能力范围内无法解决的问题。例如，什么样的目标才能指导课堂教学？知识与技能的目标由哪些行为动词来呈现？情感、态度与价值观目标如何体现？先学后教的"学"应建立在怎样的学情基础上？如何减轻学业负担和满足学生个性需要？如何培养史料阅读分析应用能力？如何提高历史学科思维能力？如何培养学生观察事物的能力？如何利用学生作业实现有效评

价，等等。我国著名科学家、教育家和社会活动家钱伟长说："你不上课，就不是教师。你不搞科研，就不是好老师。教学是必要的要求，不是充分的要求；充分的要求是科研。科研反映你对学科清楚不清楚。教学没有科研作底子，就是一个没有观点的教育，没有灵魂的教育。"著名教育改革家魏书生曾经说过："说到科研，教师们常认为那是科研人员的事。其实，这是我们每位教师分内的事，是每位教师心灵深处的需要。"实际上，一名教师只有走教学与科研相结合的道路，才能将教育教学工作提升到一个新的境界。

实施高中教育课程改革，加快构建符合新时期高中教师专业发展的目标体系，是新时期赋予教育工作者的历史性课题。当前教师队伍凸显出与高中教学要求不相适应的诸多问题，如教师专业素质难以适应新一轮高中课程改革的要求、教学观念还比较陈旧、教学方法相对落后、青年教师多、专业知识不够扎实、缺乏教育教学经验、部分教师学历不达标等，这些普遍存在的教师专业素质问题，已成为我市高中教育发展的"瓶颈"。我们知道教育的关键是教师，教师是教育的决定性因素。教师专业化已经成为世界性的潮流，教师专业化问题已经成为一股强劲的思想浪潮。在基础教育新课程改革的今天，教育的发展对教师素质的关注达到了前所未有的高度，教师专业化发展要求高素质的教师不仅要有知识、有学问，而且要有道德、有理想、有专业追求；不仅要高起点，而且要终身学习、终身自我发展、自我更新；不仅是学科的专家，而且是教育的专家。

新课程改革大力提倡培养教师主体意识、研究意识和反思意识，这是教师专业化发展的重要支撑，也是实现教师专业化发展的重要策略。教师成为"研究者"，能使教师群体从以往无专业特征的"知识传授者"的角色定位提高到具有一定专业性质的学术层面上来，可以提高教师的自身素质和教学质量；教学反思能使教师通过系统的、客观的、科学的分析和研究，对课堂教学进行新的实践，从而提高教学质量和自身理论水平。

作为教研员，在推进课程改革的道路上，我不是一个人在战斗，而是团结一群人在行动。我不断强化问题意识、坚持问题导向，将各个教育发展阶段中教育教学中的重点、难点、热点问题转化为研究课题，引领教师大胆开展个性化课题研究，探索教育理论与教学实践融合的有效路径，坚持以研促教、边教边研，提升自身学科素养和科研水平。引领我市历史教师在研究中学习，在研究中反思，在研究中实践，在研究中共进。以新课程教育教学案例和教学课例为抓手，针对典型案例，边学习、边研究、边实践、边改进。从教师教的角度研究教什么、从哪教、教到哪、怎么教、为什么这样教、教的效果如何、如何加以改进；从学生学的角度研究学什么、从哪学、学到哪、怎么学、为什么这样学、学的效果如何、如何改进才能学得更好；从课题研究的角度进一步追问"为什么这样教"；从理论上探讨教学行为的科学性、合理性、恰当性，避免"只管播种，不问收获"的盲目行为，发现教学的特殊规律，解决教育教学的实际问题，养成向教育教学日常生活发问的意识和习惯，从而感悟教育教学的意义和价值。

1. 开展基于解决"教学问题"的历史学科校本教研

学校是真正发生教育的地方，课堂是实施课程改革的主阵地，教学研究只有基于学校和课堂真实的教学问题才有直接的意义。因此校本教研制度的建设和校本教研活动的开展，是推进新课程实施的有效途径，是提高课堂教学有效性的根本举措，是促进教师专业化发展的必由之路。以学校教育教学活动中发生的真实问题为对象，以改进教育教学工作为目标，以教师为研究主体，通过实践反思、同伴合作、专业引领等有效形式，将教学、研究、培训有机整合，使探究、合作、反思成为教师职业生活的主要特征，把学校建设成为实践型的学习共同体，使教师转变教育观、教学观、课程观、质量观、评价观，整体推动教师的专业化发展。

校本研究强调学校是教学研究的基地，教学研究的问题是从学校教学实践中归纳和汇集，而不是预设和推演的。因此，我们要变教室为研究室，变教师为研究者，发挥集体智慧，促进每位教师自我反思创新。

历史教师应具有"专博结合、层次适中"的历史专业知识结构，不能因教师本身的历史功底而制约历史教学的深度和力度，不能因教师的知识面而限制学生的视野，不能因为教师的历史素养而抑制学生学习历史的兴趣。

首先，教师应重视自我学历的提高，积极参加函授、自考等学历教育，加强历史专业知识的学习，因为如果没有坚实的历史知识做后盾，就谈不上做一名合格的历史教师。其次，历史教师除了精通历史之外，平日还应该广泛地积累知识，不断扩大知识领域，对与历史相关的政治、语文、地理、民族知识也应不断学习吸收。历史教师在具备了相关的专业知识之后，还应大量学习、掌握、探索各种在历史教育教学过程中必须用到的专门技能，如语言表达能力、板书设计与书写能力、运用各种教学方法的能力、绘制图表与使用直观教具的能力、运用现代化教学手段的能力、组织课堂教学的能力、教学中的应变能力（教师的教学机智）等。历史教师只有不断加强自身修养，才能在新课程改革中勇立潮头，在竞争中立于不败之地。最后，历史教师应订阅相关教育刊物，如《中学历史教学》《中学历史教学参考》等杂志，了解本学科教育教学新特点，把握本学科教育教学发展新动向。各级教育行政部门应加大对历史教师的培训力度，多给基层历史教师提供一些参加各级培训的机会。历史教师自身也应积极参加各级各类新教材培训，参加新课程实验观摩、研讨活动，努力提高自身业务水平。

2. 开展基于"有效教学"理念的历史课堂教学设计

历史课堂教学设计强调对问题保持某种追踪（持续地关注）。它意味着该设计是教师发现某个值得追究、追踪的教学问题后，在接下来的一系列课堂教学设计中寻找和确定解决该问题的"基本思路和方法"。同时，它应强调具有合作意义的"集体备课"和"说课"，强调教师与专家对话，强调教师要善于学习，要会借鉴他人的经验和智慧来设计自己的教学方案，解决自己教学中真实的问题。如果所设计的方案是一节课或一个单元的教学过程，那么，接下来的"行动"既包括教师的"上课"，也包括相关合作者的"听课"（一般所谓的"集体听课"，教师的"上课"被转化成"公开课"或称为"研讨课"）。就教师的"上课"而言，"行动"不仅意味着观察事先所"设计"的方案是否能够解决问题，还意味着在"教学对话"中创造性地执行事先"设计"的方案。教师一旦进入真实的课堂，面对具体的学生，就要学会在"教学对话"中根据学生实际学习状况及教学过程中发生的生成性教学事件，去灵活使用教材，调整教学设计。

倡导实行以备课组为单位的集体备课，加强集体备课与教学研讨。这要求教师以新理念指导教学，采用每位教师负责一个单元的备课方式。活动时，中心发言人从"教材分析、教学目标、教学过程、设计意图"等方面介绍教学设想，然后，全体成员针对本班学生实际及自身的教学风格进行参与式讨论。写出个案，交流讨论，达成共识，形成教案（学案），然后由一人主教，备课组集体听课，听完课之后针对教学中存在的问题和不足再次进行修改，反复磨合，直至满意为止。

3. 开展基于"教学对话"的历史课堂教学案例研究

在教学过程中，我们要有意识地把一些典型的、有代表性的课整理成课堂教学实录，然后拿到备课组或教研组分析、播放，先由上课教师介绍设计思路，然后针对上课教师的理论设计和实际授课过程中学生的反应进行比较，发现闪光之处即作为今后教学的范例，并找出其中的不足，引以为戒。明确新课程理念下教师该做什么，成功的课应该具备什么。在教学目标上，不仅要传授知识，还要训练技能，发展智力，培养学生良好的思维品质和健康个性，体现认识、情感、技能、目标的统一。在教学关系上，突出学生的主体地位；关注每个学生，充分发掘每个学生的潜能。在教学内容上，从知识、能力、品德、方法等方面研究教材、挖掘教材、把握教材、处理教材，从而使教师转变教育观、教学观、课程观、质量观、评价观。着重研究教学与课程的整合问题、师生关系的互动问题、学生学习方式的转变问题、小组合作学习等问题。教师通过学习使实践活动有了理论的支撑，目标更明确，有力地促进了全体教师对新课改的精神实质的正确理解和把握，促进了新课改理念在课堂教学中的落实。

4. 开展基于"问题解决"的教学反思

反思是一种个体行为，是实现教师自我发展的有效途径。在实际教学工作中，教师常常得到一些思维的"碎片"，萌生一些新的教学观点或观念，如果将这些观点或观念概括为指导教学的新准则，就需要教师进行思路的整理，从鲜活的实际工作中得到思想的灵光，并运用理性的容器进行加工整理。因此反思的目的在于不断更新教学观念，改善教学行为，提升教学水平，同时养成教师对自己教学现象、教学问题的独立思考和创新性见解，真正成为教学和教研的主人。教学设计的过程是"行动前反思"，教学过程是"行动中反思"，课后思考过程是"行动后反思"。要更加突出"行动后反思"，这是教师以及合作研究者在"行动"结束后回头思考解决问题的整个过程，要查看所有设计的方案是否有效地解决了问题，如果问题没有很好地解决，需要进一步理清究竟是因为所设计的方案本身不合理还是因为方案的执行发生了严重偏离。在实践新课程的过程中，必定会遇到许多新问题，作为教师，必须切实做到以下四个方面：一是反思教学的进度和步骤，增强计划性，确定适合学生或课堂具体情况的学习策略以及完整的实施方案；二是反思学生的学习注意力情况，借助富有吸引力的手段，使学生的学习注意力集中并得以维持；三是根据课堂学习情况的变化，审时度势，及时发现新情况，进而有针对性地提出问题，并采取有力的变通措施；四是对学习结果进行评价和反思。

校本教研常常是一种基于教师自主思考的"合作研究"，这种反思也可以称为"集体讨论"。在课后讨论的过程中，教师一般能够"提出问题"，但更重要的是如何"解决问题"，关注"如何引导学生课堂质疑""怎样发挥学生教学资源的作用"等这些细小具体的问题。无论是"教学设计"还是"教学反思"，其关键都在于开阔自己的眼界，汲取他人的经验，并将他人的经验转化为自己的"设计"和自己的"行动"。如果对他人的经验缺乏了解，教师就只能够凭个人自我琢磨解决问题。而这种个人自我琢磨的结果常常使很多教学问题不了了之。只有反思自己的经验并使自己的经验与他人的经验相互观照，教师才能真正发现和解决问题，才能不断更新教学观念，改善教学行为，提升教学水平，养成教师对自己的教学现象、教学问题进行独立思考和形成创新性见解的习惯，真正成为教学和教研的主人，成为一名新课程改革的实践者、推动者。

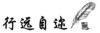
提高高中历史课堂教学有效性　促进历史教师专业化发展的策略研究实施过程

提高高中历史课堂教学有效性　促进历史教师专业化发展的策略研究课题开题报告

一、开题活动简况

　　广东省教育科学"十二五"规划2012年度研究项目《提高高中历史课堂教学有效性　促进历史教师专业化发展的策略研究》于2014年3月27日在广东梅县东山中学举行开题报告会。出席本次开题报告会的专家有广东梅县东山中学安国强校长、梅州市教学研究室刘应成主任、《梅州教育》编辑部张书良主任、市教研室教育科研办黄昆鹏老师。全市各县区教研室历史科教研员、全市重点中学历史教研组组长、课题组成员和部分骨干教师共30多人参加了会议。课题负责人张铁城老师陈述了开题报告，从研究背景、目的意义、理论价值和实践价值、实施过程设计和主要措施、课题研究分工和预期研究目标及课题研究保障条件等方面进行了深入细致的介绍，并现场观摩了一堂高中历史课程改革公开课。专家组进行了专业的点评和前瞻性的指导，对课题的开题报告做出了论证意见，对研究中可能存在的困难提出了建议，并宣布课题通过开题。课题负责人对课题研究的实施表态发言，表示专家的点评让课题组成员深受启发、获益匪浅，对课题的开展极具指导意义，课题组将带动全市高中历史教师扎实开展课题研究，研为教用，形成"接地气"的科研成果，深入推进高中历史课程改革。

二、开题报告要点

（一）课题的提出、实施意义及研究价值

1. 课题的提出

当高中新课程实验在进入深入实施阶段之后，课堂教学能否做到最大限度的"有效"的问题成了一个非常现实的和务必要引起大家高度重视的焦点问题，在某种程度上，课堂教学实施的有效与否，直接决定着新课程实验的成败与否。2001年教育部《基础教育课程改革纲要（试行）》指出，基础教育课程改革的具体目标是改变课程过于注重知识传授的倾向，强调形成积极主动的学习态度，使获得基础知识与基本技能的过程同时成为学会学习和形成正确价值观的过程；改变课程实施过于强调接受学习、死记硬背、机械训练的现状，倡导学生主动参与、乐于探究、勤于动手，培养学生收集和处理信息的能力、获取新知识的能力、分析和解决问题的能力以及交流与合作的能力。本课题旨在改变以往"灌输式"的课堂教学，采用多种有效的课堂教学策略，激发学生的学习兴趣，尊重学生的个体差异，珍视学生的独特感受、体验和理解，为学生创设轻松、愉快的课堂生活环境，引导学生主动参与知识探究，主动合作，主动发展，在知识获得的过程中造就良好积极的情感体验。做到用最少的时间、最小的精力投入取得尽可能大的教学效果，从而实现特定的教学目标，满足社会和个人的教育价值需求。

随着教育形势的发展，教师专业化发展已成为国际教师教育改革的趋势，受到许多国家的重视，也是当下教育改革实践提出的一个具有重大理论意义的课题。我国新一轮课程改革对教师专业化发展提出了更高要求。课程改革能否深入实施取决于新课程的实施者——教师，《普通高中课程方案（实验）》所蕴含的教育教学理念要求教师及时转变思想观念和教学实践。教师要尊重学生的主体地位，摒弃以往已习惯了的"灌输式"课堂教学，成为学生学习的促进者；教师要做课程资源的积极开发者，要能根据实际教育情境的需要，对课程内容做适度调整，使之更好地适应学生学习；教师要善于把教育理论应用到教学实践中，提高实施新课程的效果，还要在做好实践教学工作的同时体现自身的理论反思，为理论发展做出贡献。

正是在教师专业化发展的进程中，教师在教育实践中的主体地位和主体

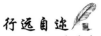
作用得到确认，教师的工作作为重要的专业和职业得到确认，教师发展的意义和可能得到确认。在人类社会面临深刻变化的时代，教师正被重新发现。《基础教育课程改革纲要（试行）》提出了转变教师教学行为和学生学习方式的任务，在新一轮课程改革中，教师的教学方式、学生的学习方式都将发生根本性的变化，这一切都要求教师在实施新课程中必须加强课堂教学变革实验与研究，以教学研究和教育科学研究来推动课堂教学变革，以课堂教学变革来推动新课程的实施。这就是我们研究课堂有效教学策略的必要性和重要性。

2. 课题实施意义

梅州地处广东东北部山区，经济欠发达，在广东省2004年实行新课程改革以来，我市高中教育的发展已跟不上珠三角地区的步伐，特别是在教育理念与新教师的成长发展方面已呈现明显的劣势。《普通高中历史课程标准（2017年版）》对教师素质提出了更高的要求，高中历史教师不仅应具备历史学科的基础知识，熟悉学科的基本结构和各部分知识之间的内在联系，了解史学发展动向和最新研究成果，还应具备一定的学科科研能力；教师应既是学生学习的组织者、促进者、合作者、成长的引导者、教学参与者，同时也是课程的开发者。审视我市高中历史课堂教学现状，由于受到广大教师的教学理念、施教水平以及教育教学资源等因素的影响，低效、无效的现象依然存在，教师知识、能力储备出现危机，大部分教师不擅长设计教学，教案质量不高，教学目标设计不当，表述存在问题，侧重关注知识目标，基本上看不到能力目标。教学观念陈旧落后，教学方法选择不当，教学方式停留在传授知识上，上课更多的是单纯依赖教材，学科育人功能得不到体现。传统的被动、单一的接受式学习在教学中仍居主导地位。呆读死记、题海战术、机械操练、反复练习的做法依然制约着学生的积极性、主动性和创造性。学生是挨一步，挪一步，教师是辛辛苦苦工作，不敢放松一步。学生是"容器"，教师讲，学生听；教师写，学生抄；教师占据讲台滔滔不绝，充分扮演"演员"的角色，学生则充当忠实的"听众"和"看客"。这种课堂教学不仅不能促进学生进行有效的学习，还使促进学生全面发展的三维目标得不到落实，更使学生的创新意识和实践能力也得不到培养。教师教得累，学生学得苦。新课程理念与教师传统教学方式的矛盾未能切实解决，影响了课程改革逐步、有效的推进。我们急需进行中学历史课堂有效教学策略的研究，寻找一个切入点，切实有效地改变现状，落实广东省"强师工程"实施方案，为梅州打造一批具有现代教育理念的优秀高中历史教师。

3. 课题研究价值

本课题研究的学术价值：

一是转变历史教师的教学理念，研究高效教学策略，建构高效教学课堂新模式，致力于创设平等、民主、和谐的高效课堂教学模式。

二是实行师生互动、生生互动的探究式课堂教学改革，引导学生学会并自觉地在已有的经验基础上建构自己的知识框架和理论体系。

三是通过本课题的研究，鼓励全市中学历史教师追求高效而富有个性特色的课堂教学，进一步提升教师的科研兴教意识和教育科研能力，提高教师的整体素质和业务水平，促进教师的专业化发展。

本课题研究的应用价值：

通过开展高中历史有效课堂教学模式的研究，拓展校本研究的思路，为粤东北山区中学历史学科教学提供可资借鉴的经验，为全面提升经济欠发达地区学校教学水平提供参照，促进山区学校教学优质化。通过开展切实可行的教学研究，让教师在教学实践中催生理性思考，丰富教育改革的理性认识，形成具体可行的操作模式。

一是探索出适合我市高中历史学科特点的高效课堂教学模式，提高教学效率和质量。

二是改变学生的学习方式，提高学生的学习能力，促进学生的全面发展。这有助于充分调动学生学习的积极性和主动性，从"要我学"转变为"我要学"，面向全体学生。学生通过高效课堂走向高效学习，从而实现终身学习。

三是以研促教，加快教师的专业化成长。这有助于促进我市教师更新教育观念，树立高效教学观，逐步提高教师的整体素质和业务水平，进而优化教学，更好地为学生的成长服务。

新课程改革的最终目的就是使我们的教学更加有效。有效课堂教学策略的研究与实践，能让学生在学习活动的主体角色体验中激发浓厚的学习兴趣和高涨的活动热情，变消极被动为积极主动。通过多层次的师生互动，彻底改变传统的接受性学习方式，确立学生的人本地位；通过学生主动学习，使所有学生有效学习，以实现提高教学效率的目标，这正是本课题理论和实践上最具有意义的地方。

（二）课题内涵和研究内容

1. 课题的概念界定

（1）对本课题理念内涵的基本解读

课堂教学的时间是有限的，在这有限的时间内师生既要共同完成预定的学习目标，又要在学习过程中让学生通过独立思考，主动探究、合作，在学习中发现问题并尝试解决问题，创造出高效的学习效益。在这方面，20世纪西方国家提出的"有效教学"理念值得我们借鉴。"有效"是指教师在经过一段时间的教学之后，学生获得的具体进步和发展。关注的是学生有没有学到什么或者学得好不好。"教学"是指由教师引起，维持或促进学生学习的所有行为，关注的是"教"学生如何"学"。

高效教学理念源于20世纪上半叶西方的教学科学化运动。研究认为：教学就是科学，也就是说教学不仅有科学基础，而且可以用科学的方法来研究。人们开始关注课堂上如何用观察、实验等科学的方法来研究教学问题，如程序教学、课堂观察系统、教师与学生的行为分析、教学效能核定等，高效教学因此诞生。

进入现代以来，尤其是改革开放以来，我国教育工作者在借鉴国外教学模式和总结自己经验的基础上，对教学模式的研究和探索付出了艰辛的努力，形成了既吸取外国教学模式之所长又具有我国特色的教学模式。影响较大的有："指导—自学"教学模式、"引导—发现"教学模式、"目标—导控"教学模式、"情境—陶冶"教学模式等，开始朝着建构多元化、情境化、个性化教学模式的方向发展，人们更加关注教学实践的丰富性和教学模式的灵活应用。但从总体上看，有效的课堂教学的成功模式还远没有建立起来，尚未取得突破性的进展。

（2）有效教学的具体内容

① 有效教学关注学生的进步和发展。要明确"教学"如何"教"，学生如何"学"，确定学生的主体地位，树立"一切为了学生的发展"的思想。

② 有效教学关注教学效益。要正确理解时间和效益的关系，教学效益并非教师在规定时间内教多少内容，而是学生在单位时间内学到多少内容。

③ 有效教学要有明确的测量性，即评价目标。每一时段的学习都要建立评

价的目标，要让学生明确自己学懂了什么，学会了什么。

④ 有效教学需要教师具有一种反思意识。要求每一位教师不断地反思自己的日常教学行为，持续地追问"什么样的教学才是有效的？""我的教学有效吗？"。

⑤ 有效教学是一种策略。要求教师对需要完成的教学目标或教学意图提出系统具体的问题解决方式，即教学策略。

教师专业化发展是指教师在整个职业生涯中，通过专门训练和终身学习，逐步习得教育专业的知识与技能，并在教育专业实践中不断提高自身的从教素质，从而成为一名合格的专业教育工作者的过程。它包含双层意义：既指教师个体通过职前培养，从一名新手逐渐成长为具备专业知识、专业技能和专业态度的成熟教师及其可持续的专业发展过程，也指教师职业整体从非专业职业、准专业职业向专业性职业进步的过程。

我国新一轮课程改革以来，教育理论界认为未来教师专业素养包括如下三个方面：一是未来教师应该具有与时代精神相通的教育理念，并以此作为自己专业行为的基本理论性支点。二是在知识结构上，不再局限于"学科知识+教育知识"，而是强调多层复合的结构特征。三是有与未来教师专业相适应的能力。主要有理解他人和与他人交往的能力、管理能力及教育研究能力。具有教育智慧是教师专业素养达到成熟的标志。

而历史教师的专业化发展，最关键的是基于历史学科的教师专业化发展。历史教师的工作首先是一份职业，然后才是一门专业；历史教育是一门专门的学问，是一门其他学科无法代替的学问，没有接受过系统历史教育的人，不足以成为一名心智健全的现代人。中学历史教师首先是要热爱历史学科，能从历史学科中汲取无穷的养分来润泽自己的生命；其次是要拥有植根于历史学科的思维方法和教学能力，能够在课堂上把历史知识准确、简洁、通俗、生动地表达出来，有其鲜明的课堂教学风格特点。历史教师专业化发展是教师个体专业不断发展的历程，也是教师不断接受新知识、增长专业能力的过程。因此，我们设想通过课题研究引领历史教师树立强烈的自主发展意识和强烈的专业驱动力，通过不断的学习、实践、反思、探索，使自己的教育教学能力不断提高，并不断向更高层次发展；能扎根历史课堂教学主阵地，把如何讲好每一节历史课、提高每一节课的教学有效性作为伴随职业生涯的追求。

当前，新课改的深入进行对高中历史教师的专业化发展提出了全新的要求，高中历史教学改革已进入一个关键时期。高中阶段的历史教育，介于初中历史教育与大学历史教育两个学段之间，肩负着普及和提高的双重任务。从传授历史的角度说，是初中所学知识的扩展和加深；从培养能力的角度看，是运用历史教材的知识结构及其蕴含的思维能力要求，开拓和培养较高层次的观察与分析历史问题的能力。作为新时期的高中历史教师，不仅需要具备崇高的职业道德和全新的教育理念，更要具备较全面的专业知识和专业能力。高中历史教师的专业化发展不仅是深化素质教育改革的要求，而且是教师自身发展、自我实现的客观需要。

2. 课题研究内容

课题研究的基本内容：

（1）影响课堂教学中学生有效学习行为的因素分析

通过问卷调查、现场听评课、教师访谈、学生座谈和个案分析，了解学生在课堂上参与学习的表现、学习的兴趣和态度、学习的主要方式等，分析我市中学生现有的水平，对教育教学内容的思维能力、接受能力、动手操作能力，学习兴趣、动机、意志、情感，等等。分析教师低效教学行为的表现及原因。

（2）教师有效教学和学生有效学习的方式与策略的研究

针对师生低效教学行为的表现，采取行动，研究当前国内有影响的学校的课堂教学，研究它们课堂的特点、基本点、基本模式以及课堂评价、要求、管理等，提出相应的解决问题的操作策略。对学生而言，有效主动参与的策略，主要有探究、合作、活动等。对教师而言，主要有备课策略、上课策略、评价策略等。具体内容是开展教师教的策略研究，包括开展有效教学的准备策略研究，开展有效教学的实施策略研究，开展有效教学的评价策略研究；开展学生学的策略研究，包括培养良好的行为习惯策略、有效的学习方式策略和学习能力培养策略，激发学习动机策略。

拟解决的关键问题及主要创新之处：

（1）通过本课题的研究，探索出适合高中历史学科特点和梅州学校教学实际的高效历史课堂教学模式及历史教师专业化成长的途径。激发教师"教"的热情与学生"学"的动力，建构课堂教学改革与教师共同发展的模式，凸显教育中"人"的互动与共同发展。

（2）抓住转变教学方式这一核心问题，在吸收传统经验的基础上，继承、借鉴、发展、创新，针对学校教学的实际，优化教学方式，实施有效教学策略，提高教学效益。

（3）形成教师对有效学习指导的具体策略和一般性策略，构建中学生有效学习的课堂教学平台。

（4）构建理论支撑框架，实施具有可行性、操作性的有效课堂教学案例研究的实验方案；在课堂教学中对学生有效学习和教师的有效授课形成有效的评价标准及评价体系。

（5）研究各种课堂教学形式，使之行之有效，构建相应有效的教学模式。

3. 对高中新课程历史主要特点的认识

（1）突出学生主体和学生学习过程。在新课程标准中，把课程目标分为知识与能力，过程与方法，情感、态度与价值观。这里的"过程与方法"体现了新课程"以学生为主体"的教学理念，所以在实施新课程的过程中，教师尤其要重视学生学习的过程。一般来说，学生学习历史的过程主要有七个环节：一是确立学习动机，二是积累历史知识，三是体验与感受历史，四是培养相关能力，五是理解与评价历史事件、历史人物和历史现象，六是概括与总结历史线索、历史规律，七是应用相关历史知识、方法和理论。

（2）新课程更加重视教育功能。国家在学校设置历史课程的目的就是发挥历史的教育功能，帮助学生正确认识人类社会的基本发展过程和发展规律，学会运用科学的理论和方法认识历史与现实问题，逐步形成科学的历史观和世界观，逐步确立积极进取的人生态度和塑造健全的人格，逐步树立崇尚科学的精神，逐步培养求真务实和创新的科学态度，逐步培养爱国主义情感，树立为祖国的现代化建设、人类和平与进步事业做出贡献的人生理想，逐步认识人类社会发展的统一性和多样性，理解并尊重世界各民族的文化传统，形成正确的、开放的国际意识。

（3）新课程具有更多的人文色彩。尊重学生、尊重个性是衡量一个社会现代化程度的标志，也是衡量教育现代化水平的主要标志，更是衡量课程人文色彩程度的主要标志。新课程历史学科追求人文关怀的目标是：在面向未来的历史课程中占据中心位置的应是人，而不是学科本身。所以，新课程设置特别关注学生的需要和发展，课程设计由方便教师教授变成方便学生学习，课程实施由关注教师准确传递信息变成关注学生高效获取信息，课堂教学由教师主导变为师生共同活动，尽量让学生通过观察、动脑、动手、手脑并用等具体行为获得科学、有效的历史学习方法，提高学生学习的自主性和创新性。大力倡导和推行参与式、探索性、发现性自主学习就是新课程实施中最大、最有效的人文精神和人文关怀。

（4）新课程的内容更贴近学生生活。为使课程内容贴近学生，新课程增加了第二次世界大战后的历史和中华人民共和国的历史等学生比较熟悉也比较感兴趣的内容，以提高学生的学习兴趣，促进学生形成正确的国家意识、社会意识、民族意识、国际意识；同时，用丰富多彩的教学活动来贴近学生，在活动中帮助学生学会学习、学会观察、学会思考，更重要的是帮助学生学会做人、学会生存、学会发展。使学生从历史的角度去认识人与人、人与社会、人与自然的关系，从历史中吸取智慧，提高人文修养，形成正确的人生观和价值观，得到全面发展，进而达到提高历史课程教育质量的目标。

（5）课程形式更加灵活多样。人民教育出版社的《普通高中历史课程标准（2017年版）》历史教材中有许多新鲜的东西，每一单元的导言、学习要点和学习建议让学生从整体上对即将学习的新的专题有一个大致的了解，从而在一定程度上理解该单元中课与课之间的联系，每节课都有"学思之窗""历史纵横""本课测评""学习延伸"以及"学习延伸"下的探究活动、阅读与思考，每一单元后都有单元学习小结，小结中有重要概念简释、归纳与总结、历史感悟，课本最后有推荐的历史读物与网站、重要词汇中英文对照表等，这些都体现了教与学的多样性和灵活性。

（6）新课程对历史教师的素质要求越来越高。历史教师除了要有深厚的学科专业素养外，还要有丰富的教育专业素养和高尚的职业道德。要有很强的责任感，要热爱历史教育事业，热爱并帮助全体学生，乐于奉献。

4. 课题研究的理论依据和假设

（1）行动研究：行动研究倡导"教师即研究者""教师即反思的实践者"的基本理念。目前，行动研究已引入我国的中小学教育科研中，教师将逐渐成为教育研究的主体。新课程要求广大教师积极参与行动研究，从学校实际及学生实际出发，从自己的本职工作出发，反思自己的教育实践，改进教育教学工作。

（2）学校教育管理学：近年来，国内外教育管理学者和专家从教师的职业性质出发，对教师管理提出了"教师的专业化要求"。有学者认为21世纪新型教师职业的专业化要求可以归结为专业精神、教育理念、专业知识、专业能力和专业智慧五个方面。教师专业精神的塑造、教育理念的提升、专业知识的巩固和更新、专业能力的提升以及专业智慧的培养，都离不开教师对教育教学工作的反思、体验和创新。

（3）课程改革理论：课程改革是基础教育改革的核心。课程集中体现了教育思想和教育观念，是实施培养目标的蓝图，是中小学组织教育教学活动的最主要的依据。21世纪，我国基础教育改革以课程改革为关键环节。此次课程改革倡导新思想、新理念，如强调课程整合，强调师生对话与互动，强调教师角色转变与学生学习方式的变革。

（4）可持续发展理论：教师的专业化发展是人的可持续发展的重要组成部分。可持续发展理论能直接支持本课题研究，且为本课题提供操作方向和思路，从而稳定有效地指导实践。

（5）理论假设：教师的专业化发展的途径是多样的，如果我们从教育教学的实践着手，立足于构建以人为本的发展性评价体系、倡导自我教学反思、开展以校为本的教学研究、加强校本培训等，并进行深入的探讨和规律性的分析、总结，就能够摸索和总结出切实可行的经验与模式，有利于教师成长过程时空距离的缩短，加速教师队伍业务素质的提升，造就一支高素质的教师队伍。

（三）课题实施的策略步骤

1. 研究方法

文献研究法：研究国内外新的教育理论和教改发展动态，特别重视课程改革理论与实践、教师专业化发展的有关理论；借鉴已有的理论成果和实践经验，支撑和构建本课题的理论框架与方法论，转变教育理念与教学方法。

个案研究法：要求各参与实验学校的历史教研组制订课题研究方案，定期推出一种教学模式，进行不同的高效课堂教学模式研究，促进教师不断反思总结。

行动研究法：力求用最新教育理论，解决个性教育中出现的新问题，边实践、边总结、边研究，及时反馈，修订行动方案，在行动中研究，在研究中行动。

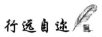
比较研究法：通过外出听课取经、校内公开课、典型课例分析等，寻找适合本学科不同教学要求的教学模式。

2. 研究过程

本课题的研究时间是从2013年11月到2015年11月，共两年，分为四个研究阶段。

课题研究准备阶段（2013年11月—2014年2月）：通过开展问卷调查、教师访谈、学生座谈、课堂观察等途径，明晰我市中学历史课堂教学中存在的问题；组织召开多种形式的教学改革讨论会，组织多种形式的学习交流活动；确定课题研究内容和课题实施方案。

课题研究组织实施阶段（2014年3月—2014年7月）：成立课题组并开题，通过课题实施方案。各课题组成员在课堂教学中改革实践，上研究课。加强理论学习和实践研究，不断实践、反思、学习、探讨、改进、再实践；开展新模式研究课活动、子课题申报工作等。

课题研究全面实施阶段（2014年8月—2015年7月）：组织各学校定期开展新模式验收课活动；组织开展各级公开研讨课、骨干教师上示范课、课堂教学比赛、经验交流会、专家讲座、专题培训等多种形式的活动，不断提高教师的研究水平，改进实践模式课过程中存在的问题，追求课堂教学的"优质高效"；全面开展新模式的课堂教学，总结改革中的成功经验，开展交流研讨会，推广经验，改进不足；推广优秀教师的课堂教学经验，不断改进、完善课堂教学模式。

课题研究总结深化阶段（2015年8月—2015年11月）：在取得阶段性成果的基础上，及时总结课堂教学改革中存在的问题，进一步制订措施，深入开展研究，特别是对课堂教学模式中的细节问题加强研究；总结推广课堂教学改革中的成功经验，以专题讲座、研讨会、学习简报等形式予以交流推广，供教师学习借鉴。整理资料，撰写报告，展示成果的专集，进行课题总结、验收。表彰先进，深化完善。召开阶段性成果表彰会，对教学改革中表现突出的科组、备课组和教师个人进行表彰奖励。进一步深化完善我市中学历史课堂教学模式。

3. 成员分工

课题组成员除全部参与课堂教学模式和教师专业化发展研究外，陈兴、郑玲玲负责撰写开题报告和期中评估报告，邹剑峰负责组织策划理论学习，罗健鹏、卓庚兰负责教师发展档案整理，陈胜方、宋尧收集整理相关研究资料。

（四）课题研究预期成果

研究报告《提高高中历史课堂教学有效性　促进历史教师专业化发展的策略研究》，评价标准，论文集，优秀课例实录。

三、专家评议要点

专家组听取了课题研究开题报告，审阅了课题研究的有关前期准备资料，经过评议，形成如下论证意见。

1. 课题选题具有研究价值

课题立足探索适合梅州中学教学实际的高效历史课堂教学模式和历史教师专业化成长的途径，激发教师"教"的热情与学生"学"的动力，建构课堂教学改革与教师共同发展的模式，其主导思想及研究内容具有一定的前瞻性及推广意义。

2. 课题研究目标明确

本课题旨在通过进行中学历史课堂有效教学策略的研究，寻找一个切入点，切实有效地改变现状，落实广东省"强师工程"实施方案，为梅州打造一批具有现代教育理念的优秀高中历史教师，有较强的可行性。

3. 课题研究内容具体

关注学生的进步和发展，关注教学效益，有明确的测量性和反思的意识。促进教师更新教育理念，在知识结构上突破"学科知识+教育知识"，具有强调多层复合的结构特征，有与未来教师专业相适应的能力。

4. 课题研究方法得当

如本课题中的行动研究法、个案研究法，能保证课题研究真正服务于教学改革。建议由于在实际研究过程中可能涉及其他的研究方法，请酌情补充并注意研究方法实施时的科学性、规范性。

5. 课题研究计划全面，课题组成员结构合理，研究任务分工明确

建议为保证课题研究的落实，课题组应重点关注"研讨充分"的保障条件，可定期召开课题研讨会，形成例会制度，并把课题研究和日常教研工作联系起来，列入学科教研工作计划。

6.课题研究预期成果可多样化

结合研究目标，成果形式不限制在研究论文、课例上，可酌情增加值得推广的策略或模式、评价标准等并注意成果的学术性和理论水平。

专家组最后建议，课题组应进一步修改完善开题报告，组织开展课题相关理论研究培训，按照分工展开课题研究，定期交流研究心得和成果，对研究过程性资料及佐证材料进行归档和整理等。专家组一致同意本课题按开题报告进行研究。

提高高中历史课堂教学有效性　促进历史教师专业化发展的策略研究课题中期总结

2013年11月，广东省教育科研"十二五"规划2012年度研究项目《提高高中历史课堂教学有效性　促进历史教师专业化发展的策略研究》获广东省教育科学规划领导小组办公室批准立项（课题批准号为2012YQJK236）。2014年3月开题后，课题组根据课题实施方案及教科研工作计划，开展了深入细致的研究工作。现将开题后至2015年上半年来课题组（含子课题）研究进展情况进行中期总结。

一、研究工作进展情况

（1）在前期准备工作的基础上于2014年3月27日在广东梅县东山中学举行开题报告会。课题主持人张铁城老师陈述了开题报告和实施方案。

（2）广泛发动，开展子课题申报、立项、研究工作。2014年5月《山区高中历史教师专业化发展现状及对策研究》等10项课题立项为广东省教育科学"十二五"规划2012年度研究项目《提高高中历史课堂教学有效性　促进历史教师专业化发展的策略研究》（2012YQJK236）的子课题。要求各子课题主持人按照课题研究计划将开题报告和实施方案、中期报告、研究成果等报送课题组，按要求参加主课题研究活动，按时按质完成课题研究任务。

（3）课题主持人进行高中历史课堂教研调研，开题以来听课评课共26节。发动教师参加全国高中历史课堂教学录像课评比，选送东山中学谢才旺老师参评，荣获一等奖；在东山中学开展高中历史生本教育课堂实践；召开了两次提升高三历史备考复习有效性的教研会议；为总结交流全市中学历史课程改革经验，提高全市中学历史课堂教学有效性，促进历史教师专业化发展，举行了2015年梅州市中学历史优秀教学论文（教学设计）评选活动。

（4）为贯彻2015年市教育工作会议精神，落实市教育局有关工作部署，拓

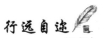

展课题研究，打造高效课堂和促进教师专业化成长，课题组于5月19日组织历史学科教师在丰顺中学举行"同课异构"教研交流活动。在活动中，由东山中学或曾宪梓中学一位教师上一节教学展示课，承办活动的重点中学也由一位教师上一节同一课题的公开课。课后全体参会教师进行评课研讨交流。这一活动的开展，为教师们搭建了一个畅谈教学思想、交流教学设计和展示教学风格的平台，教师们通过讲课与听课、自己和他人的对比，借鉴不同的教学方式和方法，结合自身教学实践进行教学反思，促进了教师教学能力的提升，收到了良好的效果。

二、对提高高中历史课堂教学有效性的思考和认识

课程改革的核心环节是课程实施，而课堂教学是课程实施的主要途径。因此，课堂教学变革就成为课程改革中的重要一环。新一轮课程改革以来，教师的教学方式、学生的学习方式都正在发生根本性的变化，这一切都要求教师在实施新课程中必须加强课堂教学变革的实验与研究。正是在这一背景下，提高高中历史课堂教学有效性成为我市广大高中历史教师的一种教学愿景、目标追求和价值取向，也是我市作为"教育强市"的题中应有之义。

究竟怎样的历史课堂教学才是有效的？对这个问题的回答，目前没有绝对的评价标准，只有一些基本的要求。新课程改革的核心理念是"以学生的发展为本，发展学生的个性，促进学生和谐发展"，强调"普及性、基础性、发展性、创新精神、实践能力、自主探究、合作学习、生活课程"。首都师范大学历史系教授赵亚夫认为：大凡有效的教学，都是针对学生的需求和发展而言的。虽说学生的需求和发展围绕着国家的需求和时代的进步会有所变化，但就历史教学而言，至少应当具备以下三个视角：一是与学习视野密切相关的史论部分，其核心教学观念是"求是"。无论今天我们多么强调历史话语的转化意义，作为社会科学中的历史的实证性和作为人文科学中的历史的解释性，都不能偏离基本的历史观念，即历史唯物主义和辩证唯物主义。二是与历史知识密切相关的史实部分，其核心的教学观念是"求实"。在基础教育中，历史作为一种"提供认识"，理应通过各种方式使其成为学生的"自我认识"。有效教学无外乎历史学习的有用性，而有用性又是与历史知识的价值性联系在一起的。三是与历史学习方法和思考密切相关的史料部分，其核心的教学观念是

"求真"。历史教学如果不存在真史料，学生不能以真为据、依据而实、据实而言，对历史的解读就难免存在偏见。因此，就历史教学的有效性而言，历史教学理应引入史料，并使其意义化（不仅要去伪存真，还要有学的价值）、理性化（不仅要投入情感，还必须掺加理智）、内化（不仅要生动有趣，还需要渗透反思），不能只教教科书。

《中学历史教学参考》主编任鹏杰老师也曾说过：历史教育的终极取向在于用"整体"历史观帮助学生认识自己、做好自己。简言之，就是"服务人生"。历史教学应扎根于人性的沃土，紧密关切学生的人生，把"教学"升华为服务人生的"教育"。湖北省宜昌市教研中心特级教师李明海认为，一节有效性较高的历史课堂基本的教学内容应包括客观真实的历史态度、分析比较的思维能力、借鉴反省的自我意识和全面真切的人文关怀；基本的教学模式是"情境·实践"教学模式。

我们对这一课题的研究，旨在进一步引导历史教师准确理解《普通高中历史课程标准（2017年版）》确定的"知识与能力""过程与方法""情感、态度与价值观"三维教学目标。在课堂教学中选择恰当的教学方法，使我们的课堂教学在过程的实施、情境的创设、知识的迁移、问题的拓展、活动的安排、练习的设计等多个环节中，始终处于内容鲜活化、过程活动化、问题探究化、交流互动化、思维多样化、体验有效化的良好状态，尊重学生的主体地位，满足学生的主体需要，引导学生充分活动，激发学生从多个层面主动参与学习全过程，发挥学生的主体作用。在教学中尽量合理利用教学资源，根据实际条件、自身特点采用适当的多媒体网络资源和丰富的教学手段，为教学锦上添花，而不是喧宾夺主，不能为了追求课程资源的丰富新奇而忽视课堂教学的实效性。

三、课题组提高高中历史课堂教学有效性的研究和实践

课题开展的研究包括东山中学历史学科的主题教学模式和生本理念课堂，曾宪梓中学历史学科的高三历史复习阶段"习题研讨"策略的运用，平远中学历史教研组进行的139教学模式的研究与实践，梅江区联合中学历史教研组廖慧贞老师主持开展的新课改背景下高中历史高效课堂的自主学习教学模式研究，五华县水寨中学历史教研组陈胜方老师主持开展的高中历史"目标导航+历史体

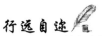
验+探究能力提升"教学模式研究，丰顺中学历史教研组罗育敏老师主持开展的"乐学高效历史课堂教学模式研究"，蕉岭中学历史教研组张利老师主持开展的"山区学校高效历史课堂教学模式研究"，梅县区南口中学历史教研组钟兰芳老师主持开展的"构建学导型高中历史高效课堂教学模式的研究"，梅县区新城中学历史教研组廖昌顺老师、李娟如老师主持开展的"以生为本打造高中历史高效课堂策略研究"。

上述研究和实践初步探索出了适合高中历史学科特点和梅州学校教学实际的高效历史课堂教学模式、适合历史教师专业化成长的途径。抓住转变教学方式这一核心问题，在吸收传统经验的基础上，继承、借鉴、发展、创新，针对学校教学的实际，优化教学方式，实施有效教学策略，提高教学效益，形成教师对有效学习指导的具体策略和一般性策略，构建中学生有效学习的课堂教学平台。进一步转变了梅州历史教师的教学理念，更多地研究高效教学策略，建构高效教学课堂新模式，致力于创设平等、民主、和谐的高效课堂教学模式；通过高中历史课堂教学引导学生改变学习方式，以饱满的精神状态积极参与课堂教学活动，实行师生互动、生生互动的探究式课堂教学改革，引导学生学会并自觉地在已有的经验基础上建构自己的知识框架和理论体系。课题的开展带动全市中学历史教师追求高效而富有个性特色的课堂教学，进一步提升教师的科研兴教意识和教育科研能力，提高教师的整体素质和业务水平，促进教师的专业化发展。

四、提高高中历史课堂教学有效性，促进历史教师专业化发展

"百年大计，教育为本。教育大计，教师为本。有好的教师，才有好的教育。"当前，我国基础教育的不断改革和广东省素质教育的深入实施，对高中历史教师的专业化发展提出了全新的挑战。随着新课改的深入进行，高中历史教学改革已进入一个关键时期。高中阶段的历史教育，介于初中历史教育与大学历史教育两个层次之间，肩负着普及和提高的双重任务。从传授历史的角度说，是初中所学知识的扩展和加深；从培养能力的角度看，是运用历史教材的知识结构及其蕴含的思维能力要求，开拓和培养较高层次的观察和分析历史问题的能力。作为新时期的高中历史教师，不仅需要具备崇高的职业道德和全新的教育理念，更要具备较全面的专业知识和专业能力。高中历史教师的专

业发展不仅是深化素质教育改革的要求，而且是教师自身发展、自我实现的客观需要。

广东梅县东山中学历史教研组李红梅老师主持开展培养青年教师、造就名师成长机制的策略研究，以加强教研组规范化建设，努力打造"包容开放、合作进取、务实求真、高效创新"的优秀教研团队和以教研文化为抓手，探索一个适合本校青年教师个性化、专业化成长和发展的教研组环境以及培养青年教师团队精神的策略研究；以"新老结对、同伴互助、自我反思"三位一体的研训模式为主载体，重点培养中学青年教师的能力素质，找到青年教师快速成长的规律（主要研究中学青年教师能力和素质形成的途径与方法）。

（1）通过实施将人文和制度相结合的暖心工程，逐渐促成包容开放、积极进取、和谐温馨的教研组家园文化，为教师成长发展提供了沃土，从而提高了教师的职业幸福感和归属感。

（2）通过实行多元激励机制，逐渐形成集"目标、榜样、成就、评价"于一体的激励性文化，激发了青年教师的进取精神和个性潜能。

（3）通过实行各种形式的合作教研机制，逐渐促成民主、开放、平等的合作性教研文化，增强了青年教师的合作共赢意识和科研意识，促进个性化教师与团队协调发展。

（4）通过实行规范化的反思制度，逐渐形成了将日常教学与反思行为融为一体的反思性教研文化，提高了青年教师反思基础上的行为跟进意识和教学行为修正能力。

（5）通过建立阅读成长机制，逐渐形成了集"阅读、思考、写作、交流"于一体的书香文化，教研组读书氛围渐趋浓郁，提升了教研组的文化品位和青年教师的文化素养。

梅江区教研室余干元老师开展梅州山区高中历史教师专业化发展现状及对策研究。梅州山区高中历史教师队伍建设的现状研究，包括梅州山区高中历史教师队伍结构现状研究（年龄、职称、学历、能力等）；历史教师队伍变动情况研究（新教师补充情况、调出调入情况、交流情况等）；历史教师专业发展状态研究（工作量、学习状况、信息享受状况、经历拓展状况、研究状况等）；历史教师培训状况研究（培训内容、培训形式、培训时间、培训效果等），教师、校长对培训的评价。开展梅州山区高中历史教师培训内容体系的

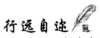

构架研究，包括适应素质教育的推进、教师专业发展需要的培训内容体系研究；根据终身教育思想，建立与职前教师教育课程相衔接的职后教师教育课程体系、课程结构与课程标准研究；总结教师培训的历史经验，反思各种培训模式的利弊；移植和借鉴基础教育改革与国外教师培训的新理念及新方法，构建符合梅州实际的教师培训模式和管理模式；应用现代信息技术开展梅州山区高中历史教师培训模式研究、网络课程资源的利用和管理、梅州山区高中历史教师培训文本及电子资源开发与建设等。

提高高中历史课堂教学有效性　促进历史教师专业化发展的策略研究课题结题工作

　　《提高高中历史课堂教学有效性　促进历史教师专业化发展的策略研究》是广东省教育科学规划领导小组办公室2013年11月批准立项的广东省教育科研"十二五"规划2012年度研究项目（2012YQJK236）。2014年3月开题后，课题组根据课题制订实施方案及教科研工作计划，开展了深入细致的研究工作。两年多来，在梅州市教育局、市教研室领导的关怀和指导下，我们全体课题组成员按照课题计划深入探讨、大胆实践，按照预定的实施方案，课题研究进展顺利，圆满地完成了预期的目标任务，中学历史有效教学模式基本形成，历史教师专业化发展得到促进。现将本课题研究的基本情况报告如下。

一、研究过程

　　本课题的研究时间为2013年11月至2016年2月，共两年，分为四个研究阶段。

　　1. 课题研究准备阶段（2013年11月—2014年2月）

　　通过开展问卷调查、教师访谈、学生座谈、课堂观察等途径，明晰我市中学历史课堂教学中存在的问题；组织召开多种形式的教学改革讨论会，组织多种形式的学习交流活动；确定课题研究内容和课题实施方案。

　　2. 课题研究组织实施阶段（2014年3月—2014年7月）

　　成立课题组并开题，通过课题实施方案。广泛发动，开展子课题申报、立项、研究工作。2014年5月，本课题确定了8个子课题项目：山区高中历史教师专业化发展现状及对策研究——以梅州山区高中历史教师为例；新课改背景下高中历史高效课堂的自主学习教学模式研究；山区学校高效历史课堂教学模式研究；注重细节教学，提高高中历史课堂教学的有效性研究；乐学高效历史课堂教学模式研究；高中历史"目标导航+历史体验+探究能力提升"教学模式研

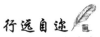

究；构建学导型高中历史高效课堂教学模式研究；以生为本，打造高中历史高效课堂策略研究。各子课题主持人按照课题研究计划将开题报告和实施方案、中期报告、研究成果等报送课题组，按要求参加主课题研究活动，按时按质完成课题研究任务。

3. 课题研究全面实施阶段（2014年8月—2015年11月）

组织各学校定期开展新模式验收课活动；组织开展各级公开研讨课、骨干教师上示范课、课堂教学比赛、经验交流会、专家讲座、专题培训等多种形式的活动，不断提高教师的研究水平，改进实践模式课过程中存在的问题，追求课堂教学的"优质高效"；全面开展新模式的课堂教学，总结改革中的成功经验，开展交流研讨会，推广经验，改进不足；推广优秀教师的课堂教学经验，不断改进、完善课堂教学模式。

课题主持人进行高中历史课堂教研调研，开题以来听课评课共46节。发动教师参加全国高中历史课堂教学录像课评比，选送东山中学谢才旺老师参评，荣获一等奖；在东山中学开展高中历史生本教育课堂实践；召开了两次提升高三历史备考复习有效性的教研会议；为总结交流全市中学历史课程改革经验，提高全市中学历史课堂教学有效性，促进历史教师专业化发展，举行了2015年梅州市中学历史优秀教学论文（教学设计）评选活动。

为贯彻2015年市教育工作会议精神，落实市教育局有关工作部署，拓展课题研究，打造高效课堂和促进教师专业化成长，课题组于5月19日组织历史学科教师在丰顺中学举行"同课异构"教研交流活动。在活动中，由东山中学或曾宪梓中学一位教师上一节教学展示课，承办活动的重点中学也由一位教师上一节同一课题的公开课。课后全体参会教师进行评课研讨交流。这一活动的开展，为教师们搭建了一个畅谈教学思想、交流教学设计和展示教学风格的平台，教师们通过讲课与听课、自己和他人的对比，借鉴不同的教学方式和方法，结合自身教学实践进行教学反思，促进了教师教学能力的提升，收到了良好的效果。

4. 课题研究总结深化阶段（2015年12月—2016年2月）

在取得阶段性成果的基础上，及时总结课堂教学改革中存在的问题，进一步制订措施，深入开展研究，特别是对课堂教学模式中的细节问题加强研究；总结推广课堂教学改革中的成功经验，以专题讲座、研讨会、学习简报等形式予以交流推广，供教师学习借鉴。整理资料，撰写报告，展示成果的专集，进行课题总结、验收。表彰先进，深化完善。召开阶段性成果表彰会，对教学改革中表现突出的科组、备课组和教师个人进行表彰奖励。进一步深化完善我市中学历史课堂教学模式。

四个研究阶段不是截然分开的，而是相互交叉进行的，各有侧重。

二、课题研究成果呈现

课题研究优化了中学历史课堂教学，初步探索出适应深化课程改革和梅州教育教学实际的中学历史有效课堂教学模式，提高了教学效率和质量，改变了学生的学习方式，提高了学生的学习能力，有利于促进学生的全面发展。以研促教，促进我市高中历史教师更新教育教学观念，树立高效教学观，逐步提高教师的整体素质和业务水平，进而优化教学，更好地为学生的成长服务，加快我市中学历史教师的专业化成长步伐。

以课题研究为载体，突出课堂教学研究。把课题研究作为教师展示教学，探索教育理论、构建教学模型的一个舞台，使课题研究融入课堂教学之中，在教学实践上分析因果，总结理论。课题研究要跳出课题组成员的小圈子，形成全员参与的研究氛围。通过课题研究，形成课题研究的基本模式。开展课堂教学研究：选定一堂探索课，进行集体研讨，形成教学设计稿；上课者通过教材钻研，分析学生实际，形成说课稿，在教研组进行说课；在教研组进行公开教学，听课者写出评课稿，上课者写出反思稿，并在教研组内进行交流，总结成功之处，修改教学设计稿，在组内共享。全员参与课题研究，解决课堂教学中的实际问题：从教学实际中寻找一个问题作为研究课题——学习一组与课题相关的理论文章——选择教学内容，设计一堂课题探讨课——在教科研组上一堂课题研究探索课——记录一组与课题相关的教学案例——撰写一篇课题研究成果报告。

上述研究和实践初步探索出适合高中历史学科特点和梅州学校教学实际的高效历史课堂教学模式和历史教师专业化成长的途径，激发教师"教"的热情与学生"学"的动力，建构课堂教学改革与教师共同发展的模式，凸显教育中"人"的互动与共同发展；抓住转变教学方式这一核心问题，在吸收传统经验的基础上，继承、借鉴、发展、创新，针对学校教学的实际，优化教学方式，实施有效教学策略，提高教学效益；形成教师对有效学习指导的具体策略和一般性策略，构建中学生有效学习的课堂教学平台。进一步转变了梅州历史教师的教学理念，更多地研究高效教学策略，建构高效教学课堂新模式，致力于创设平等、民主、和谐的高效课堂教学模式；通过高中历史课堂教学引导学生改变学习方式，以饱满的精神状态积极参与课堂教学活动，实行师生互动、生生互动的探究式课堂教学改革，引导学生学会并自觉地在已有的经验基础上建构自己的知识框架和理论体系；带动全市中学历史老师追求高效而富有个性特色的课堂教学，进一步提升教师的科研兴教意识和教育科研能力，提高教师的整体素质和业务水平，促进教师的专业化发展。有效课堂教学策略的研究与实践，能让学生在学习活动的主体角色体验中激发浓厚的学习兴趣和高涨的活动热情，变消极被动为积极主动。通过多层次的师生互动，彻底改变传统的接受性学习方式，确立学生的人本地位，通过学生自主能动的学习，使学生有效学习，以实现提高教学效率的目标，这是本课题研究在理论和实践中最具有意义的地方。

课题研究过程中课题组成员撰写的教育教学论文和获得的荣誉（部分）见表1。其中，在ISSN或CN刊物发表18篇，市二等奖以上10篇，市级以上荣誉称号9人。

表1　教学论文和获得的荣誉（部分）

成果名称	作者	成果形式	发表、出版或评奖单位	时间
提高山区学校高中历史课堂教学有效性的策略研究	张铁城	论文	《学校教育研究》（ISSN1673—0348 CN13—1351TN）	2016年4月
突出主题立意　提高学生历史素养	张铁城	论文	《教育界》（ISSN1674—9510 CN45—1376G4）	2016年5月
基于素养立意的历史课堂教学优化策略	张铁城	论文	《学校教育研究》（ISSN1673—0348 CN13—1351）	2015年12月
基于历史意识培养的史料教学优化策略	张铁城	论文	《课程教育研究·学法教法研究》（ISSN2095—3089 CN15—1362G4）	2016年3月

成果名称	作者	成果形式	发表、出版或评奖单位	时间
积极有为，指导研究——谈谈教师在研究性学习中的"可为"	卓庚兰	论文	《文理导航》发表，获"中国教育实践与研究论坛"征文比赛一等奖	2013年12月
探索·创新·发展：对美国历史发展进程的再认识	卓庚兰	论文	《中学历史教学参考》（ISSN1002—2198 CN1036G4）	2014年1月
主编2015《高考总复习一轮复习导学案——历史》	余干元	高考备考用书	世界图书出版公司出版	2014年7月
高中历史教师专业发展现状及应对策略研究	余干元	优秀教学论文评选一等奖	梅州市教学研究室	2015年9月
高中历史教师专业发展现状调查分析	余干元	论文发表（拟）	《新课程》杂志2016年第1期	
舌尖上的梅州	廖文秀	校本教材二等奖	广东教育学会	2015年5月
高三艺术班历史复习学案教学模式初探	廖文秀	优秀教学论文评选二等奖	梅州市教学研究室	2015年9月
叶剑英基金优秀教师	余干元	荣誉称号	梅州市教育局 广东省雁洋公益基金会	2014年9月
梅江区教学工作先进教师	廖文秀	荣誉称号	梅江区教育局	2015年8月
浅析新课标下的初高中历史教育教学衔接问题的对策	廖慧贞	发表	省级刊物《东西南北·教育博览》2013年第12期	2013年12月
浅议如何打造新课程背景下的高中历史高效课堂	廖慧贞	发表	省级刊物《中学生导报·教学研究》2014年第3期	2014年1月
高中历史课堂教与学现状的问卷调查分析报告——以广东省梅州市梅江区联合中学为例	廖慧贞	发表	省级刊物《中学生报》2015年第2期	2015年1月
基于中国传统文化视阈下的普通中学班级管理	廖慧贞	发表	国家级刊物《人民中国》2014年第22期	2014年8月

续 表

成果名称	作者	成果形式	发表、出版或评奖单位	时间
浅析多媒体在高中历史自主教学模式中的应用	廖慧贞	发表	省级刊物《学园》2014年第35期	2014年12月
浅析新课改下中学历史教学中的生态环境教育	廖慧贞	发表	省级刊物《东西南北·教育博览》2015年第5期	2015年5月
浅析我国民族问题理论——基于中国马克思主义史学家的视角	廖慧贞	发表	省级刊物《中学生导报·教学研究》2015年第13期	2015年8月
新课改背景下高中历史高效课堂的自主学习教学模式和评价研究	廖慧贞	发表	省级刊物《中学生导报·教学研究》2015年第26期	2015年12月
浅谈新课程下如何调动学生学习历史的自主性	廖文秀	发表	《梅州教育》2010年第4期	2010年8月
嘉应名教师	张 利	荣誉称号	梅州市教育局	2014年9月
高分考生优秀指导老师	张 利	荣誉称号	蕉岭县委县政府	2014年8月
邹锡昌高考优胜奖	张 利	荣誉称号	梅州市教育局	2014年8月
《开辟新航路》	张 利	教学设计	梅州市教育局	2015年9月
《开辟新航路》	张 利	优课展示	国家教育资源公共服务平台	2015年9月
高中历史非选择题审题能力培养三步曲	丘德正	论文	梅州市教育局	2015年9月
西方人文主义精神的起源	郭华平	教学设计	梅州市教育局	2015年9月
中华民国临时约法	郭华平	示范课	蕉岭县教育局	2015年9月
高分考生优秀指导老师	张宏威	荣誉称号	蕉岭县委县政府	2015年7月
邹锡昌高考优胜奖	张宏威	荣誉称号	梅州市教育局	2015年8月
叶剑英基金优秀教师	张宏威	荣誉称号	梅州市教育局	2015年9月
高中历史课堂教学的几点尝试	赖汉英	论文	获2015年梅州市中学历史优秀教学论文评选一等奖	2015年9月

续 表

成果名称	作者	成果形式	发表、出版或评奖单位	时间
历史教学要培养学生的创新精神	刘奇	论文	《学习报》教育研究版［CN14—0708/（F）］第65期	2013年3月
爱国主义在历史教学中的运用	刘奇	论文	《学习周报》学科版（CN54–0014)第165期	2014年5月
高中历史教学中实施情感教育的策略	胡建佳	论文	省级刊物《中学生导报》	2014年6月
新课程背景下高中历史自主课堂教学探索	李志敏	论文	《师道·教研》（CN44–1299/G4）2015年第2期	
用好杜威活动教学法，上好高中历史教学课	李志敏	论文	省级刊物《中学生学习报·教研周刊》第1732期	2014年8月
浅议新课标下的高中老师概念教学	魏苑华	论文	获梅州市中学优秀教学论文评比一等奖	2015年9月
邹锡昌高考优秀指导老师奖	王明福	荣誉	梅州市教育局	2015年8月
学导型高中历史高效课堂教学模式的研究	钟兰芳	论文	中国教师教学研究会	2015年5月
《美国〈独立宣言〉》	李娟如	教学设计	获2015年梅州市中学历史优秀教学设计评选一等奖	2015年9月
Moodle环境与非Moodle环境下诊断性评价效果比较——以高三历史小论文的撰写和评价为例	李娟如	论文	获第四届"中国移动校迅通杯"全国中小学教师论文大赛广东省赛评选二等奖	2013年12月

三、本课题研究反思

1. 实施高中教育课程改革

实施高中教育课程改革，加快构建符合新时期高中教师专业化发展的目标体系，是新时期赋予教育工作者的历史性课题。当前我市教师队伍凸显出与高中教学要求不相适应的诸多问题，教师专业素质难以适应新一轮高中课程改革的要求。

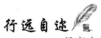
从教师自身来看：一是梅州山区高中历史教师综合素质总体偏低。具体表现在教师学历水平依然较低，后取学历人数相对较多，学科知识陈旧，专业化程度不高，对高中历史教师专业化发展和新课程改革以及教育改革和发展形势缺乏足够的认识。二是梅州山区高中历史教师专业化发展错位，自我发展意识淡薄。大部分梅州山区高中历史教师专业化发展的推动力主要来自外部，听命于教育行政部门。从学校自身到教师自身都是"要我发展"才发展，而"我要发展"的专业自主意识严重缺乏。

从培训组织管理方面看：一是缺乏必要的专家引领和专业指导。梅州山区高中历史教师对新时期教师专业化发展的要求感到不知所措，对如何规划教师职业生涯无所适从。省市学科带头人、骨干教师的潜力没有得到充分挖掘和最大限度发挥。二是梅州山区高中历史教师专业化发展的途径和环境有待改进。梅州山区学校培训的层次低、次数少、时间短、收效微、专业性不强，培训与教师希望解答的困惑严重脱节，缺少专业发展的内外环境，难以构建真正意义上的学习共同体。三是缺少中学教师专业标准、专业发展考核机制和经费保障。梅州山区高中历史教师缺少专业发展的方向、具体目标和要求，也就缺少提升自己专业水平的责任和动力，始终冲不出困扰和束缚教师专业发展的怪圈。随着基础教育发展和新课程改革的不断推进，促进山区高中历史教师专业发展，整体提升山区高中历史教师专业水平必将成为加快我市教育改革发展、全面提高教育教学质量的根本性问题。

2. 课题教学模式研究方面存在一些问题

（1）课题研究的效果不够理想。教师研究素质水平参差不齐，再加上理论水平的局限和研究经验的不足，部分教师参与研究的热情欠佳，个别教师对课题的把握不够准确，研究思路不太清晰，研究方法不够合理，课题研究还停留在较浅的层次上。

（2）课堂的有效性有待进一步提高。一些教师的课堂管理能力不足，难以关注到全体学生，导致有些课堂的"合作"流于形式，总是优秀学生展示的机会多，学困生则成了观众和听众，缺乏独立思考，直接从优秀学生那里获取信息，没有达到应有的学习目的。甚至还有部分教师思想相对保守，不够信任学生，还在牢牢掌握着课堂主导权。

（3）研究周期较短，研究成果不够成熟。课题研究的很多方面都是初步探索尝试，在落实上还需继续完善补充。如导学案的编写，需要教师有较强的教材把握能力，储备丰富的相关学科领域的知识，而不能局限于教材范围，教师要学会"用教材"而不是"教教材"。

四、本课题后续研究计划

提高课堂教学有效性与历史教师专业化发展是一个较长时期的过程，因此课题研究周期仍嫌较短，对高效课堂教学模式研究的运用也还需要一个成熟和进一步推广的过程，同时课题研究的不少方面仍属初步探索尝试，在后续研究中还需继续补充完善。

（1）新课程改革大力提倡培养教师主体意识、研究意识和反思意识，这是教师专业化发展的重要支撑，也是实现教师专业化发展的重要策略。教师成为"研究者"，能使教师群体从以往无专业特征的"知识传授者"的角色定位提高到具有一定专业性质的学术层面上来，可以提高教师的自身素质和教学质量；教学反思能使教师通过系统的、客观的、科学的分析和研究，对课堂教学进行新的实践，从而提高教学质量和自身理论水平。我们希望通过此项研究与实践，构建教师与学生共同成长的教学管理体系，促进教师专业潜能最大化的发挥。"教师专业化发展"已经成为各级教育部门教研的基本研究形式，它需要在不断的改革创新中完善，而"教师专业化发展"也是无止境的，还有大量的后续工作要做，都急需完善和提高。

（2）有效教学是一个长期的系统工程，影响课堂效率的因素有很多，只有客观面对课堂教学中存在的问题和不足，把课堂教学艺术的完美与课堂教学的高效作为孜孜不倦的追求，勇于实践，善于总结，才能让课堂焕发生机。以后要进一步组织教师进行理论学习，提高教师科研能力，更新教学理念，使教师能自发、自主地结合日常教学工作开展教学研究，提高课堂效率。争取各方面的支持，多引进专家、行家，帮助指导课题研究，多派教师到发达地区或教改成效高的学校进行学习。加强对高考、教材、学生的研究，完善导学案的编写，努力探索师生互动的高效历史课堂。

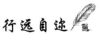

提高高中历史课堂教学有效性　促进历史教师专业化发展的
策略研究课题研究报告

一、以课题研究引领探索教育理论与教学实践融合的新路径

梅州地处广东东北部山区，经济欠发达，自广东省2004年实行新课程改革以来，我市高中教育的发展已跟不上珠三角教育发展的步伐，特别是在教育理念与新教师的成长发展方面已呈现明显的劣势。审视我市高中历史课堂教学现状，由于受到广大教师的教学理念、施教水平以及教育教学资源等因素的影响，低效、无效的现象依然存在，传统的被动、单一的接受式学习在教学中仍居主导地位。呆读死记、题海战术、机械操练、反复练习的做法依然制约着学生的积极性、主动性和创造性。学生是挨一步，挪一步，教师是辛辛苦苦工作，不敢放松一步。学生是"容器"，教师讲，学生听；教师写，学生抄；教师占据讲台滔滔不绝，充分扮演"演员"的角色，学生则充当忠实的"听众"和"看客"。这种课堂教学不仅不能促进学生进行有效的学习，还使促进学生全面发展的三维目标得不到落实，更使学生的创新意识和实践能力也得不到培养。教师教得累，学生学得苦。新课程理念与教师传统教学方式的矛盾未能切实解决，影响了课程改革的逐步有效的推进。我们急需开展提高历史课堂教学有效性的研究，就是要转变历史教师的教学理念，研究高效教学策略，建构高效教学课堂新模式，致力于创设平等、民主、和谐的高效课堂教学模式；要通过高中历史课堂教学引导学生改变学习方式，以饱满的精神状态积极参与课堂教学活动，实行师生互动、生生互动的探究式课堂教学改革，引导学生学会并自觉地在已有的经验基础上建构自己的知识框架和理论体系；要鼓励全市中学历史老师追求高效而富有特色的课堂教学，进一步提升教师的科研兴教意识和教育科研能力，提高教师的整体素质和业务水平，促进教师的专业化发展；通过开展切实可行的教学研究，让教师在教学实践中催生理性思考，丰富教育改

革的理性认识，形成具体可行的操作模式。

研究过程包括课题的选择与论证、制订研究计划、查阅文献资料、实施研究、研究成果评价和推广等方面，研究课题需要思考，做课题研究形成思考的结论，做课题研究培养着思考的日常习惯，做课题研究加快着教学实践智慧提高的步伐。两年多来的课题研究过程中，我们念兹在兹如何提高梅州山区中学历史课堂教学有效性，促进历史教师专业化发展。教师的蜕变之路，必定是经历了教学的模仿、独立再到创新的过程。"操千曲而后晓声，观千剑而后识器。"课堂观摩是促进教师专业化成长的有效途径。世界上最聪明的人是那些善于发现并能学习别人长处且最终使其变为自己长处的人！教学有法，教无定法。任何一堂经过精心设计的课，其课堂结构、重点难点的处理方式、教学方法的选择、板书设计、课堂气氛的调节等无不注入了执教者的心血，融入了教师的智慧。教师从众多鲜活的教学案例中得到思想的灵光，揣摩了一些精妙的教学技巧，萌生了一些新的教学观点，渐悟了一些提高教学有效性的法门。通过课题研究引领扎根梅州山区的历史教师激发强烈的自主发展意识和强烈的专业驱动力，以及对教师职业和历史学科的执着和热爱，立志做一个有追求的、有职业幸福感的历史教师，拥有植根于历史学科的思维方法和教学能力，能从历史学科中汲取无穷的养分来润泽自己的生命，通过不断的学习、实践、反思、探索，使自己的教育教学能力不断提高，并不断向更高层次发展，在课堂上把历史知识准确、简洁、通俗、生动地表达出来，扎根历史课堂教学主阵地，有鲜明的课堂教学风格特点，把如何讲好每一节历史课、提高每一节课的教学有效性作为始终伴随职业生涯的追求。

二、探索教学模式，为历史课程改革提供实践智慧

初步探索出适合梅州高中历史学科特点的高效课堂教学模式，为历史课程改革提供实践智慧。

通过课题研究，梅州山区中学的历史课堂教学越来越关注教学的价值观引领。《基础教育课程改革纲要（试行）》指出，课程改革的目标之一是"改变课程过于注重知识传授的倾向，强调形成积极主动的学习态度，使获得基础知识和基本技能的过程同时成为学会学习和形成正确价值观的过程"。历史教学的本质就是关注学生的全面发展，历史学科作为一门人文学科，肩负着培养学

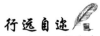

生人文素养的职责，有意义的历史教学必然是人文气息浓厚的、价值观引领的和渗透鲜明的教学。

注重在教学过程中生成性问题的设计，关注学生在课堂上的学习主动性和积极性。精心预设是课堂实施的前提，灵动生成是有效课堂的关键，预设和生成的有机结合不仅是一种教育的科学，更是一种教育的艺术。在课堂教学中，由于受学生的原有经验、知识结构、个性等多方面因素的影响，教学成为一个动态的、发展的建构过程。预设能加强课堂教学的科学性和计划性，动态发展、充满弹性的生成性课堂更具富艺术性和包容性，给生成制造空间，彰显历史课堂的思辨性、人文性和灵动性。

（1）东山中学历史组开展的主题教学实践和研究。主题教学，即以一个主题切入历史教材，把相关的历史知识重新整合，构建一个新的知识专题，达到巩固知识、提高学生思维能力的目标。每节课都应有一个主题，主题是课堂教学的灵魂，是教师构思课堂教学设计的基础，是教学目标最主要的体现。历史教育以关注学生成长为根本目的，学生的成长不仅是知识的获取，更重要的是人格的健全和个性的发展。落实到课堂上，传授历史知识不仅仅是浅层次的目标，更重要的是让学生从历史知识中掌握历史学习、历史研究的基本方法，以及得到情感、态度与价值观的教育。历史主题教学能够有效地达成课程的目标。教学主题是统领一课的核心，往往也是教学中真正需要探究的问题。在教学主题的引领下，资源的开发、重点的确定、材料的使用、问题的设计、活动的开展都有了中心，课堂教学也就有了灵魂，这对学生认识与理解历史、提高判断力、形成正确的价值观大有裨益。这些主题可以是思想主题、知识主题和文化主题，是那些连接着学生精神世界、现实生活等有关的"触发点""共振点""兴奋点"等，确立恰当的历史教学主题，能使历史课堂教学在让学生获得历史知识的同时，思考历史问题，体会历史智慧，感悟人生意义，对实现中学历史课堂教学有效性有着重要意义。

（2）东山中学历史组开展的生本理念课堂实践和研究。生本教育认为："学生不仅是教育对象，更是教育的最重要资源。"生本教育以"一切为了学生，高度尊重学生，全面依靠学生"为宗旨。生本理念的历史课堂就是把课堂还给学生，让学生做课堂的主人，通过前置作业、小组合作、课堂展示、师生合作让学生从学习上、认知上、情感上都有收获，真正提高教学的有效性。

（3）曾宪梓中学历史组开展的高三历史复习阶段"习题研讨"策略的运用，主要是以"小组研讨"与"师生共研"相结合的方式开展，让学生分析易错题、改编考过的试题，特别是根据题干材料尝试设问与解答。通过习题研讨，学生可以进一步夯实基础，学会洞悉命题意图、思路和规律，加强解题能力，最终促进历史成绩的提高。习题研讨不仅使学生真正成为学习的主人，让他们意识和感觉到了自己的智慧力量，而且带给学生实实在在的提高，也让他们逐渐喜欢上了"习题研讨课"。

（4）平远中学历史教研组进行的139教学模式的研究与实践。"1"指一份教学案，一份试题（训练题）；"3"指三个课时：一个自主课、一个自习课和一个展示课；"9"指九个环节：自主学习、合作探究、限时训练、学习报告、学生展示、师生质疑、师生点评、归纳总结、检测反思。这一教学模式减轻了学生的学习负担，改变了学生被动接受知识的局面，形成了"主动参与、乐于探究、善于交流与合作"的学习方式。通过探究，增强学生亲身体验知识生成、协作学习的乐趣；培养学生发现问题、提出问题和解决问题的能力；培养学生的综合素质，并为学生树立正确的世界观、人生观、价值观打下良好的基础；改变教师"一言堂"和"一灌到底"的教学方式，使教师成为课堂学习活动的组织者、引导者、管理者与合作者，从而建立一种新型的课堂教学模式和师生关系，教师的业务素质和教科研能力显著提高。

（5）梅江区联合中学历史教研组廖慧贞老师主持开展新课改背景下高中历史高效课堂的自主学习教学模式研究，主要从学生、教师、教学三方面思考，体现在学生主体地位凸显、学习兴趣提高，教师教学观念和教学策略改变，教学效果提高、教学目标更容易达成三方面。这一研究认为，让学生在教学过程中处于主体地位是高中自主学习教学模式的精髓，通过自主探究历史教学模式中的学前展示、学导提升和新知导学三个阶段，学生可以掌握更多的课上时间，拥有更多发言权，在表达自己的意见和提出疑问的过程中，与老师同学共同讨论解决问题，凸显学生主体地位，提高学生学习历史的兴趣；从教师角度而言，由"重教"转向"重学"，现代的课堂已不是教师一个人的舞台，而是一个师生互相学习、互相交流的舞台。教师转变教学观念和教学策略，认识到学生在学习中的主体地位。教师把教学的立足点转移到引导学生学习上来，充分落实到学生的身上，让学生发挥潜能，敢于动手和动脑，有所发现、有所创

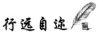

新。

（6）五华县水寨中学历史教研组陈胜方老师主持开展的高中历史"目标导航+历史体验+探究能力提升" 教学模式研究，重点研究高中历史有效教学行为，丰富和完善中学历史有效教学理论。研究高中历史教学中师生的有效教学行为，即师生学习目标的确定、课前准备、课堂自主学习和合作探究、学生展示等行为的有效性，探索实现高中历史高效课堂教学的方式、方法、原则与策略。开展研究以来，学生自主探究历史的能力有了明显的提升，学生构建历史知识体系和分析历史问题的能力得到了较大提高，不管是学生完成学案的效率还是学生完成学习报告（知识网络及联系）的质量，均比以前有了质的突破。历史科组教师确立了以生为本的教学理念，关注学生的未来发展，重视培养学生的历史人文素养以及独立思维、判断的能力。转变了课堂展示方式，提高了课堂教学的有效性。课改班学生能积极主动上台展示自己的学习成果，大胆质疑，提出自己的独特见解。教师准备充分，能自由应对学生的提问，并适时进行点评。

（7）丰顺中学历史教研组罗育敏老师主持开展"乐学高效历史课堂教学模式研究"。课题组以教学研究和实践作为中心工作，广泛收集国内外有关课堂学习方法、学习策略和课堂学习活动方式等方面的实验报告、论文论著等资料，积极开展并参加校内外的公开课活动，借鉴"他山之石"积极探索适合本校的一些课堂教学模式。促使学生的学习方式从单一、被动向多样化转变，学会自主探索、合作学习；促使学生学习的过程转变为他们参与的丰富、生动的思维活动和实践创新的体验过程。同时课题组的教师也在参与教研的过程中充分认识到课堂有效教学的意义及重要性，逐渐改变传统教学行为的束缚，以积极的态度参与课堂教学模式的创新与实践，教学效果显著，并对丰顺中学全体历史教师产生了辐射作用，带动他们改变教学方式。

（8）蕉岭中学历史教研组张利老师主持开展"山区学校高效历史课堂教学模式研究"，有效教学的课堂教学模式初步成型。

第一步：指导预习。学生根据教师事先出示的导学案进行自学；通过阶梯性练习达成目标要求；学生能解决的问题应该让学生自己解决，不能解决的问题要提出，从而达到自主学习的目的。

第二步：学情反馈。本阶段的学习活动主要放在课内，即在学生个体活动的基础上集体探求知识的教学活动，让学生在个体活动中不能解决的问题得以解决。通过讨论、质疑、交流，让已会的学生来教不会的学生，促使学生之间相互合作、互相帮助。本阶段活动分为三个步骤：①两人小组陈述，提出疑问；②四人小组讨论，组长收集问题；③教师进行巡视，时刻关注每个小组的学习状态并加以点拨指导，营造小组竞争的学习氛围。确定课堂教学的重点与难点，把握不同层次学生存在的不同问题，提高教学的针对性和有效性。

第三步：互动解疑。师生、生生平等对话，解决预习中没有解决的疑难问题。教师要给学生充分的表达和表现机会，善于发现学生预习中思维的偏差，重在思维方法的点拨；同时，要灵活调整教学安排，增减教学内容，要善于将课本题拓展、引申，并围绕核心知识、主干知识选编补充。教学要求是先学后教，会的不教，以学定教。

第四步：练习反馈。以适量的、不同梯度的练习来检测当堂所学内容的掌握情况，学生按教师提供的课堂练习或作业进行自测自结。练习分必做题、选做题和思考题，要留有充足的时间，让学生独立完成；教师视情况进行个别辅导，可安排能力强的学生辅助个别学困生完成训练。做到当堂训练，当堂反馈，当堂解决问题，不留尾巴，即做到"堂堂清"。

第五步：归纳巩固。师生共同回顾课堂所学内容要点，特别是方法总结。针对反馈情况，布置相应的巩固练习。

（9）梅县区南口中学历史教研组钟兰芳老师主持开展"构建学导型高中历史高效课堂教学模式的研究"。初步提出的解决策略包括充分利用多媒体的动态功能，强化时空感知，促进知识由抽象到具体的转化；以历史故事为载体，提炼出历史思想；探索历史建模训练，加强学生运用历史的意识。课题研究有效促进了学生学习能力的提高。在课堂内外，学生的学习方式得到了较大的转变，学生有了较强的历史运用意识和实践能力，逐渐学会了历史化的方法，并自觉地用所学习到的历史知识去认识、分析现实中的事物。该研究有效提升了教师的专业素养，带动了课堂教学的优化。在研究实践中，教师努力将先进的教育思想内化为自己的教育教学理念，转变为自己的教育行为，升华为自己的教育教学特色。学生充分发展自己的特长，积极地从课内走向课外、走向社会进行实践，最大限度地开发、挖掘学生的潜在创造力。在促进学生发展的同时，教师自身的素养也同样得到了发展。

（10）梅县区新城中学历史教研组廖昌顺老师、李娟如老师主持开展"以生为本打造高中历史高效课堂策略研究"。课题组针对当前课堂教学中存在的问题，结合学生的特点，根据学校现有的资源进行了相关的调查研究，探索了实现"高效课堂"的途径。课题组决定让课堂回归"生本"——放手发动学生备课、全面依靠学生上课，小组合作探究作业、教师课后反思总结的课堂教学模式，强化功夫在外的意识，坚信"学生能干的让学生干"的理念。在实践以生为本打造高中历史高效课堂的过程中，学生的变化是可喜的：课堂上学生的自学自主能力明显增强，越来越多的学生变得自信了，课堂真正成了他们学习的乐园。在课堂上，他们开始质疑，开始发表不同的看法，开始运用"我认为……""在我看来……"等字眼来表达他们的看法；越来越多的学生不再仅仅是个学生，很多时候他们扮演着小老师的角色，自信地阐述自己的观点，自信地给学困生讲解。教师也不再像过去那样占据整个课堂，而是将更多的时间还给学生；讲解问题不再是一字不落、一个环节不漏，而是能让学生说的教师就不再说了，能让学生做的就放手让学生去做，教师只进行适时的指导，让自己的课堂更简单却更高效。

（11）广东梅县东山中学历史教研组李红梅老师主持开展"培养青年教师、造就名师成长机制的策略研究"。本课题立足于东山中学的实际情况，在基础教育课程改革的大背景之下，以科学发展观为指导思想，本着人性化教学理论，将理论与实践相结合，积极探索适合学校青年教师成长和发展的环境，探索青年教师快速成长的规律，研究培养青年教师成才的策略，为全面有效地提升学校青年教师专业素养、培养青年教师团队精神及创新精神提供理论支持和实践指导。东山中学历史教研组目前有任课教师27人，平均年龄约30岁，近五年分配到我教研组任教的应届大学毕业青年教师就有10位。青年教师工作、学习热情高涨，勇挑重担，敢于尝试，可塑性强，给学校带来了勃勃生机，使学校焕发出青春和活力，这些都与当今课程改革对教师的需求相一致。但因受客观环境和主观因素的限制或影响，青年教师在成长过程中仍存在一些不足，如缺乏团队意识，在团队生活中容易以自我为中心；工作热情高涨却缺乏教育教学经验；勇挑重担却难以坦然面对挫折；教学过程重理论却轻教化；敢于创新却脱离实际、好高骛远；等等。所有这些都将制约青年教师自身的快速成长，也不利于学校教育教学的可持续发展。因此，开展培养青年教师、造就名师成长机制的策略研究，寻找一种更有效地促进青年教师专业化成长的途径，打造一支学习型、科研型、创新型的青年教师团队，是课程改革新形势下迫切需要解决的主要课题，也是学校开发人才资源、满足人才资源需求的具体实践。

研究的具体目标是培养具有良好团队精神的新型青年教师队伍；探索出一条以校本教研为载体，推进教师专业化、创新化发展的模式；培养一批在课程改革的理论与实践操作过程中具有扎实的专业素养、有一定教科研能力的创新型的青年教师团队；探索一个适合我校青年教师个性化、专业化成长和发展的教研组环境以及培养青年教师团队精神的策略研究；以"新老结对、同伴互助、自我反思"三位一体的研训模式为主载体，重点培养中学青年教师的能力素质，找到青年教师快速成长的规律（主要研究中学青年教师能力和素质形成的途径与方法）。

（12）梅江区教研室余干元老师开展梅州"山区高中历史教师专业化发展现状及对策研究"。以梅州山区高中历史教师为主要研究对象，对其专业化发展的现状、存在的问题、主要的阻力以及解决的措施做出一些探究，对梅州山区中学历史教师的专业化发展提出了一些切实可行的建议。课题组认为，加强梅州山区高中历史教师队伍建设，重点要在以下几个方面做好工作，同时，课题研究也应围绕这几个方面，寻求加强梅州高中历史教师队伍建设的有效措施：梅州山区高中历史教师队伍补充，城区与边远学校教师资源交流机制研究，山区高中历史教师队伍建设现状，吸引新大学毕业生充实梅州山区高中历史教师队伍的经验及存在问题，城区与边远学校教师资源交流的做法和存在的问题，以及解决这些问题的方法。提高梅州山区高中历史教师队伍的整体素质，促进其专业发展，增强队伍的战斗力。主要内容有：梅州山区高中历史教师培训工作的现状，实施素质教育对历史教师培训工作提出的新要求，梅州山区高中历史教师培训工作的历史经验、发展趋势，教师培训的新理论、新观念，针对性、实效性强的新的教师培训模式和培训方法。重点抓好校长、中层、教师的培训工作，注重提高培训的针对性与实效性。

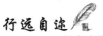
三、促进梅州历史教师树立高效教学观，加快历史教师的专业化成长步伐

以课题研究为载体，突出课堂教学研究。把课题研究作为教师展示教学、探索教育理论、构建教学模型的舞台，使课题研究融入课堂教学之中，在教学实践中分析因果，总结理论。课题研究要跳出课题组成员的小圈子，形成全员参与的研究氛围。通过课题研究，形成课题研究的基本模式。开展课堂教学研究：选定一堂探索课进行集体研讨，形成教学设计稿；上课者通过教材钻研，分析学生实际，形成说课稿，在教研组进行说课；在教研组进行公开教学，听课者写出评课稿，上课者写出反思稿，并在教研组内进行交流，总结成功与不足之处，修改教学设计稿，在组内共享。全员参与课题研究，解决课堂教学中的实际问题：从教学实际中寻找一个问题作为研究课题——学习一组与课题相关的理论文章——选择教学内容，设计一堂课题探讨课——在教科研组上一堂课题研究探索课——记录一组与课题相关的教学案例——撰写一篇课题研究成果报告。

以加强教研组规范化建设，努力打造"包容开放、合作进取、务实求真、高效创新"的优秀教研团队和教研文化为抓手，探索一个适合我校青年教师个性化、专业化成长和发展的教研组环境，以及培养青年教师团队精神的策略研究；以"新老结对、同伴互助、自我反思"三位一体的研训模式为主载体，重点培养中学青年教师的能力素质，找到青年教师快速成长的规律（主要研究中学青年教师能力和素质形成的途径与方法）：①通过实施将人文和制度相结合的暖心工程，逐渐促成包容开放、积极进取、和谐温馨的教研组家园文化，为青年教师成长发展提供了沃土，从而提高了青年教师的职业幸福感和归属感。②通过实行多元激励机制，逐渐形成集"目标、榜样、成就、评价"于一体的激励性文化，激发了青年教师的进取精神和个性潜能。③通过实行各种形式的合作教研机制，逐渐促成民主、开放、平等的合作性教研文化，增强了青年教师的合作共赢意识和科研意识，促成教师个性化的形成与团队协调发展。④通过实行规范化的反思制度，逐渐形成了将日常教学与反思行为融为一体的反思性教研文化，提高了青年教师反思基础上的行为跟进意识和教学行为修正能力。⑤通过建立阅读成长机制，逐渐形成了集"阅读、思考、写作、交流"于一体的书香文化，教研组读书氛围渐趋浓郁，文化品位和青年教师的文化素养逐渐提升。

加强梅州高中历史教师师资队伍建设的有效措施：①加强师德教育，树立高度的责任感。师德是提高教师素质的核心，教师只有具备高尚的职业道德、无私奉献的工作精神、爱岗敬业的工作品质，才能全身心投入工作。②更新教育理念，促进课堂教学改革。转变教育教学观念是教师适应新课程改革的关键。有什么样的观念就有什么样的教育和教学，因此必须引领教师树立新的课程理念，树立正确的教学观，实现教育观念的根本性转变。③抓好校本教研，提高教师整体素质。培训是提高梅州山区高中历史教师队伍素质的重要途径，校本教研是推进新课程实施的有效途径，是提高教育教学质量的根本举措，是促进学校内涵发展的必由之路。要高度重视校本教研制度的建设和校本教研活动的开展，以学校教育教学活动中发生的真实问题为对象，以改进教育教学工作为目标，以教师为研究主体，通过实践反思、同伴合作、专业引领等有效形式，将教学、研究、培训有机整合，使探究、合作、反思成为教师职业生活的主要特征，把学校建设成为实践型的学习共同体，整体推动教师的专业化发展。④以科研为载体，着力培养骨干教师。骨干教师是教师队伍中能产生辐射效应的核心群体，是教师队伍具有向心力的重要因素。必须创造条件加大对骨干教师的培养力度，并充分发挥骨干教师的示范带头作用。

历史教师的专业化成长路径是多元和复杂的，每位教师都有适合其个人的发展方向，但课堂教学是历史教学的主阵地，是历史教师专业素养综合体现的场所，历史课堂教学的实践始终是教师专业化成长的根本途径。上述研究和实践突出把教学实践知识（智慧）作为历史教师专业化发展的核心内容，把实践情境作为历史教师专业化发展的根基。把"以学生为重"作为历史教师专业化发展的根本，把"学习为主，经验科学相结合"作为历史教师专业化发展的重要支撑。初步探索出适合高中历史学科特点和梅州学校教学实际的高效历史课堂教学模式、适合历史教师专业化成长的途径，激发教师"教"的热情与学生"学"的动力，建构课堂教学改革与教师共同发展的模式，凸显教育中"人"的互动与共同发展；抓住转变教学方式这一核心问题，在吸收传统经验的基础上，继承、借鉴、发展、创新，针对学校教学的实际，优化教学方式，实施有效教学策略，提高教学效益；形成教师对有效学习指导的具体策略和一般性策略，构建中学生有效学习的课堂教学平台。进一步转变了梅州历史教师的教学

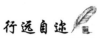

理念，更多地研究高效教学策略，建构高效教学课堂新模式，致力于创设平等、民主、和谐的高效课堂教学模式；通过高中历史课堂教学引导学生改变学习方式，以饱满的精神状态积极参与课堂教学活动，实行师生互动、生生互动的探究式课堂教学改革，引导学生学会并自觉地在已有的经验基础上建构自己的知识框架和理论体系；带动全市中学历史教师追求高效而富有个性特色的课堂教学，进一步提升教师的科研兴教意识和教育科研能力，提高教师的整体素质和业务水平，促进教师的专业化发展。有效课堂教学策略的研究与实践，能让学生在学习活动的主体角色体验中激发浓厚的学习兴趣和高涨的活动热情，变消极被动为积极主动。通过多层次的师生互动，彻底改变传统的接受性学习方式，确立学生的人本地位；通过学生自主能动地学习，使学生有效学习，以实现提高教学效率的目标。

参考文献

［1］鲁东海.高中历史：价值观教育存在的问题及其教学对策［J］.中学历史教学参考，2011（10）.

［2］齐健.走进高中历史教学现场［M］.北京：首都师范大学出版社，2008.

［3］佐藤学.教师的挑战［M］.钟启泉，陈静静，译.上海：华东师范大学出版社，2012.

［4］中华人民共和国教育部.普通高中历史课程标准(实验）［M］.北京：人民教育出版社，2003.

［5］肖万祥，冯辉梅.中学课堂有效教学的20条建议［M］.天津：天津教育出版社，2008.

［6］余文森.有效教学十讲［M］.上海：华东师范大学出版社，2009.

［7］赵亚夫.历史学习方略［M］.北京：高等教育出版社，2003.

［8］赵亚夫.历史课堂有效教学［M］.北京:北京师范大学出版社，2007.

［9］赵亚夫，王继平.美国历史教学中的研究视野［J］.历史教学问题，2011（4）.

［10］吴伟.历史学科能力与历史素养［J］.历史教学，2012（11）.

［11］赵亚夫.历史教学设计的流程、诊断与策略［J］.中学历史教学参考，2015（5）.

提高高中历史课堂教学有效性　促进历史教师专业化发展的策略研究子课题研究过程

山区高中历史教师专业化发展现状及对策研究
——以梅州山区高中历史教师为例

重点子课题"山区高中历史教师专业化发展现状及对策研究——以梅州山区高中历史教师为例"由梅江区教研室余干元老师主持。

一、课题研究过程

新课程改革大力提倡培养教师主体意识、研究意识和反思意识，这是教师专业化发展的重要支撑，也是实现教师专业化发展的重要策略。教师成为"研究者"，能使教师群体从以往无专业特征的"知识传授者"的角色定位提高到具有一定专业性质的学术层面上来，可以提高教师的自身素质和教育质量；教学反思能使教师通过系统的、客观的、科学的分析和研究，对课堂教学进行新的实践，从而提高教育质量和自身理论水平。2014年5月，我区启动了《山区高中历史教师专业化发展现状及对策研究》课题。我们希望此项研究与实践，有助于促进教师专业化发展，有助于创新教育教学策略，有助于提升学校教育品位，使广大教师明确阻碍自己专业化发展的因素，增强教师对自身发展问题的认识，提高教师应对问题的能力。同时为教育主管部门以及教育机构制定政策和措施提供参考，构建教师与学生共同成长的教学管理体系，促进教师专业潜能最大化的发挥。

（一）归纳问题及原因

研究过程中，我们归纳出当前梅州山区高中历史教师队伍建设中存在的主要问题及原因。

从教师自身来看，一是梅州山区高中历史教师综合素质总体偏低。具体表现在教师学历水平依然较低，后取学历人数相对较多，学科知识陈旧，专业化程度不高，对高中历史教师专业化发展和新课程改革以及教育改革和发展形势缺乏足够的认识。二是梅州山区高中历史教师专业化发展错位，自我发展意识淡薄。大部分梅州山区高中历史教师专业化发展的推动力主要来自外部，听命于教育行政部门。从学校自身到教师自身都是"要我发展"才发展，而"我要发展"的专业自主权严重缺失。

从培训组织管理方面看，一是缺乏必要的专家引领和专业指导。梅州山区高中历史教师对新时期教师专业化发展的要求感到不知所措，对如何规划教师职业生涯无所适从。省市学科带头人、骨干教师的潜力没有得到充分挖掘和最大限度发挥。二是梅州山区高中历史教师专业化发展的途径和环境有待改进。梅州山区学校培训的层次低、次数少、时间短、收效微、专业性不强，培训与教师希望解答的困惑严重脱节，缺少专业化发展的内外环境，难以构建真正意义上的学习共同体。三是缺少中学教师专业标准、专业发展考核机制和经费保障。梅州山区高中历史教师缺少专业发展的方向、具体目标和要求，也就缺少提升自己专业水平的责任和动力，始终冲不出困扰和束缚教师专业化发展的怪圈。

由此可见，梅州山区高中历史教师整体素质确实令人担忧，特别是随着基础教育发展和新课程改革的不断推进，促进山区高中历史教师专业化发展，整体提升山区高中历史教师专业水平必将成为加快我市教育改革发展、全面提高教育教学质量的根本性问题。

（二）研究的内容和方法思路

本课题以梅州山区高中历史教师为主要研究对象，对其专业化发展的现状、存在的问题、主要的阻力以及解决的措施做出一些探究，以期对梅州山区中学教师的专业化发展提出一些切实可行的建议，为梅州山区中学教育的发展贡献绵薄之力。

1. 梅州山区高中历史教师队伍补充、城区与边远学校教师资源交流机制研究

主要内容有：梅州山区高中历史教师队伍建设现状，吸引新毕业生充实梅州山区高中历史教师队伍的经验及存在问题，城区与边远教师资源交流的做法、存在的问题，以及解决这些问题的方法。

2. 提高梅州山区高中历史教师队伍的整体素质，促进其专业化发展，增强队伍的战斗力

主要内容有：梅州山区高中历史教师培训工作的现状，实施素质教育对历史教师培训工作提出的新要求，梅州山区高中历史教师培训工作的历史经验、发展趋势，教师培训的新理论、新观念，针对性、实效性强的新的教师培训模式和培训方法。重点抓好校长、中层、教师的培训工作，注重提高培训的针对性与实效性。

3. 梅州山区高中历史教师队伍建设的现状研究

（1）梅州山区高中历史教师队伍结构现状研究（年龄、职称、学历、能力等）。

（2）梅州山区高中历史教师队伍变动情况研究（新教师补充情况、调出调入情况、交流情况等）。

（3）梅州山区高中历史教师生活状态研究（工资收入、其他收入、福利待遇等）。

（4）梅州山区高中历史教师专业化发展状态研究（工作量、学习状况、信息享受状况、经历拓展状况、研究状况等）。

（5）梅州山区高中历史教师培训状况研究（培训内容、培训形式、培训时间、培训效果等），教师、校长对培训的评价。

4. 梅州山区高中历史教师队伍补充、城区与边远学校教师交流策略与机制研究

（1）梅州山区高中历史教师队伍的补充机制研究。梅州山区高中历史教师队伍补充的历史与现状、存在的问题，山区高中历史教师人事制度改革背景下的教师补充机制构建。

（2）城区优质教师资源和过剩教师资源支持、援助边远学校教育的机制研究。城区教师资源的现状、整合与重新配置，城区优质教师资源对边远学校教育发展的辐射机制的构建与交流途径研究。

5. 梅州山区高中历史教师培训基本理论研究

（1）现阶段，关于梅州山区高中历史教师培训的重要性、迫切性的研究。为落实科学发展观、构建和谐社会、发展农村教育，梅州山区高中历史教师队伍建设刻不容缓；基础教育课程改革、素质教育的推进对教师的要求更高，对

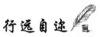
教师培训工作提出新的挑战；梅州山区高中历史教师培训工作应该与时俱进，应该及时总结经验与教训，把培训质量和效益提升一步。

（2）对我国高中历史教师培训工作的反思。梅州山区高中历史教师培训工作的发展与成就，梅州山区高中历史教师培训工作遇到的新情况、新问题，梅州山区高中历史教师培训工作存在的不适应因素。

（3）应用现代教育理论，探索构建符合我国国情的山区高中历史教师实际的教师培训制度。依据后现代教育理论，开展教师培训制度研究，建立符合成人学习心理特点、提高教师即时能力、促进工作质量提高的现代教师培训制度；依据现代学习理论，开展教师专业化发展研究，揭示教师智能结构，构建以实践学习为主，关注实践智慧积累的现代教师培训模式；依据建构主义理论，开展转变学习方式、培训方式的研究，构建自主研修、研究性培训的现代教师学习方式；依据现代管理理论，开展教师培训管理研究，构建"管、训"结合、"研、训"一体的教师培训管理体系。

6. 梅州山区高中历史教师培训内容与模式研究

（1）梅州山区高中历史教师培训内容体系的构架研究。内容包括：适应素质教育的推进、教师专业化发展的需要的培训内容体系研究；根据终身教育思想，建立与职前教师教育课程相衔接的职后教师教育课程体系、课程结构与课程标准研究。

（2）梅州山区高中历史教师培训模式研究与方法研究。内容包括：总结教师培训的历史经验，反思各种培训模式的利弊；移植和借鉴基础教育改革及国外教师培训的新理念与新方法，构建符合梅州实际的教师培训模式和管理模式；应用现代信息技术开展梅州山区高中历史教师培训模式研究，网络课程资源的利用和管理，梅州山区高中历史教师培训文本及电子资源开发与建设。

（三）具体研究过程

1. 明确要求，规范管理，争出成果

子课题成立后，教研室要求课题研究小组认真制订研究方案，组织教师学习研讨研究方案，统一认识，进入角色。子课题方案上报教研室，在总课题组的指导下进行方案的修改，同时要求课题组组织全体教师学习相关理论。子课题按照教研室规定的要求每学期召开两次专题研讨会，对如何提高教师的专业化水平进行广泛深入的探讨。教研室对课题实施全程管理，采用定期和不定期相结合的方法，及时反馈信息，矫正子课题偏离研究方向的问题。子课题负责人积极与教研室配合，对承担的课题进行经常性的检查与指导，并将这一工作纳入教研工作计划；子课题组负责人负责课题的组织实施工作，定期向教研室汇报课题研究的进展情况。课题实行课题负责人责任制，负责人于每学期初提出本学期的活动计划，学期末进行总结。教研室每学期集中检查一次课题进展情况，同时将检查情况进行通报，要求课题负责人做好工作总结，将整理好的反映课题研究过程和研究成果的各项资料及撰写好的研究报告或工作报告，送交教研室。教研室按如下内容对课题进行评价：

（1）研究的内容是否是学校教育、教学或管理需解决的问题。

（2）研究的方法是否科学。

（3）研究的成果使用的数据是否准确，它的理论意义、使用与推广价值是否达到预期目的。

（4）存在哪些问题和不足，下一步研究方向及展望。

2. 深入探讨，理清思路，形成共识

（1）高中历史教师专业化成长是关系到我区新一轮课程改革能否取得成功的关键

我们认为"没有一支教学水平高、业务能力强和抱负远大的专业队伍，任何改革都不会长久"（摘自美国《国家为21世纪的教师作准备》）。面对21世纪，面对新课程改革，我国教育界正在进行一次重大的教育重组活动。无疑，这次重组活动的核心因素是教师，教师在教育过程中的作用和身份的转变是变化的重心。虽然我国教师的教育教学活动自中华人民共和国成立以来已经在一定程度上达到了专业化标准的要求，但与发达国家相比尚有不少差距，特别是我们山区学校的教师在职业道德意识、教育观念、创新意识、研究能力、知识面等诸多方面存在许多不可忽视的潜在问题。随着新课程改革的不断深化，我区教师的整体素质与全面教育要求的矛盾必将凸显出来，因此，改革与发展教师教育，推进教师的专业化水平势在必行。

（2）青年教师的专业化发展是我区高中历史教师专业化成长的重点

青年教师的素质意味着学校的潜力、学校的未来、学校的希望。我区40周岁以下的青年高中历史教师占46.1%（2014年6月统计），青年教师基本素质好，有活力，充满朝气，可塑性强，易接受新生事物，但有些教师在本应进入最佳教学期时过早地出现了所谓的高原现象，致使部分教师教学业务停滞不

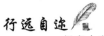

前。同时，青年教师生活在特定的历史时期，他们缺乏对教育的热情，缺乏自我反思的意识。因此，抓好青年教师的培养，对于青年教师自身生命价值的体现，对于学校的可持续发展，对于新课程改革的全面推进是至关重要的。

（3）缺乏科研意识是制约我区高中历史教师专业化成长的薄弱环节

随着新课程改革的不断深入，教师应努力由"实践型"逐步向"科研型""专家型"发展，不断探索和总结教育教学的内在规律，使自己成为教育教学改革和实践的能手。但就我校的现状而言，大多数教师仍缺乏科研意识，缺乏对各种有意义的教育教学内在因果关系的思考和研究；有的怕改革、怕影响升学率，因而被迫或自愿沉睡在古老的教育模式之中，导致教育教学工作往往是高投入、低产出，事倍功半，靠苦干、加班、超负荷工作来提高教学成绩；有的教师虽也搞了一些专题研究，但由于缺乏科学性、计划性、系统性，研究往往是随意的、零碎的、肤浅的；有的重写文章轻课题研究，重论文的发表和获奖，轻实际的调研过程；重研究成果的获得，轻成果的应用和转化；有的认为"教育科研无用"，教师的任务就是教学，无须搞科研，搞科研是额外负担；等等。这些极大地阻碍了教师专业化成长的有效途径。

二、课题研究取得的成果

1. 高中历史教师课堂教学行为调查问卷报告

教师一旦获得了教学资格就很少努力钻研了，这种现象可能是一种错误的观念所致，即教师是一个很容易做好的职业。然而事实并非如此，大量的教师在做学生时意气风发，工作几年之后就变得默默无闻。针对这一现象，"高中历史教师专业化成长调查研究"课题以调查问卷形式展开，试图探索产生这一现象的心理机制，从而帮助高中历史教师从平凡走向伟大，成就名师梦想。教师职业发展的过程不仅需要外部的良好条件，也需要自身的努力。通过调查发现，高中历史教师专业化成长存在以下弊端：安于现状，不思进取，是成长的一大障碍；有进取心，但不知如何奋斗，是成长的迷茫之处；缺乏自信，不知如何提升是成长的攻坚问题。建议：树立目标，坚持学习，提升能力，发展自我。自我努力与社会支持相辅相成，缺一不可。为了与社会所提供的支持系统相协调，教师除了要努力促进自己认知能力的发展外，也要学会和同事、学生相互交流、和睦相处。

2. 高中历史教师职业成长的困惑与对策

当今社会就业压力不断加大，在教师行业做了几年之后，许多教师不再像20世纪90年代那样经常跳槽了。特别是新高考对历史的重视使高中历史教师备受关注，大多数教师已在业务上加大投入，但对职业成长还是非常迷茫。迷茫之处在于，大多数教师的现状是疲于应付学校、学生、社会等各方面的压力，把大量的精力花在日常教学上了，不能够发展自己的个性，做事没有成效感，没有成就感。究其原因有下列四条：学历低，制约成长；课堂教学水平有待提高；展示自己才华的机会把握不住；个人无长远规划。对策：坚定自己的人生目标，对于成名有"打持久战"的思想准备；钻研教学理论，找准成名的理论支持；向名师学习，形成自己的成名之路；寻求社会支持。

3. 教师的专业化发展

课题研究以来，教师们共撰写了教育教学论文10篇，其中有4篇在市级以上的教育类刊物发表；教师们参与编写或主编的教学参考书2本；有2个教育教学成果获县级以上教育部门的奖励；有1位教师荣获广东省雁洋公益基金会"叶剑英基金优秀教师奖"，有1位教师被评为梅江区教学工作先进教师，有1位教师参加了广东省普教系统"百千万人才工程""名教师"高级研修班的学习。

三、课题研究后的体会与思考

历时一年半的研究，广东省教育科研"十二五"规划研究课题的重点子课题"山区高中历史教师专业化发展现状及对策研究——以梅州山区高中历史教师为例"就要结题了，但我们觉得研究还没有结束，因为"教师专业化发展"已经成为各级教育部门教研的基本研究形式，它需要在不断的改革创新中完善，而"教师专业的发展"也是无止境的，还有大量的后续工作要做，都急需完善和提高，甚至要付出毕生的努力。

知识经济的迅猛发展，给教师专业化发展带来了巨大的挑战，由此，教师专业化发展显得至关重要。结合梅州市中学的实际情况，参考多种调查问卷编制的模式，制定出一套专门针对梅州市高中历史教师和学校领导作答的调查问卷，并采用问卷与访谈相结合的方法对教师专业化发展现状做了深入细致的调查，在此基础上分析了历史教师专业化发展存在的问题，并提出了解决历史教师专业化发展问题的有效策略及途径，以提高全市历史教学质量及发展水平。

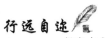

新课改背景下高中历史高效课堂的自主学习教学模式研究

子课题"新课改背景下高中历史高效课堂的自主学习教学模式研究"由梅江区联合中学廖慧贞老师主持。

一、课题研究过程

（一）确定研究的基本思路和方法

本课题研究中，笔者通过问卷调查、访谈、课堂观察等方法，研究高中历史课堂教学现状，然后，根据有效教学的理论和历史学科教学的特点，并结合个人多年的教学实践经验，提出提高高中历史课堂教学有效性的策略。

本课题研究用到的研究方法包括文献研究法、个案分析法、观察法和分析归纳法。文献研究法，通过对文献的收集、整理、研读和分析，了解、思考前人关于有效教学特别是有效课堂教学的研究现状、采用的研究方法，以及取得的最新成果，了解有关课堂教学模式现状及研究成果，从而取得理论的依据和适当的参考。个案分析法，通过对高中历史教材必修二（人教版）中第一课的具体内容进行课堂教学过程的分析、探讨，来寻求提高课堂的教学效率应该注意的地方，实例分析此探求过程。在此，其他研究法不一一赘述。

（1）依据最新中学历史学科基础教育课程改革的标准，探研中学历史"问题解决"教学模式的相关概念界定，以此研究历史教学中该模式的内涵、教学过程、教学特点以及综合发展现状。

（2）研究相关的支撑理论，初步分析中学历史"问题解决"教学模式的目标、原则与基本流程，并以教师、学生教学双主体开展目标，辅之以导引、激励和基础等原则实现教学目标，并在中学历史教学中综合比较、运用多种教学模式辅助，使其达到最佳教学效果。

（3）在中学历史课堂教学中有效运用"问题解决"教学模式，结合新课程教学目标要求，需要在教学实践中运用具体教学案例来探讨该模式的策略与方法。最后，总结高中历史自主教学模式的实际效果，并结合实际效果对该模式做进一步的反思。

（二）确定研究对象

1. 实验对象的确定

本课题实验以广东省梅州市梅江区联合中学2013级高一（6）班、高一（9）班作为研究对象；高一（6）班有40人，作为实验班，高一（9）班有43人，作为对照班。两班均为文科班，历史课程为高考必修课程，为了确保实验结果的客观性、代表性，依据学生中考成绩及分班后的成绩并考虑学生的能力、兴趣、性别、背景等方面的因素科学分班，两个班的学生水平基本相同，样本真实有效。

2. 实验条件的控制

实验自2014年5月开始至2015年10月结束，历时近一年半，实验内容是以高中历史人教版必修一、必修二、必修三、选修一四本教材为载体，对高一、高二讲授新课，实验前对高一（6）班学生进行动员，强调高中历史以自主学习教学模式为主，同时对一些问题进行一定的探究，探究活动采用课内与课外相结合的方式，但到高三的时候，因复习迎接高考，时间紧任务重，探究以课内为主，在此过程中，对学习结果进行个别谈话，并采用学生行为表现观测与认知测试等方式评价实验效果，除在实验班增加上述条件外，对比班高一（9）班按正常的教学进度和条件进行。

（三）课题研究的主要步骤

1. 课题准备阶段

大约2个月时间的原始文献和材料的收集，即2014年5月至2014年7月。

2. 课题正式研究阶段

通过2个月时间的原始文献和材料的收集，准备把课题写成论文，发表在省级刊物以上。大约用5个月，即2014年8月至2014年12月。

3. 课题正式总结阶段

通过一年多时间的原始文献和材料的收集及撰写论文，来不断完善和补充课题。原定大约用7个月结题，写大约4万字的总结报告，即2015年1月至2015年7月。但由于种种原因，延迟到10月份撰写完结题报告。

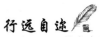
二、课题研究的主要成果

（一）构建高效课堂的途径

课堂教学是学校教学活动的基本组织形式，是教育教学活动的主要渠道。课堂教学的质量会直接影响整个学科的教学质量和教育质量。当前素质教育的推行要改变过去以牺牲学生课余时间和沉重的学业负担为代价换取质量的做法，而是以课堂教学有效性的提高来保证质量。因而，课堂有效教学是学校教育教学的生命线，是学校与教师为了达到理想的教学效果而进行的孜孜不倦的追求，也是教师教学绩效考核的重要标准之一，是新课程改革背景下高中历史教学的基本要求。因此，在以后的高中历史课程教学中，教学内容的设计和教学实践环节的展开要建立在实现学生构建合理认知结构的基础之上，从而构建高效课堂。

1. 把握学情，制订切实可行的教学设计是进行有效教学的前提

备课是全部教学工作的基础，是上好课的前提，是提高教学质量的重要环节。一堂成功有效的课，备课准备阶段要花很大一部分精力，正所谓"台上一分钟，台下十年功"。细致充分地备课可以让一堂课上得有条不紊，学生们也会感到很舒服，收获不少。并且能建立在学生的实践能力之上，使学生能有条件、有根据地去创新。

2. 课堂教学"任务"内容要具有开放性，这是进行有效教学的关键

要培养学生的创新能力，就必须给学生一个创新的空间，所以"任务"中要有广阔的空间让学生展开想象，构思出新的设想。在"任务"的设置中，"任务"内容不要限得太窄，要有弹性，让不同层次水平的学生都能开展"任务"，这样才能达到培养学生的发散思维和创造能力的效果。

3. 不要把形式上的合作当作有效的学习方式和必不可少的环节

学习方式是多元化的，应依据问题本身的性质而定，不能完全用合作学习取代个体学习，更不能为讨论而讨论，为议论而议论，只图表面的热闹，轰轰烈烈而不能解决问题，反而浪费时间。长此下去，学生会丧失独立思考的能力，也会使部分学生形成学习上的依赖性。合作学习应该是面向全体学生的，而不是针对个别学习尖子、精英。应特别关注那些学困生，他们通常充当的是"听众"或者是"观众"，久而久之容易差而再差。教学中采取小组合作学习的目的就是培养学生共同参与的群体意识和相互尊重的合作精神，增强合作学习中个体的责任感，使学生逐步学会解决问题的方法，如果缺乏这些要素，合作学习就可能成为走过场。

4. 不要把课堂问题探究式变成久探式

目前有些课堂急功近利，片面追求探究式、拓展式，实际上变成了久探式、无效式。这些课堂经常出现拖堂或者没完成预定的教学内容的不良现象，长此以往会造成教学秩序的混乱，同时也会影响有效教学效果。其实每节课的时间是固定的、有限的，一般不可能完成一个完整的教学过程或者问题的研究。一个没有问题的课堂是不完整的，但有些问题并不一定要通过课堂的探究来完成，只需学生对书本知识进行接受与掌握即可，探究可以考虑放在课外开展。

5. 不要为了单纯尊重教材而忽略教学资源整合

教师备课时要重视教学的逻辑性与延续性，把握教材的整体性，大胆对教材进行整合。要灵活运用教材，科学合理地使用教材，要不断地学习总结，提高自己的教学资源整合能力。尤其是现在教材的编写更注重学科之间知识的内在联系，所以要求教师把握好、运用好，使自己的课堂更精彩，更具有趣味性、知识性。

上课不是作秀，要达到有效，并不是每一节课都要体现所有教学环节。教学形式与教学内容的关系是相互依存的，内容在形式中体现，形式为内容服务。课堂教学要遵循教育教学规律，从学生的实际出发，从传授知识内容出发，从课堂实际出发，这样才可能使课堂教学达到最大限度的有效。

（二）打造高中历史自主学习教学模式的高效课堂

高中历史自主学习教学模式是对传统教学理念的一次大胆革新，它的实施目标和过程都符合国家关于大力推行素质教育、培养创新型人才的要求。在课堂教学上，能够很好地摆脱以师为本、学生被动学习的传统教学模式的束缚。高中历史自主学习教学模式最大限度地解放了学生的自主性、创造性和积极性，将枯燥的中学历史学习变得有趣和简单，能够较好地改善中学历史课堂教学环境，进而很好地促进中学历史课堂教学的发展。

首先，对于参与高中历史自主学习教学模式课堂教学的学生而言，学习理念的转变将提升学生学习的主动性和积极性，历史课堂不再是被动接受知识的场所，而是主动学习和探索未知的知识殿堂。学生在新的课堂环境下，能够

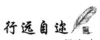

放松心态，学会合作和分享。学生在教师的引导下有的放矢地汲取书本上的知识，并真正品尝到学习的成就感和不满足感。学生在不知不觉中，提高了学习的积极性、主动性和趣味性，并使其学习效率得到进一步提高。

其次，对于参与高中历史自主学习教学模式课堂教学的教师而言，教师角色和教育理念的转换不仅对学生产生了很大的影响，教师也将摆脱传统教书匠威严、居高临下的形象，成为能与学生在课堂上平等交流、亲密合作、互动学习的良师益友。这样的师生关系必能推动历史课堂教学的进步。

最后，对于历史课堂而言，能够改变传统中学历史课堂教学相对枯燥、乏味而又死气沉沉的教学现状。高中历史自主学习教学模式能够活跃课堂教学，改善师生关系，使中学历史课堂更加和谐、融洽而又充满活力。

三、本课题研究结论

本课题在借鉴国内外有关研究成果的基础上，结合中学历史教学的实际，探究自主学习的历史课堂教学模式。在教学实践中，对如何运用模式教学做了有益的尝试，并取得了较好的效果。

（1）开展该模式教学，既变革了学生的学习方式，又转变了教师的教学思想、教学策略和教学方法，建立了民主、平等的师生关系，调动了学生主动参与问题探讨的积极性，为学生提供了自由探索和发展的机会。通过对这一课堂教学模式的研究，激发了学生的学习兴趣，提高了学生的学习能力，提高了课堂教学效果，促进学生更加有效地开展自主学习，最终成为学习的主人、思考的主人，并能成为自己人生的主人。

（2）开展该模式教学，将全体学生置于开放、动态、多元的学习环境中，有助于培养学生的问题意识、自主意识、探究意识和合作精神。同时，在教学实践中，学生也提炼和获得了科学探究的方法。在探究问题、获得结论的过程中，学生知难而进、勇于探索、坚持真理、团结协作的科学态度和科学精神得到了弘扬。

（3）教学实践中，影响因素复杂，如课时问题、培训问题，而且教学实践仅在两个班进行，时间也有限，许多工作仍在进行中，故此模式的运用还有待于更多的实践检验和不断完善。在社会发展的不同阶段，会出现不同的问题因素，这也需要教师不断探索新的有利于学生发展的教学模式，进一步研讨促进学生自主学习、健康成长的方法，激发学生的学习动机，营造宽松和谐的课堂氛围，提高学习效率。总之，提高学习能力是一个永无止境的课题，需要教育工作者持之以恒地研究与试验。

（4）课题研究增强了教师的教研意识，教师们开始学会学习、学会反思；教师的教学能力得以提高。在历史教研组组长廖文秀老师的带领和课题负责人廖慧贞老师的主持下，教师们积极按照课题的要求撰写论文和开公开课，尤其是历史教研组组长廖文秀老师带头上示范课受到学校的高度评价。两年来，课题组的教师们在学生的评价中，评价为A达到了90%以上。可见，本课题研究促进了教师专业化的发展，历史课堂教学的有效性大大提高。

山区学校高效历史课堂教学模式研究

子课题"山区学校高效历史课堂教学模式研究"由蕉岭县蕉岭中学张利老师主持。

一、本课题研究价值

追求高效教学是教学的本质所在，也是当前课程改革的重要目标，更是教育实现内涵发展的必然要求。然而，在当前中学历史教学实践中仍然存在教师苦教、学生苦学、课堂效率不高的问题。因此，提高课堂教学的有效性已经成为课程与教学改革的核心课题之一。我校地处经济欠发达地区，学校办学经费较为紧张，教学资源不足，教师外出学习机会较少。在新课程改革过程中，高中历史课堂教学出现了一些问题：部分教师"穿新鞋走老路"，过于重视学习任务的落实，教学过程过于死板，课堂气氛沉闷；教师讲得过多，缺乏和学生的有效沟通，师生互动不足，学生的主体地位得不到落实，课堂效率低下，三维目标难以落实；"自主·合作·探究"流于形式，效果不佳，不能真正调动学生学习的积极性。开展高效课堂教学模式研究，以研促教，有利于教师教学观念的转变，有利于学生主体地位的落实，既能促进学生的全面发展，形成健全的人格，又能有效地提高教师的教学水平，促进教师专业化成长，同时还能解决我校课堂教学中现有的一些问题和困惑，探索适合我校实际的高效课堂教学模式，为全科组教师构造一个完整的、详细的、可操作的教学流程，不断提高课堂教学效率和质量。

二、课题研究过程

本课题从2014年5月开始，实验时间为一年，最终完成时间为2015年10月，主要分为如下三个阶段。

1. 课题准备阶段：2014年3月—2014年4月

（1）调查研究、收集相关资料，论证实验的可能性。

（2）填写申请表，制订实验方案。

学习国内外相关的教育教学理念，反思当前课堂教学，做好研究的理论准备工作。

2. 课题实施阶段：2014年5月—2015年4月

（1）对教师和学生进行问卷调查，总结目前教学模式存在的问题，寻求解决方法。

（2）编写导学案，开展同课异构活动。以备课组为单位，开展听课评课活动，随听随评，加强沟通和互动，使高效课堂模式研究趋于日常化、常态化。

（3）理论与实践研究相结合，课题组每两周要推出一节模式研究课，由各成员轮流上课，全员参与听课评课、找问题、想对策。

（4）整体研究与个体反思相结合，课题组每个月定期开展专题研讨会、经验交流会，探讨课题实验过程中的困惑、问题，调整实施方案，改进实践过程中存在的问题。

（5）2014—2015学年第一学期末开展课题的中期课验收活动，初步总结不同课例的有效课堂教学模式和课堂评价体系。

（6）2014—2015学年第二学期课题组成员全面实施新模式的课堂教学，每周开展一次交流研讨会，推广经验，改进不足。

3. 课题提升与结题阶段：2015年5月—2015年10月

（1）以点带面、整体推进。开展更为广泛的校级示范研讨课，邀请更多的历史教师参与进来，集思广益，推广优秀的课堂教学经验，使各种课型不断改进、完善课堂教学模式。

（2）整理和总结相关教学案例，收集优秀课例。

（3）总结经验，形成理论，写出具有科学性、可行性的研究论文。

（4）总结实验成果，完成实验报告，申请鉴定。

三、课题研究成果

1. 增强了学生的主体意识，提高了学生的综合素质

新课程改革要求改变学生的学习方式，这是新课程改革的核心。在实验

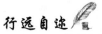

过程中，我们明确以"学生为主体"的新课程教学理念，教师只是课堂的组织者、引导者和学生学习的合作者，构建有效教学的课堂模式，充分调动学生的主体性、质疑性、发展性和创造性，使学生的潜能和个性得到最大限度的发展。积极引导学生参与每个教学环节，让学生认识到自己既是学习活动中的一员，更是学习活动的主人，把自己的学习行为与整个课堂教学活动联系起来，把课堂教学活动看成自己应积极参与的活动。学生自主学习、合作探究、踊跃发言，谈感想、谈收获，避免了相当一部分学生由于得不到参与机会而处于"旁观""旁听"的被动地位。学生的学习态度、学习行为、学习方式、学习能力有了实质性的变化，变被动接受为主动接受，实现从对问题的单向认知到对问题的多向思维的转变，学生不仅学会了收集、分析、处理、运用信息，学到了知识，提高了思考、质疑、探究、创新等方面的能力，也学会了交流合作，享受到了学习成功的快乐，在课堂中真正成为学习的主人，主体意识大大增强，激发了学生主动学习历史的意愿，综合素质得到了很大的提高。

2. 找到适合我校实际的教学方式，提高了历史课堂效率

有效的课堂教学在于学生参与学习的广度、深度与效度。教学目标是教学的主体，是教学活动中所要达到的结果和标准。教师在引导学生学习之前，必须明确地把这节课的学习目标告诉学生，让学生心中有数，目标明确，便于调动学生的积极性。我校开展课题研究以来，各备课组的教师课前深入研究教材，挖掘教材的基本内涵，以知识目标为依托，设计导学案。教师在设计导学案时首先要找准切入点，即在新课程理念指导下，根据学生的实际情况，课前做好充分的准备和预设，精心设计教学环节，将每节历史课的教学内容通过学案的方式编写好，发放给学生。让学生明白每节课的学习内容，做到心中有明确的目标。在教学过程中创设有效的情境，通过小组合作、互动交流等形式，极力营造民主、和谐、乐学的教学氛围，形成课堂上师生互动、生生互动的生动活泼的自主、合作、探究的学习方式，引导学生在有趣的情境中经历"自主探索—有效探究—反思内化"的过程学习知识。从而从根本上改变旧课堂的教学模式，实现新理念倡导的生命化的课堂。

3. 转变了教育理念，促进了教师专业化发展

教学效率的提高，有效教学目标的实现，是各种因素发挥整体效能的过程，这就迫切要求教师加强学习有效教学理论，通过交流培训深化本课题的理论观念。在实验课题的引领下，我校历史教师积极参与实验研究，突出"以人的发展为本"的教育思想，重视创新精神和创造能力的培养，关注学生未来发展的需要，涉猎教育前沿理论，进行了一系列的有效教学理论的头脑风暴学习，强化了教师的校本培训。通过学习交流，开阔了视野，增长了见识，加深了对素质教育内涵的理解，人才观、教学观、学生观、学习观、评价观等教育理念已发生深刻变化。

通过本课题的研究，教师的教学观念进一步更新，以提高学生的素养为目标，以学生的发展为主体，教师的教学行为发生本质的改变，逐渐从"独奏者"的角色过渡到"伴奏者"的角色，尊重学生，信任学生，由知识传授者变为学生发展的促进者，由学生的管理者变为学生的引导者，抛弃"权威"意识，变为与学生共同探究问题的合作者。

课题引领科研工作，科研助推教师专业化成长。课题开展以来，参与课题的教师围绕课题积极参与理论学习和研究，教学理论水平不断提高，进行教学研究的意识增强了，极大地提高了我校教师教科研能力和业务素养。教研组、备课组建设成效明显，集体备课逐步规范有序，每个备课组已基本撰写了学生自主学习的导学案资料。通过各级各类公开课、展示课，撰写导学案、教学设计等，促进了教师专业化的发展，加速了教师由"经验型"向"科研型"的转变，课题组教师有多篇论文、教学设计等获省、市、县级奖励，多名教师获得市、县级的奖励或荣誉称号。

四、后续研究方向

后续研究方面，将加强教师理论学习，提高教师科研能力，使教师更新教学理念，能自发、自主地结合日常教学工作开展教学研究，提高课堂效率。争取学校支持，多引进专家、行家，帮助指导课题研究，多派教师到发达地区或教改成效高的学校进行学习。加强对高考、教材、学生的研究，完善导学案的编写，努力探索师生互动的有效历史课堂。总之，课堂是教师教学的主阵地，研究课堂的有效教学，是教育的永恒主题。

有效教学是一个长期的系统工程，影响课堂效率的因素有很多，教师只有客观面对课堂教学中存在的问题和不足，把追求课堂教学艺术的完美与课堂教学的高效作为孜孜不倦的追求，勇于实践，善于总结，才能让课堂焕发生机活力。

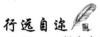

注重细节教学提高高中历史课堂教学的有效性

子课题"注重细节教学提高高中历史课堂教学效率的有效性"由兴宁市第一中学李蓉老师主持。

一、本课题研究背景和意义

首先，新课程改革对高中历史教学提出了新要求。教育部于2003年4月颁布了《普通高中历史课程标准（实验）》（人民教育出版社出版），开始启动高中历史新课程改革。《普通高中历史课程标准（实验）》指出了课程的基本理念，"普通高中历史课程的设计与实施要有利于学生学习方式的转变，倡导学生主动学习，在多样化、开放式的学习环境中，充分发挥学生的主体性、积极性与参与性，培养探究历史问题的能力和实事求是的科学态度，提高创新意识和实践能力"。可见，在新一轮的课程改革中，历史课程标准的核心是让学生通过历史课程的学习掌握历史学科的基础知识，养成获取新知识和解决历史问题的能力。高中教材由于篇幅和教学时间的限制，历史知识的呈现更多是总结性、理论性的，对于学生来说，显得过于理性空洞，枯燥乏味而趣味不足。针对一些重要知识，通过各种形式如将文字式、图片式、音像式等材料引入中学历史课堂，不仅能使历史形象更加丰满，也能使历史教学摆脱枯燥乏味的说教模式，而且有利于通过鲜活的人物形象、人物活动和生动的语言使学生更加真实地了解历史的同时，对学生进行德育、美育和智育教育。因此，在教学中恰当地进行细致教学对落实中学历史教学的课程目标具有重要意义。

其次，新课改后高考命题的动向为中学历史教学指明了方向。为了跟新课改相适应，高考也进行了相应的改革，其命题的理念、模式、题型、内容都在不断地向前发展。在考查的重点上，由以往只注重考查学生对历史知识的识记能力过渡到更注重考查学生的综合素质和运用所学知识解决实际问题的能力。在题型上，列举题、填空题、多项选择题均退出了历史舞台，而史料解析题的地位随着其题量、能力要求和占分比重不断加大而直线上升，从当年的"小荷初露"到今天的"独领风骚"，史料解析题说到底就是某个重要历史知识的深入细致再现。因此，在中学历史课堂中对重要历史知识进行细致深入的学习符合历史高考命题改革的方向。

再次，新版教材为进行细致教学提供了有利条件。与旧版教材相比，新版教材变化的特点之一是，都在不同程度上以各种方式引入大量的史料，并要求教师与学生将这些史料作为探究历史的重要证据加以运用。如对课后探究学习总结中的"学习延伸""历史纵横""学思之窗""资料回放"等学习栏目，教师要结合重要历史知识点，在教学的过程中通过引导学生进行细致探究，培养其一系列的学科能力，落实课程目标。

最后，目前在中学的历史课堂中推行细致教学还存在困难。许多教师开始在思想上认识到对历史中的重难点进行深入细致的教学的重要意义，认识到细致教学对促进学生学习方式和教师教学方式转变的重要作用。部分教师也开始尝试在课堂中进行深入细致的教学，但大多只局限于对课本上的文字或图片史料的简单解读，或是针对知识点直接对高考史料解析题进行讲解，以训练学生的应试能力，对于课外各种资料的收集、整理、分析、利用等活动很少涉及。可见，目前的中学历史教学未能有效地促进教师教学方式和学生学习方式的根本转变，也未能达到《普通高中历史课程标准（实验）》的要求，对细致教学进行一些切实可行的操作性研究还是值得我们努力的课题。

二、本课题研究过程

（一）课题研究目标

新课程改革后，中学历史课堂教学的变革已成为一种不可逆转的趋势，要有效地提高高中历史课堂教学的有效性，运用一定的教学策略是必不可少的。教学策略是教师为了实现特定的教学目标，根据确定的教学任务、学生的特征而进行的教学设计的有机组成部分，细致教学是学生在教师的指导下通过自身对资料的选择、甄别、分析、判断与运用的探究活动来认识历史、解决问题，习得一定的历史研究方法，并形成一定的历史观和价值观。笔者认为，在新课程改革和高考命题已发生变革的背景下，注意根据《普通高中历史课程标准（实验）》指导我们的教学设计也是一种有效的教学策略。以教学策略为契合

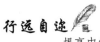

点，以新课程改革后高考试题命题变革的动向为依托，以人教版高中历史教材为例，针对教材的重点难点内容，进行细致教学案例片段的设计，力图为一线历史教师提供一些可操作的细致教学案例。

（二）研究的实施步骤

1. 准备阶段：2014 年4月—2014年 8 月

准备阶段也为宣传发动阶段。成立研究小组，运用调查研究法，确定课题的研究目标，制订具体的研究方案。

2. 实施阶段：2014年 9 月—2015年9月

设计细致教学案例，开展细致课堂教学，邀请专业教师指导，反思细致课堂教学，修改完善案例，形成有一定实践意义的教学案例。

3. 结题阶段：2015年10月—2015年11月

经验总结以及成果结集。小组研究成员不断总结经验，撰写相关的论文和研究报告，积极探索历史课堂细致教学的路子，把历史课堂细致教学工作引向深入。

（三）立项以来所做的工作

1. 加强理论学习，促使教育教学理念的提升

课题组在承担课题研究任务后，立即召开课题组成员研讨会议，传达有关精神。要求课题组成员采取多种学习方式，从理论层面上对研究课题提出的背景、研究的意义、研究的科学依据、研究的理念、实践价值等进行全面的把握，实现组员研究理论的提高。为了进一步提高教师对本课题的认识，我们除组织课题组成员学习国内外前沿的教育教学尤其是关于历史教育教学理论与案例的学习外，还采取了"请进来、走出去"的方式。一方面，我们先后邀请了我市教研室的人员和本校专业教师来我组作有关的专题报告。另一方面，我们不间断地派组员到兄弟学校听课、参观学习，组织成员参加有关的教学研讨会等，拓宽组员的视野，加深其对课题精神的理解。促使组员在追求自我、实现自我、超越自我中得到充实，为课题的顺利开展和保证课题研究的质量打下坚实的理论基础。

2. 设计课题研究实施方案

召开课题组成员研讨会议。一年多来，课题组共召开3次全体会议，5次部分组员会议。2014年5月召开课题组第一次全体成员会议，活动主题是开题报告。组织课题成员学习本课题研究的理论依据、内容和目标，根据开题报告、课题实施方案和成员的特长与爱好，恰当安排组员，明确分工，责任到人，并安排相关人员制定调查问卷。2015年6月召开课题组第二次全体会议，此次会议主要是由课题组负责人与承担课题调查任务的组员汇报问卷调查工作和分析调查结果。了解课题进展的情况和收集课题研究过程中出现的难题，拟定解决问题的对策，安排阶段性工作，并安排相关组员撰写课题中期总结。2015年11月召开课题组第三次全体会议，汇总研究资料，继续完成后期研究工作，并做好结题准备，安排组员撰写结题报告。成立研究课题组以来，每个月都召开专题研讨会。会上，主要做好三方面工作：一是各成员对自己前一阶段的研究成果进行汇报和交流发言；二是对课题研究过程中组员遇到的困惑进行专题研讨，群策群力，力图找出解决的途径；三是根据课题研究过程中的实际情况和需要，对各成员的分工及时进行灵活的调整，做到分工明确，"人尽其才"，确保课题研究的顺利进行。

3. 扎根于课堂，开展历史课堂细致教学实践

课题研究的重点是开展历史课堂细致教学实践，目的是提高教师专业化水平的同时，落实《普通高中历史课程标准（实验）》要求。因此，我们把课题研究扎根于历史课堂，设计实践教学案例，开展细致教学活动，强化课题研究与课堂教学的接轨。本阶段是课题研究的实践阶段。在开展细致教学的过程中，由于对历史事件、人物、现象细致的补充，人类的历史发展过程变得更加丰满和形象，为学生多视角、多层次地了解、认识历史发展提供可能，也更易于激发学生积极主动参与课堂，帮助学生做到论从史出、史论结合；善于从不同的角度发现问题，积极探索解决问题的方法；学会对所学内容进行较为全面的比较、概括和阐释。另外，基于高中生的心理特征和认知水平，有些学生参与探究活动时只是凑热闹、瞎掺和，课后一无所获，没有达到预期目的，也就谈不上通过开展细致教学达到预定目标。为了保证学生的兴趣与参与，达到《普通高中历史课程标准（实验）》的要求，在开展细致教学过程中要注重资料选择的科学性和适度，注意发挥好教师的引导作用。

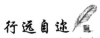
三、课题研究取得的初步成果

（一）学生方面

1. 观念的转变

学生开始意识到自身是学习的主体，开始自觉地由被动接受知识者转向主动学习的积极参与者。这表现为在课堂教学过程中，以主人翁的姿态积极地参与。通过自主的知识建构活动，学生的创造力、潜力等得到发挥，情感、态度与价值观得以陶冶，个性得以发挥。

2. 学科能力的提高

细致教学是一种主动建构知识的过程，在教学过程中，通常采用探究、讨论、合作等多种活动形式进行，使学生与学习对象相互作用。这个过程有助于激发学生的创造力，有利于培养学生的合作意识和合作技能，也培养了学生分析概括归纳的学科能力。

3. 学习方式的改变

进行细致教学有助于改变学生的学习方式，细致教学要求学生转变被动接受式学习，做到在教学过程中，针对教学情境，主动发现问题、提出问题、分析问题、解决问题。

（二）教师方面

1. 观念的转变

通过这次课题研究，我组成员教师的知识观、学生观、教学观都有所转变。教师对知识的理解发生转变，开始认同建构主义的知识观，即知识不是静态的结果，而是一种主动建构的过程。认识到学生是学习的主体，不应该被动接受而应主动进行知识建构。也意识到，师生在教学过程中是平等的关系，应互相尊重，共同探求知识，获得知识体验。这些观念的转变促使教师在教学过程中普遍采用探究、讨论等形式进行教学，帮助学生主动认知、主动建构。

2. 教学方式的转变

与传统的重"授—受"教学方式不同，通过这次课题研究，较注重教师在教学中创设细致教学情境，激发学生的学习积极性，向学生提供探究活动的机会，帮助学生自主探究和合作交流，强调学生要通过自己的思考去获取知识，而不是直接把结论告诉学生。

这次课题研究贯彻了当前新课程改革的先进理念，在历史学科教与学两方面进行了有益的探索，整个研究过程都将学生作为实践的主体，从设计、组织到实施都注重发挥学生的主体作用，教师主要起指导、建议、创造条件、提供方便的作用。这样的历史学科的教与学不再是传统的线性的连续过程，而是一个互动和相互促进的变革过程。

四、课题研究的结论和反思

传统的德育活动在大多数情况下以较单一的说教形式出现，内容以间接经验为主，抽象道理多，远离学生生活实际，容易使学生对于所学的道德知识缺少深刻的理解和体验，难以真正地从情感上打动学生，德育效果往往大打折扣。我校自开展课题研究以来，学校领导高度重视，精心策划，管理到位，在人力、财力上给以全方位的支持，有力地保障了课题研究的顺利进行。我校课题组本着"科学、实效、活动、学生主体"的原则，结合课题，针对学校和学生的实际，立足于我校特色校园文化的建设，以贴近学生生活的客家山歌为载体，通过学生喜闻乐见的校园文化活动形式，进行了一次全新的德育模式探索。这次课题研究已取得了初步成效，如特色校园文化的形成，师生德育观念的转变，学生的德育情感、德育行为向良性发展，为新德育模式的创建做了一次积极的探索，为德育工作的跨越式发展提供了某些借鉴经验。

"凡事预则立，不预则废。"要使所选的细致教学片段有的放矢，使细致教学是有意义和有效的，教师在备课时就要做好如下三方面的工作：一是研究教学目标。二是钻研教材，包括钻研课程标准、教材和有关的参考书，了解教学的重难点。三是深入了解学生，包括了解学生原有知识技能的质量、兴趣、需要与思想状况、学习方法和学习习惯等。只有做好这三方面的工作，我们所选择和设计的细致教学才能做到有的放矢，才能符合学生的实际，适应学生的接受能力。

历史细致教学倡导学生的自主探索、合作交流、阅读自学等学习方式，但并不是放任自流。《普通高中历史课程标准（实验）》强调，教师是学习的组织者、引导者和合作者，进行细致教学时，教师的引导是必要的，只有在教师的引导下，学生的探究才有明确的方向；相反，放弃必要的指导，学生的学习就可能是盲目的、低效的，甚至是无效的。因此，教师的有效指导是落实细致教学的关键。

　　智慧在碰撞中生成。进行细致教学时，教师要合理地组织讨论，鼓励学生大胆假设和质疑，不仅要留出足够的时间给他们思考，而且要组织学生进行讨论交流。这个过程有利于学生之间的交流与沟通，有利于培养学生的团队精神，同时可以促使学生不断反省。

乐学高效历史课堂教学模式研究

子课题"乐学高效历史课堂教学模式研究"由丰顺中学罗育敏老师主持。

一、本课题研究理论的依据

1. 新课程理念

《基础教育课程改革纲要（试行）》倡导的理念精髓是关注人的发展，"以人为本，以学生的发展为本"，让学生积极主动参与教学过程，建立新的教学方式，促进学习方式的变革，使之乐学。这就要求教师摒弃陈旧的教育观念，进行有效的课堂教学，关注学生的学习兴趣和经验，促使学生进行"自主、合作、探究"的学习。新课程理念是本课题研究的实践依据。

2. 建构主义学习理论

建构主义学习理论提倡在教师指导下，以学习者为中心的学习，也就是说既强调学习者的认知主体作用，又不忽视教师的指导作用，教师是意义建构的帮助者、促进者，而不是知识的传授者与灌输者；学生是信息加工的主体，是意义的主动建构者，而不是外部刺激的被动接受者和被灌输的对象。这一阐述为本课题研究提供了实质性理论支撑。

3. 加涅的《学习的条件》

美国教育心理学家加涅是比较早的从认知心理学的角度研究学生学习的人之一。他的学习心理学著作《学习的条件》，在1985年第四次再版时，就阐明了五类学习的性质、有效学习的条件以及它们的教育含义，他还提出了一个以他的学习条件分析为基础的教学论新体系，从四个方面对有效教学做了探讨。这四个方面分别是：教学目标、教学过程、教学方法，教学结果的测量与评价。这些理论为本课题研究提供了可操作的依据。

课堂教学要高效培养中学生学习历史的兴趣，兴趣是打开知识大门的金钥匙。中国古代教育家孔子曾说过："知之者不如好之者，好之者不如乐之者。"著名科学家爱因斯坦也说："兴趣是最好的老师。"正是因为兴趣对学习效果有着举足轻重的作用，历史课堂教学必须重视学生的兴趣，让他们乐于学习历史。在此基础上，课堂教学作为教育过程的中心环节，直接影响教育质量及新课程理念的实施。在课堂教学中，教师起到组织、指导的作用，通过与学生合作、对话、交流来完成教学任务。所以学生对课堂教学的接受程度成为决定教育教学质量的关键，因课堂时间有限，教师在课堂教学中的高效优质就显得非常重要。

二、本课题的研究内容和方法

立足于高中历史课堂，构建一系列有助于提高学生学习效率、激发学生学习兴趣、培养学生的创新精神、提升学生自主学习能力的有效教学策略。

（1）引导学生掌握高中历史有效学习的策略，激发学生学习热情，提升学习效率，使学生体验学习的乐趣，促进学生智力因素和非智力因素协同发展。

（2）引领教师围绕课题学习、思考、实践，在科学发展观的指导下，寻求有效教学的方式和方法，促进教师专业的快速发展。

（3）研究内容的重点是通过教学反思来提高课堂教学的有效性和创设情境策略对课堂教学有效性的研究。

我们主要开展创设情境策略对课堂教学有效性的研究，通过教学案例实践的反思创建一套高效教学模式，其中包括如何选择合适的、能令学生产生兴趣的问题，如何排列这些学生面对的循序渐进的设问等的一般教学模式。

（4）采用三个主要研究方法。

① 文献研究法:研究国内外新的教育理论和教改发展动态，借鉴已有的理论成果，支撑和构建本课题的理论框架与方法论，转变教育思维。

② 调查研究法:一是调查现有思想和学生个性，发现问题；二是调查、总结、推广教师在有效性教学方面创造的成功的新经验、新方法；三是调查有效性教学实施后的学生个性状况，为个性化教育提供实例依据，并反馈、调整有效性教学的实际操作。

③ 个案研究法:通过对一些成功教学课例的研究，吸收新课程有效性教学设计的成功经验，总结有效性教学设计及教学实施的规律。

三、研究步骤及做法

为保证课题的顺利进行，我们将该课题研究过程大致分为三个步骤。

1. 前期准备阶段：2014年5月—2014年7月

首先由课题负责人组织召开课题小组会议，讨论研究筹备课题的选题、申报、立项等工作，并将课题负责人及其成员进行分工：课题负责人主要负责填写课题申请报告，并制定课题的具体实施方案（开题报告）、撰写课题中期报告、结题报告及召集课题组成员开会、研讨、交流等全面工作；课题组成员胡建镖老师负责查找、收集相关新课程理论，查阅与课题有关的文献、资料，调查研究中学历史教学和学生学习情况，制定和收发问卷调查表并撰写问卷调查分析报告等；胡建佳老师、刘波老师和李文科老师负责教学反思、课题活动记录整理及分析工作。

2. 中期调研与实验研究阶段：2014年8月—2015年5月

课题组在前期完成了选题、申报、立项、开题等工作后，便开始对课题进行大量的调研与探索实验工作。

（1）重视资料收集及理论学习：子课题组完成课题的准备和起步阶段工作后，随即开展了有针对性的理论学习及研究，通过子课题组集体组织和个人自主学习的方式，从各教育教学专著及刊物、教学网站如"中学历史教学园地"等收集有关高效历史课堂教学的理论著作和文章，将之整理后交由子课题组成员集中探讨或个人分头学习，并定期交流心得体会。我们先后学习了《基础教育课程改革纲要》、加涅的《学习的条件》、黄婵芳的《历史学科有效教学策略学习研究》、赵亚夫主编的《历史课堂教学有效性》等论著、论文，对于这些理论的学习和研究，为转变我们的观念，提升教师的理论水平及顺利开展课题研究打下了良好的基础。

（2）发放问卷调查、师生座谈，开展调研活动：教育科研最重要的依据源自教学实践，最终服务于教学，提升教育教学效果。课题组在子课题立项得到批准后，马上开展学情调查，为科研课题收集第一手资料和依据。我们通过发放学生调查问卷、开座谈会等方式了解学生在历史学习中的课前预习、课堂学习状态及课后复习、学习时间的安排等环节的学习状况，以此分析学生在历史课堂学习中低效现象的学习误区及原因。

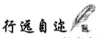

（3）确定研究思路与研究方向：为了更好地开展教研，我们广泛收集国内外有关课堂学习方法、学习策略和课堂学习活动方式等方面的实验报告、论文论著等资料，并积极开展成参加校内外的公开课活动，借鉴"他山之石"积极探索适合本校的一些课堂教学模式。然后由课题组成员在自己任教的班级进行实验、对比，验证其可行性，我们每两周会召开一次教研实践分析会，由全体成员进行经验交流、总结、分析，完善课堂教学策略，使之系统化、最优化。

（4）大胆探索，勇于实践，反复对比实验，全面开展课题实验：近一年来，我们课题组成员积极开展多种类型的教学研讨活动，包括以下三个方面：

① 专题研究课。2014年9月，罗育敏老师在高二年级举行《什么是"历史"，怎样学好历史》的专题研究课，受到了高二年级文科班学生的热烈欢迎。

② 探究活动课。2014年11月，李文科老师作了《黑暗的西欧中世纪》探究活动课的示范课。

③ 同课异构活动。2014年10月，胡建佳老师和刘波老师就必修一的《英国君主立宪制的建立》高三复习课分别举行不同课堂模式的研讨课，为课题组成员学习交流提供示范。2014年12月，罗育敏老师和刘永新老师就必修三的《新文化运动的兴起》一课开展同课异构活动，激起了历史教师的热烈讨论与反思。2015年5月，罗育敏老师与东山中学的李妙凤老师开展了《秦朝中央集权制度的确立》的同课异构活动。

3. 总结结题阶段：2015年6月—2015年9月

完成了对课题的调研、探索与实验等工作后，我们对所有研究资料进行了整理、分析、提炼、概括和总结，经过分析，从中发现了问题，并提出了解决问题的对策，进而由课题组负责人根据一年来的课题研究资料撰写结题申请与结题报告。

四、存在问题

经过一年多的努力，我们基本实现了课题的研究目标，形成了关于在课改背景下让学生乐学，让课堂高效的历史课堂教学模式的基本思路，积累了一定经验，但是也存在一些问题和困难。

（1）课堂教学模式需要进一步完善，如何将课堂教学目标的达成贯穿到整节课中，值得全体教师进一步深思及落实。

（2）乐学、高效的历史课堂教学模式策略较多，不同课程所采用的方法因学生情况不同而差异非常大，若要进行深入的研究，时间不足，因此，目前研究还不够到位。

在课改中研究无止境，因此，在今后的教育教学中，我们将一如既往地致力于教学科研，进一步探索适合学校实际、学生实际的历史课堂教学模式，争取使本课题的研究有更大的突破，把我校的历史教学教研推向一个新的高度。

目标导航+历史体验+探究能力提升教学模式研究

子课题"目标导航+历史体验+探究能力提升教学模式研究"由水寨中学陈胜方老师主持。

一、本课题及其内涵

高中历史"目标导航+历史体验+探究能力提升"教学模式就是遵循现代教育理念，依据高中学生和历史教学的特点及规律，充分发挥师生各自的角色潜能，有效提高历史课堂教学的质量和效率。

目标导航就是让师生明确课堂教学目标及教学实施方案，充分激发学生自主学习兴趣，有序合理安排学习过程。教学目标除了课程标准要求的三维目标之外，师生还要反思目标，通过总结教学得失，为之后的教学提供有益的借鉴。教学目标须明确、具体，教学实施方案可操作性强，评估依据科学合理。

历史体验就是让学生运用已有的生活经验去感知历史，通过身边的事物去追寻历史。有无这种体验，成为能否进入历史学习境界的重要前提。

探究能力就是学生通过探究学习过程，获得理智和情感体验，学会建构知识，掌握解决问题的方法。探究能力的提升对学生自主学习效率和课堂教学质量的提高都至关重要。因此，如何提升学生探究历史的能力，是构建高中历史有效课堂教学模式的关键。

研究高中历史有效教学行为，探索一条实现高中历史有效课堂教学的途径，促进师生共同成长，具体而言就是要做到：第一，纠正课改中对高效课堂的错误认识，克服学生在自主探究和合作探究历史过程中的偏差，使学生明白学习历史的正确目标，让学生在快乐学习中真正感悟到"学史使人明智"。第二，促进学生学习方式的改变，培养学生自主学习和探究历史的能力；促进生生之间、师生之间、学生和社会之间的交流与合作，养成良好的合作意识和提高合作水平。第三，丰富中学历史有效教学行为理论，加强个案分析，为中学历史有效教学行为实践提供资源支持。第四，促进课题组教师积极学习教育教学理论，更新教师教学观念，改革教学方法，提高科研能力。

二、本课题研究的过程和方法

1. 本课题研究的时段为2014年3月—2016年6月，分为三个研究阶段

第一阶段（2014年3月—2014年5月）：确立研究对象、收集信息、查阅资料、制定研究方案、递交"课题申报表"。

第二阶段（2014年6月—2015年6月）：课题深入研究阶段。

第三阶段（2015年7月—2016年6月）：课题结题阶段。专家指导，提炼成果，总结结题，巩固提升成果，调整研究方法和方案，促进农村中学历史快乐教学模式的落实，推广应用研究成果，撰写结题报告。完善档案袋，结题。

2. 课题研究的方法

（1）研究方法上，主要采用行为研究、个案研究、调查研究、文献研究等类型相结合的方法。

（2）研究原则上，坚持理论与实践相结合，且以实践研究为主。在理论上，积极收集和借鉴国内外"有效教学行为"的研究成果，并有机融入"中学历史高效教学行为"的理论和实践研究之中，创造出新的研究成果。

三、研究结果与成效

通过一年多的研究，坚持不懈的课堂教学改革实践使我们不断成长，积累了一部分关于这方面的资料，丰富了高中历史高效课堂改革的经验。

1. 问卷调查分析

进行"高中历史课堂有效教学策略——你（生）是如何学习历史的？你觉得老师如何上历史课才有趣和易掌握"的问卷调查分析。通过问卷调查，了解到我校学生学习历史的真实现状与对历史教师的期望；了解到高中学生其实渴望了解真实生动的具体史实，要求尽量让历史与现实生活接轨；同时学生希望对一些重大事件和人物有更全面和深入的了解与分析。这些材料都为课题研究指明了方向，具有现实的指引意义。通过教师相互听课、评课、议课，历史教师间有了充分的交流，在优化课堂结构、提高学生学习兴趣等方面互通有无、互相提高，成效显著。通过参与课题研究，全组教师的研究水平有所提高，教

育教学水平有所突破。

2. 初步形成"目标导航+历史体验+探究能力提升" 教学模式基本结构（表1）

表1　教学流程

教学流程	学生活动	教师活动	设计意图
目标指引	阅读课标要求及导学问题，明确本课学习目标	创设问题情境，激发学生求知欲望	激发学生的学习兴趣，为下面的学习铺路
自主学习、探究	根据课内外搜寻的资料，独立思考、完成学案的学习任务，并对疑惑点和完全不解之处进行标记	教师扼要介绍本课学习重点、难点，同时强调本课的学习、分析方法	充分发挥学生的主体作用，培养学生独立思考、解决历史问题的能力，以留下深刻印象
交流、合作讨论	小组内和小组之间，对学案内容的疑点、答案的异同进行交流、讨论，相互质疑、探讨	巡视学生讨论情况，及时发现问题并纠正。同时分配展示任务	培养学生合作意识，发挥集体智慧解决学习问题
学习展示，情境体验学习	小组派代表再现历史情境，展示学习成果	组织学生点评、小结；分层次、分阶段总结学习成果	通过体验式介绍、分享学习成果，提高学生的成就感，扩大视野
反馈、整合、提升	总结本课主要内容，构建知识体系；归纳易错易混知识点（认识误区和漏洞）	适时提醒梳理主题及线索，查漏补缺	提升学生归纳、概括的学习能力

3. 课堂教学效率和教学质量明显提高

运用相关理论成果有效指导本课题研究，建立符合高中历史有效教学特征与需要的高中历史有效教学行为的理论体系。通过课堂结构的改进，形成了良好的学习环境，师生互动、生生互动明显加强。经过一年多的研究试验，课改班与平行班相比，学生的自主学习能力有了质的提升。自主学习体验、探究的模式为学生创设了独立思考、相互协作的环境，激发了学生的学习欲望，增强了自信心，提高了学习的主动性与积极性。不仅增强了知识与技能，综合素质、情感、态度与价值观也得到了提高。如2015年市联考，高二、高一课改班的历史科平均分、优良率均比平行班分别高近8分、15个百分点。

经过一年多的努力，我们形成了关于在课改背景下高效课堂教学模式的构建的基本思路，积累了一定经验，本课题研究初步探索出符合目前山区的、特别是我市高中历史教学实际需要的、能有效实现高中历史教学目标的教学行为方式、方法、原则与策略。但是也存在一些问题和困难，如课堂教学模式需要建立更科学的评价机制，做到客观、公正、公开，并及时记录在学生档案中；以导学案的方式督促学生学习，做好课前的预习和课后的复习与反思是关键；研究过程中，需要校本培训与校外培训相结合，借鉴他校优点，开阔课改思路。

课改研究无止境，因此，在今后的教育教学中，我们将坚持不懈地致力于教学科研，进一步探索适合山区学校实际、学生实际的教学方式和学习方式。

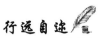

构建学导型高中历史高效课堂教学模式的研究

子课题"构建学导型高中历史高效课堂教学模式的研究"由梅县区南口中学钟兰芳老师主持。

一、本课题的理论依据

1. 唯物辩证法内、外因理论

内因是事物发展的依据，外因是事物发展的条件，外因必须通过内因起作用。在学习过程中，教师是外因，学生是内因，教师的教必须通过学生的学才能发挥作用。因此，在学案的引导下，通过自学、讨论、思辨等方法充分调动学生内在的积极性、主动性，同时辅以教师的指导，维持和发展学生的内在动力。

2. 心理学理论

心理学研究表明，高中学生的观察能力已有了显著的提高，他们乐于独立提出问题，并试图解决问题，他们喜欢讨论问题发生的原因，解释、论证事物发展的因果关系。高中生心理发展的特点表明，他们已具备初步的自主探究能力，一般能根据"学案"的学习目标进行自学。这就为学生"自主探究"的可行性提供了可靠的理论依据。

心理学研究还表明，尽管高中生的思维批判性、独立性以及对事物的分析、判断能力有了较大的发展，但还不成熟，容易产生固执、偏激的不良倾向，这就需要教师在教学中引导学生，给予适时、有力的指导，帮助学生克服独立思考中可能产生的缺点和偏向，这也为教师指导的不可替代性提供了理论依据。

3. 建构主义理论

建构主义认为，知识不是靠教师传递的，而是学习者自身主动建构的。要求学生自主学习、主动学习、合作学习和探究性学习。强调学生学习过程是自主建构的过程，教师在适当情境下给予智慧型指导和帮助。这是依据新课程理念，结合目前我国课堂教学实际进行总结性研究而提炼出来的，是一种适合我国中小学课堂教学的、具有可操作性的新课程有效教学模式。本模式的核心理念是"以学生发展为中心，先学后导、全面发展"。

4."学习金字塔"理论

美国学者艾德加·戴尔的"学习金字塔"理论认为，不同的学习方法达到的学习效果是不同的，学习内容的留存率达到或者超过50％的学习方式，都是主动学习或参与式学习。因此，教师要学会调整甚至改变教学方式，充分尊重学生在学习活动中的主体地位，引导学生自觉地参加合作学习。学生要努力转变学习方法，要由被动听转为主动学，从而提升学习兴趣，提高学习效率。通过参与式的学习，给学生留下"刻骨铭心"的记忆，更容易激发起学生对那些知识的好奇心和探究欲。

二、本课题研究步骤

第一阶段：2014年5月—2014年8月

这一阶段是准备阶段，主要任务一是向学校领导汇报课题的价值及实施的可能性，力求得到校领导的支持；二是确定计划，搞好规划，确定研究对象（高中年级参加）；三是认真抓好课题实施教师的课题意识培养。具体做法如下。

1. 在理论学习中更新教育观念

为了更好地实施课题研究，课题组非常重视加强课题研究相关理论的学习。课题组采用了集体学习和分散学习相结合的方法，通过上网、学习专著、阅读教育教学类刊物，学习有关学生学习和教师教学的理论，写好教育随笔，积累教育智慧，用以指导自己的教学活动。我们认真组织课题组成员从下列学习途径进行理论培训：课题组学习过的理论著作主要有《如何进行教学设计》《九大"教学范式"解读》《新课程背景下如何听课评课》《中小学教师如何撰写教学反思》等。另外，课题组还多次通过视频学习各地优秀教师的精彩教学课，如杜郎口中学历史教学视频、杨思中学历史教学视频、宜川中学历史教学视频等。

2. 积极选派课题组教师参加省内培训，强化理论进修

利用校本培训，结合省教师继续教育内容培养教师新的教师观、学生观、

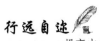

课程观，利用网络进行自我培训。每位教师每年订阅300元的书报，学校予以资料补贴。同时，我们还认真组织课题组教师研究新课程背景下的历史课堂教学特点，讨论教学焦点、热点问题，帮助课题组教师认识新课程的三个维度，加强教学的有效性探索。通过不断的学习，努力从理论层面上引导教师全面把握实验课题的产生背景、科学依据、教育思想、实践价值，实现教育思想、教育观念的转变；实现课题组教师逐步由经验型向科研型转变，为课题研究打好坚实的基础。

3. 印制调查问卷，进行调查研究

印制调查问卷，并选择高一、高二、高三部分班级学生及高中历史教师作为样本进行调查，了解学生当前历史学习的真实水平、态度、认知及存在的问题；了解教师当前历史教学情况及存在的问题。并根据调查结果，分析制约课堂"学"与"教"关系的主要因素。

第二阶段：2014年9月—2015年7月

这一阶段主要任务是实验的实施，具体做法如下。

1. 关注已有的教学经验，力争少走弯路

吸取梅县区教育局开展的高效课堂教学经验，探索学导型高中历史高效课堂教学模式。我校在梅县区高效课堂教学活动中，英语、语文学科取得了一定的成果。在实施本课题过程中，我们通过参加英语、语文学科的实验课以及教研活动，借鉴、总结经验，提出了学导型高中历史高效课堂教学模式：学案导航—自学释疑—展示交流—测评提升。这一课堂教学模式融入了新课程理念，学生在活动中普遍感受到思维碰撞的火花，学习的主动性增强了，教师们也感受到了课堂教学操作的可行性和教学效果提高的价值。

2. 教学中相互切磋，共同发展

我们每学期每位课题组教师至少要在全校范围内听课达15节以上。以同伴教学为平台，相互研究学导型教学方式，共同发展。同时，把学导型教学方式的研究融进全校性的公开课教学中，分阶段展现成果，辐射全校。

3. 采用"走出去，请进来"的方法，构建课题交流平台

进一步完善共赢互惠的教学研究制度，拓展互惠的内涵，积极主动、坦诚无私地公开自己的教学方式与思想，在学校教导处的支持下，课题组积极组织课题组教师参加各种教学观摩、学习、参观活动，也邀请梅县区高级中学等学校的教师参加我校课题组的教学观摩活动和研讨活动。迄今为止，课题组教师参加或组织的活动有：先后2次参加了梅县东山中学和梅县区高级中学的教学观摩课；李俊祥老师参加了2014年12月由梅县区教育局组织的历史科高效课堂教学观摩课，荣获区一等奖。

4. 多形式地开展课题实践活动

（1）课题组做到每两周开展一次活动，活动目标明确、主题明确、任务明确。力求以教材为依据，延伸到社会课堂。例如，名著导读、学生间的学习问题调查、访问教师和学生、编写手抄报、演讲、课本剧编演等。

（2）课题组组织了8次教学实验课、4次课例设计交流讨论会；2014年10月，课题组组织高中学生进行了以"关于古代中国中央集权制"为主题的辩论赛；2014年12月，课题组组织高三学生进行了历史知识大竞赛；2015年5—6月，课题组组织高中各年级学生举行了学导型高效课堂的学习经验交流活动，还组织高二年级学生举行了制作手抄报活动；组织学习小组参观著名维新派人士、爱国诗人黄遵宪先生的故居——人境庐活动，通过研究性学习活动，不仅培养了学生的学习兴趣，拓宽了学生的视野，提高了学生的能力，而且加强了师生间的交流，加深了师生间的感情。

第三阶段：2015年8月—2015年10月

这一阶段主要任务一是准备实验资料；二是申请结题；三是确定研究成果，为以后推广做准备。

三、课题研究成果

1. 理论成果

形成高中历史教与学方式的调查问卷分析报告和关于高中历史教师课堂教学行为的调查问卷分析报告。撰写周记《我心目中的历史教学》；呈现调查结果，主要内容是在历史课堂教学中学生的认识、学习态度、通过历史学习有哪些得益、在教学中学生认为老师存在哪些问题和不足、对今后老师的教学有哪些好的建议。

我们认为影响"学"与"教"关系的主要因素有学生学习兴趣、知识储备量、认知方式、表征方式以及教师教学设计、课堂组织和教学形式、语言风格等。

我们提出的解决策略有：

（1）充分利用多媒体的动态功能，强化时空感知，促进知识由抽象到具体的转化。

（2）以历史故事为载体，提炼出历史思想。

（3）组织历史建模训练，加强学生运用历史的意识。

课题组教师在加强教学交流的基础上，积极制作课堂教学课例设计和课件；根据自己的研究实践，认真做好课题研究总结工作，写成个人课题中期总结和结题总结以及课题研究论文。

2. 实践成果

（1）促进了学生学习能力的提高。在课堂内外，学生的学习方式得到了较大的转变，学生有了较强的历史知识运用意识和实践能力，逐渐学会了历史化的方法，并自觉地用所学习到的历史知识去认识、分析现实中的事物。

（2）不同程度地提高了学生的学习成绩。课题实验开展一年多以来，各个年级的历史学科在梅州市学期或学年考试中都取得了良好的成绩，全部排名都进入了梅县区历史学科的前4名；根据学校的统计，高中各年级历史实验班的平均分、合格率和红分率都比非实验班高出一筹；高三实验班的潘雄辉同学、刘雅玲同学，在2015年3月的广州"一模"考试中，历史学科成绩进入全区前10名。

（3）提升了教师的专业素养，带动了课堂教学的优化。在研究实践中，教师努力将先进的教育思想内化为自己的教育教学理念，转变为自己的教育行为，升华为自己的教育教学特色。学生在课堂中，充分发展自己的特长，积极地走向课外、走向社会进行实践，最大限度地开发、挖掘了学生的潜在创造力。在促进学生发展的同时，教师自身的素养也同样得到了发展。

四、课题研究存在的问题与今后研究应注意的问题

课题研究虽然取得了一些成果，但还存在如下问题，需要在以后的实践中不断完善：

（1）课题组中的个别教师在教学中虽然改变了传统的教学模式，但放得不开，担心影响教学质量，课堂上学生主体地位体现得不够充分。

（2）在课堂教学过程中如何把握"学"与"导"的度还有待提高。

（3）对课堂中的学生评价机制重视程度不够。

（4）农村教师的业务素质、能力水平、知识视野、培训学习等相对薄弱，影响了研究的深度和广度。

（5）教育基础设施的相对滞后，严重制约了教师教育教学水平的提高和实验研究的深入。

今后研究应注意的问题有：一是加大教师的培训力度，采取多种形式给教师创造更多的培训、学习机会，进一步提高教师的业务素质；二是以小引大，把出现的小问题变成研究的小课题进行深入研究，从而产生大的教育教学效益。

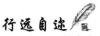
以生为本打造高中历史高效课堂策略研究

子课题"以生为本打造高中历史高效课堂策略研究"由梅县区新城中学廖昌顺老师和李娟如老师主持。

一、课题研究的背景

新城中学是一所城乡结合的学校，即附城中学，生源不是很理想，学生学习基础较为薄弱，学习习惯和能力也不是太好，学习目标不是太明确。而我们的教师在教学中往往也存在着这样或那样的问题：

（1）教学目标单纯关注学生的认知，忽视情感、态度与价值观，其结果就是学生厌学，教师厌教，教师教得辛苦，学生学得辛苦。学生的积极性很难被调动，课堂教学死气沉沉，教学效率低下。

（2）不能以学生的发展为中心。传统的课堂教学以教师、书本和课堂为中心，学生不能自主发展，结果造成学生发展的两极分化，个性发展受到压制，以学生的片面发展代替学生的全面发展，忽视了学生学习的过程、经历和体验。不以学生发展为中心的直接后果是导致学生学习效率的低下，进而影响教学的有效性。

（3）师生互动不强，忽视课堂教学中其他知识信息的传递，忽略了课堂教学中人际交往因素对学生发展的促进作用，不能促进学生学习方式的转换，课堂合作学习流于形式。

历史教师如何利用课堂教学这块主阵地，让学生喜欢上历史课，体现以生为本，打造高效的历史课堂，促进高中历史的可持续发展，这一任务愈加迫切地摆在我们面前。

二、课题研究的目标与内容

（一）课题研究的目标

（1）通过研究，让本课题组教师了解和掌握打造高效课堂的教学过程的基本步骤。

（2）通过研究，探索出结合"校情""生情"的中学历史课堂教学有效教学的方法和途径。

（3）通过研究，摸索出新课程背景下，打造高中历史高效课堂的相关策略，并为主课题有效教学的研究提供新的视角，丰富有效教学的内涵。

（4）通过研究，增强课题组教师的科研意识，提高课堂教学能力，推进我校高中历史教学的更深层次发展。

（二）课题研究的内容

围绕以学生的发展为本，结合我校学生的实际情况，采用有效的教学策略，打造高效课堂的基本原则，发掘、预设并生成有效教学的操作点，构建以"高效课堂"为主导的教学体系。因此，本课题的研究内容主要体现在以下几个方面。

1. 预习提纲、学案设计的研究

所谓"凡事预则立，不预则废"，一堂历史课，要掌握哪些内容，如何才能结合我校学生的具体情况，设计出一堂有效的预习提纲或学案尤其重要。如果有个好的提纲或学案，就能抓住学生求知的心理，激发学生学习的兴趣，一上课学生就会迫不及待地发表自己的看法和预习的收获，也会使课堂气氛不至于沉闷。另外，可以结合学生的实际情况，以小组为单位，把设计预习提纲、学案的任务交给学生完成；然后在课堂上交流，增加学生的学习兴趣。

2. 多媒体课件、板书设计的研究

设计精美的课件，并在播放课件的过程中穿插相关的历史视频，调动学生上课的热情。另外，好的板书设计是一种教学艺术再创造的过程，也是教师对教材分析、研究、浓缩和转化的过程。它能把教材脉络结构中复杂的、抽象的、潜隐的问题直观地、清晰地展现在学生面前，启发学生的思维，巩固学生的记忆，给学生留下难忘的印象。

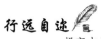

3. 课堂提问和教学语言的研究

提问是进行思维和语言训练、培养学生通过思维解决问题的一种教学方法。从教育学的角度来说，教学过程中教师是主导，学生是主体，提问正是充分调动学生主动、积极、自觉地进行思维的一种最经常、最普遍的教学手段。教学语言能把模糊的事理讲清晰，把枯燥的道理讲生动，把静态的现象讲得活起来，启发学生去探索、去追问、去挖掘，使学生的思维经常处于活跃的状态，从而大大地提高学习效率。

4. 教学设计的研究

精心设计结语也是历史课堂教学中一个不可忽视的重要环节。结语好似一条绳子，能使学生把零散孤立的知识串联起来，形成完整的知识结构，从而提高课堂学习的效率。

三、课题研究实施步骤

1. 准备阶段：2014年6月—2014年9月

学习相关教育理论、新课程标准，了解国内外相关课题动态，客观分析其他学科高效课堂教学策略研究的情况，广泛征求意见，讨论、选题、制定并完善课题方案，做好课题申报工作，进行问卷调查，做好开题论证工作。

2. 实施阶段：2014年10月—2015年9月

制订阶段实施计划，组织教师围绕主课题在子课题下进行课堂教学策略的探索研究（开公开课、研讨会），撰写教学设计、刻录课件光盘和撰写论文。

3. 总结提高阶段：2015年10月—2015年11月

完成研究报告、论文撰写和课堂教学成果汇编，课题组进一步总结打造高中历史高效课堂教学的有效策略。

四、课题研究过程

1. 做好课题实施准备

2014年6月，我们正式成立了课题研究小组，确定了组长及课题组成员，对各项工作实行分工，初步明确了课题研究的目的、意义、研究内容、技术手段等，制定了研究方案，定期学习有关理论、研讨课题实施过程中产生的问题，及时调整课题教学实验，并不定期地向专家咨询、请教。

2. 进行问卷调查分析

我们对新城中学高一（14）班的学生和高中历史教师进行了问卷调查，共回收了80份问卷。我们对调查结果进行统计分析，收集、整理学生和教师对高中历史教学方面的意见，明确教学中存在的问题，并了解学生、教师对历史课堂改革的迫切愿望和需要，从而确定我们课题研究工作的突破口。

3. 开展高中历史高效课堂教学的实践与研究

本课题的"高中历史高效课堂策略研究"是建立在"以生为本"的背景下的，这是区别于以往"有效教学"研究的最关键的特征；是针对新课程改革背景下，结合我校学生的身心特点和教育环境，将学习的民主性和科学性作为激活学生学习的内在机制的因素，探索促进学生在历史知识与技能，过程与方法，情感、态度与价值观方面的进步和发展的历史课堂教学策略。本课题的研究是以学生的学习能力、独立思维能力及动手能力等多方面的发展为教学目标，关注历史教师的课堂行为（教学过程的设计、课堂的组织、教学语言、教学评价等）是否引起、维持和促进学生的学习。

4. 不断进行反思、积极撰写论文

我们课题组主要是在理论上探讨新课程理念下历史课堂有效教学策略的重要性、迫切性，重点研究课堂教学的有效策略及其应用。在实践中，我们不断进行反思，对课题教学中的经验、体会及时总结，课题组成员积极撰写论文、课题研究体会、心得、案例等。

五、课题研究成果

1. 积累了丰富的有关课题的相关知识，形成"生本·高效"的意识

我校课题组自成立之日起就有计划地开展工作，课题组成员利用各种机会进行学习实践。2014年9月30日，黄艳玲老师在全校公开课上讲授了高三第一轮复习课《空前严重的资本主义世界经济危机》，既体现了高三第一轮复习的三维目标要求，又体现了以生为本，打造高效课堂的意识，课题公开课的气息浓厚，受到听课老师的一致好评；2014年10月14日，课题组成员参加了我校举行的初中优质课大汇教活动，听取了初中部各科教师的优质课，掌握了一些新课改的意识，进一步丰富了课题研究的素材；2014年10月28日，课题组成员参加了我校举行的高中优质课大汇教活动，听取了高中部各科教师的优质课，

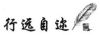

课后进行了总结评课，并在教学理念、教学目标、教学手段等方面形成共识，明确了以后开展课题研究以及上课要努力的方向等；2014年11月6日、7日，课题组成员李娟如老师作为评委参加了在东中分校举行的梅县区2014—2015学年初中历史高效课堂活动，听了来自梅县区各初中六位教师的公开课后，受益匪浅：不是本校的教师都能很好地驾驭本校的学生，教学准备充分，导学案的设计合理完整，大部分教师都体现了以学生为主、互动合作的模式，这为以后本课题组探寻实现高效课堂的途径提供了借鉴。2014年11月25日、26日、27日、28日，12月4日、5日，课题组成员参加了在我校举行的梅县区2014—2015学年高中部分学科高效课堂活动，听了来自梅县各高中不同学科教师的优质课，真是大开眼界，特别是参加了历史课的评课活动，感受到要让历史课活起来，单靠教师唱"独角戏"是不行的，还要让学生动起来。最让课题组成员更加明确本课题研究的实质和意义的是在2014年12月30日，课题组成员参加了东山中学生本教育学术报告会（包括听课和听郭思乐教授的生本教育专题报告），生本教育"一切为了学生"的价值观、"高度尊重学生"的伦理观、"全面依靠学生"的行为观、"小立课程，大作功夫"的课程观和"先学后教，以学定教"的方法论带给了我们全新的视角。听了本场报告会后，课题组成员陈春兰老师以此为准绳，在2015年1月23日组织了一节课题公开课，放手让高三学生代表分析评讲必修三第六单元试卷。在课堂上，负责评讲的学生把试题分析得井井有条，引经据典，理由充分，台下的学生聚精会神地"捕捉评讲的漏洞"，时而发问，时而争得面红耳赤，整个课堂气氛活跃，课堂教学变得生动高效，真正体现了"以生为本"。2015年4月7日，课题组李娟如老师为全校教师及部分学生展示了一节围绕"以生为本"和"高效课堂"的模式课题公开课，课后教师们对这节课好评如潮，一致认为这是一节既高效又"生本"的公开课，没料到新城中学的学生竟如此优秀，把教师都"晾到一边了"。

2. 探索到"高效课堂"的实现途径

通过课题组前期的问卷调查、抽样调查、个体交流等调查方法，我们发现，教学中普遍呈现出一种高耗低效的疲软状态。主要表现在，无具体的目标设计，部分教师不备课时教案或根本不按课时教案执行，讲到哪里算哪里，平行班进度不一，作业布置混乱，教学计划成为一纸空文；有的课堂"满堂灌"，教师掌控课堂主动权，学生被动接受，课堂气氛沉闷，学生积极性受到抑制；有的课堂，为了讨论而讨论，为了探究而探究，追求"表面热闹"而不注重实效；有的课堂"满堂问"，教师一问到底，学生只有"答对"了，教学才能自然过渡，否则课堂就会失控，学生只能投老师所好，应付了事；有的课堂，教师的设问缺乏科学性和针对性，要么过于简单，学生不愿回答，要么过于复杂，学生无所适从，要么无思维价值，不能引起学生思考，凡此种种设问，既淹没了教学重点，挤占了学生读书、思考、训练的时间，也限制了学生思维；有的课堂，为信息技术而信息技术，没有将信息技术与学科课程进行有效整合，没有能在科学的教育理论的引领下优化教学设计，忽视传统有效教学手段的使用，以课件取代课本和教学内容，以动画演示取代知识的生成过程，教师成了报幕员、放映员，学生则成了观众，其实就是一种新的"电子填鸭式""电子满堂灌"，一节"图文并茂"的课之后，教师却没有留下字迹，学生也没有留下学习的笔迹，学生头脑中更没有留下知识与能力的印迹，一切都随着电脑关机还给了教师；有的课堂，片面追求教学进度，只关注部分接受能力强的学生，大多数跟不上的学生只能靠课后辅导和家教补课赶进度；有的课堂，教学与作业、练习内容脱节，对层次性、难度和跨度的把握不恰当，综合性作业多，专项练习少，学生仅靠当天所学知识根本不能完成作业和练习，打击了学生学习的积极性；有的习题评讲课，教师不具体分析每题的正误率，不分难度大小，从第一题开始到最后一题结束，顺次评讲，既无针对性，又浪费了大多数学生的学习时间。凡此种种，都是高耗低效的一种表现。

　　针对当前课堂教学中存在的问题，结合我校学生的特点，根据我校现有的资源，我们课题组进行了相关的调查研究，探索了实现高效课堂的途径：决定让课堂回归"生本"——放手发动学生备课、全面依靠学生上课、小组合作探究作业、教师课后反思总结的课堂教学模式，强化"功夫在课堂之外"的意识，坚信"学生能干的让学生干"的理念。

3. 研究成果

　　（1）由于我们的课堂研究比较扎实，提高了教师的课堂教学水平，我校从2014年6月开始尝试以生为本，打造高效课堂教学模式的实践，我校课题组教师的教学成绩较原来有很大程度的提高。五位课题组教师在2014—2015学年期末市联考或高考的成绩都领先于同级其他班任课教师。

　　（2）课题组教师及时总结研究成果，积极撰写论文，其中温腾芳老师撰写

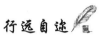

的《运用网络打造历史高效课堂的探索》获2015年度梅县区年会论文评比一等奖；陈春兰老师撰写的《"专家-新手"型教师课堂提问的比较研究》获2015年度梅县区年会论文评比二等奖；李娟如老师撰写的《以生为本 打造高中历史高效课堂——以美国〈独立宣言〉的教学为例》获2015年度梅县区年会论文评比一等奖，独立撰写的教学设计——美国《独立宣言》在2015年梅州市中学历史优秀教学设计评选中获一等奖。此外，课题组教师在教育教学上锐意进取，在课题研究的一年多时间里硕果累累：李娟如老师被评为市优秀班主任、区优秀共产党员和区优秀教师；黄艳玲老师2015年度考核被确定为优秀等次；廖昌顺老师被评为区优秀共产党员。

（3）在实践以生为本打造高中历史高效课堂的过程中，学生的变化也是可喜的。课堂上学生的自学自主能力明显增强，越来越多的学生自信了，课堂真正成了他们学习的乐园。在课堂上他们开始质疑，开始发表不同的看法，开始运用"我认为……""在我看来……"等字眼表达他们的看法。课堂上越来越多的学生不再仅仅是学生，很多时候他们扮演着小老师的角色，自信地阐述自己的观点，自信地给学困生讲解。而老师也不再像过去一样占据整个课堂，他们将更多的时间还给学生，他们讲解问题不再是一字不落、一个环节不漏，能让学生说的老师就不会再说了，能让学生做的就放手让学生去做，老师只要进行适时的指导，让自己的课堂更简单却更高效。

六、课题研究中遇到的问题和今后研究的设想

在课题研究开展近一年来，虽然我们有了一些收获，但遇到的问题也不少。

（1）大班额现状较为严重，有的班级学生数已达76人。大班额教学让教师无法全面关注每一个学生，学生回答、展示的机会不均等，导致有些学生锻炼的机会太少，不利于学生的均衡发展。

（2）国家规定的学科课时数针对大班额教学难以施行，绝大多数教师在规定的课时里完不成教学任务，也没有合适的时间对学困生进行个别强化辅导，导致班级两极分化现象严重。

（3）课题研究为教师专业化成长搭建了进步和发展的平台，但教师的教学素养、人文素养也始终是制约课题深入实施的"瓶颈"。

　　今后的设想：构建高效课堂是当前推进有效教学、深化课程改革、实施素质教育的关键和根本要求，只要我们投入其中，从自身做起，从每节课做起，从每一个环节做起，从点点滴滴做起，在教学实践中认真学习、积极探索、深入研究，实现课堂教学的有效性、高效性就指日可待。

下 篇

以匠心，致初心——学思篇

精华在笔端，咫尺匠心难。

——（唐）张祜《题王右丞山水障二首》

略论研究性学习中历史课题的选择

　　研究性学习是教育部实施普通高中新课程计划中"综合实践活动"的一项重要内容，它是指学生在教师指导下，从学习生活或社会生活中选择与确定研究课题，主动地获取知识、运用知识、解决问题的学习活动。其主要目的就是通过改变学生的学习方式，培养学生的创新精神和实践能力，特别是学生提出问题、研究问题和解决问题的能力。在现阶段各学科传统教学中，教材是课程实施的基本依据和载体，研究性学习则是围绕问题（课题）的提出和解决来组织学习活动的，"问题"就是学生学习的载体。因此，研究性学习实施的第一个阶段就是进入问题情境，课题是研究性学习的立足点和出发点，学生在这个阶段选择怎样的研究课题，直接关系到学生积极性、创造性的发挥，关系到研究过程能否顺利进行。可以说，选题的成功，就是课题研究成功的开始。

　　下面，我结合自己指导本县高中历史研究性学习的实践，就如何选择历史研究课题谈谈自己的几点体会。

一、激发学生问题意识，鼓励学生自主发现问题，初拟研究课题

　　所谓问题意识，是指人们在认识活动中，经常意识到一些难以解决或疑惑的实际问题及理论问题，并产生一种怀疑、困惑、焦虑、探索的心理，这种心理又驱使个体积极思维，不断提出问题和解决问题。思维的这种问题性心理品质，称为问题意识。强烈的问题意识，作为思维的动力，促使人们去发现问题、解决问题，直至有新的发现。而要激发学生的问题意识，必须要注意创设民主和谐的教学氛围。首先，要解放学生的大脑，把学生真正置于主体地位，教师不要给学生设置太多的条条框框，在日常教学中要鼓励学生思维的不同寻

常性和标新立异，应引导学生质疑教材，或了解一些有争议的学术问题（如关于闭关政策的评价、北洋军阀的历史地位和作用等），使教学带有开放性和探索性。宋代理学大师朱熹说过："读书无疑者，须教有疑，有疑者却要无疑，到这里方是长进。"历史学习最重要的就是要善于质疑，善于发现问题，学生是否学会提出问题，是他们是否学会学习的标志，也是他们问题意识高低的标志。引导学生在历史学习中学会质疑，教师首先要在课堂教学中利用教材自身的内容，巧妙运用设疑技巧，引导学生发现疑点，激发其思维兴趣，培养其质疑的习惯。现行的教材采用以叙事为主的体裁，对纷纭复杂的历史现象不可能面面俱到地揭示本质，这就需要教师的点拨。

其次，要放手让学生去研究，因为研究性学习的课题，可以从《全日制普通高级中学历史教学大纲（试验修订版）》所提供的课题中选择，但主要应根据本地区和学校的具体实际，因地制宜，发掘资源，让学生把身边的东西作为研究性学习的内容，因此要让他们走出教室、走出校园、走向社会，引导他们关心现实，了解社会变迁，体验人生，放手让他们根据自己的学习生活和社会生活实际及个人的兴趣爱好选择研究课题，要引导学生充分利用本学校、本地区的教育资源，从本地实际出发，选择自己感兴趣的和有研究价值的课题，这些课题可以是教材内容的拓展和延伸，也可以是对历史现象或社会现象的探索；可以是纯思辨性的，也可以是实践类的；可以是已经证明的结论，也可以是未知的知识领域。对可能出现的问题，教师要有充分的思想准备，要明确认识，实现角色的转换，教师不再是知识的传授者，而是学习活动的组织者、指导者和参与者。

二、分类整理筛选，确定研究课题，组建课题小组

学生的积极性被调动起来以后，教师应指导学生把一个个"问题"初步完善为"课题"，并对学生初拟的大量课题进行研究分析。因为研究性学习是一种崭新的课程形态，许多学生难免凭一时的兴趣初拟课题，而对课题的选择缺乏理性的思考，造成有些课题过大，超出了学生的知识积累或本地教育资源所能提供的条件；有些课题太小或比较抽象，研究无从下手；有些课题过于相似或相近。在这个过程中，教师应充分发挥学生的主体作用，让学生参与所有课题的集体讨论，师生共同整理课题，进行课题分类，商定研究方向和具体要

求。教师应充分尊重学生的选择，即使有个别课题存在疑问，在进行适当的指导后，也不应强求达成共识，切不能把自己的想法强加于学生，而应引导学生在研究过程中自己发现存在的问题，并自己去修改纠正。在我县的高中历史研究性学习中，课题主要有如下几类。

（1）历史专题研究类：学生以人物、事件为专题，或者从政治、经济、文化、军事、科技等方面选择有创意的、角度较小的课题展开深入研究，形成自己的观点并写出论文。进行专题研究必须阅读一定数量的相关文献资料、有关评论文章并摘录成卡片；要关注一些新闻媒体正在发布的、社会正在发生的重大现实问题，以开放的心胸、发展的眼光，从丰富的信息资源中取其精华，学以致用；对别人的研究成果不要轻易否定，应在其基础上补充、深化或提出新的看法。这类课题能给学生主体意识的发挥提供自由的空间，开放程度较高。例如，《洋务运动对中国近代社会发展的影响》《太平天国与义和团运动的比较》《丁日昌的洋务实践》《中国古代人口迁徙与客家人的形成》等。

（2）课堂辩论专题类：根据高中生身心发展和认识规律，课堂辩论也是比较好的一种研究性学习形式，尤其有利于培养和提高他们的创造性思维能力，引导学生不唯本本主义，不唯现成结论。选择辩题后，由学生自愿分成正方反方，然后根据各自的理解，收集资料，充实论据，形成辩论稿。选择这类专题的学生必须有良好的文字表达与口语表达能力，有良好的心理素质，并且更加强调学生之间的分工合作。这类辩题如《中法战争是否能够进行下去》《辛亥革命的成功与失败》《我看中东和谈》等。

（3）文物古迹考察类：这类专题研究应紧密结合当地教育资源，特别是地方史料、图书馆、博物馆、纪念馆、爱国主义教育基地等，运用多方位、多渠道、多学科的综合，诸如与体育课的野外锻炼、军训、夏令营等相配合，对某一地区的文物古迹进行野外实地考察，将考察结果进行分析、总结并形成文字。这类课题的范围要小，要事先掌握一定数量的相关资料，同时，研究要有新的发现，不能照搬原有的资料记载。这类课题如《八乡山革命根据地考察》《太平军汪海洋部覆没遗址考察》《参观叶剑英元帅故居》等。

（4）社会调查类：这类专题研究方向是对本地某一社会现象，包括政治、经济、文化的发展变化等开展调查，调查的范围可以是当地古迹遗址、当地民俗民风研究（如地方方言研究或学校校史研究），研究对象可以是家庭（父亲、母亲、爷爷、奶奶）、社会（村镇、机关），对调查材料进行分析、归纳、总结，形成调查报告。这类课题的选题角度要小、要新，可以采取实地观察、访谈问卷、收集资料相结合的调查方式。这类专题如《近年来我县的交通发展变化》《对我县主要旅游点人文景观的调查》等。

　　总的来说，选择历史研究课题一般应遵循以下原则：一是可行性原则，即所选的课题应从学校现有基础条件和中学生现有知识结构出发，既要是学生感兴趣的，能为学生的研究提供广阔空间，但又不能过大、过空，导致研究难以实施操作；二是实践性原则，历史教学的目的之一就是使学生从历史规律的层面上客观地、深层次地认识现实问题，因此所选课题要尽量与学生的生活实际相结合，着眼于强化学生的实践意识，要能包括社会生活的诸多方面，如现实生活中的事物或现象——这种事物或现象的历史、出现的原因及演变——这种事物或现象的发展态势，鼓励学生选择贴近自身生活的研究课题，通过历史更好地认识现实，通过现实加深对历史的理解；三是综合性原则，即所选课题应尽量强调历史、地理及政治等相关学科的融合和联系，引导学生在多学科综合的背景下，从不同角度去研究问题，全方位调动学生的知识储备；四是主体性原则，课题研究的实施主体是学生，教师只是参与指导的角色。

　　经过充分商讨确定课题后，教师应进一步指导学生组建课题小组，选出组长，确定成员分工，制订合作方案和研究计划，认真收集材料，深入开展研究。对研究过程中出现的问题和困难，教师应适时加以指导，鼓励学生迎难而上，持之以恒，终究会有收获。要让学生明白，研究性学习的过程本身就是学习的目的，通过经历研究过程，亲身参与，思考回味，合作学习，获得亲身体验，使个性得到最大限度的张扬，逐步树立良好的历史素养和历史思维方法。

2002年4月

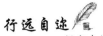
历史新课程的教学过程和教学设计

义务教育历史新课程实验于2003年秋季开始后，历史教师在课改中迸发出极大的热情，不仅教育观念发生了新的变化，积极参与课改的教研氛围也开始形成。更主要的是，历史课堂教学出现了新的变化，课堂教学设计和教学活动越来越有利于学生各种潜能的开发和身心发展，初步体现出教学与发展的真正统一。

一、创新、体验、互动的教学过程

1. 历史教学过程应是一种创新的过程

教学是课程实施的重要途径，在课程标准理念下，历史教学的资源内容并不是对所有的教师与学生都有相同的适用意义，不同地区、不同学校的教育情境有其差异性和独特性，每一位教师与学生对所给定的课程内容都有自己的理解，这就需要教师从"以学生为中心"的教育理念出发，对所教课程的教学内容进行适当的优化重组，使教学内容不断变革和创新，转化为适应学生学习的、有利于学生发展创新的学习内容，以满足学生成长和发展的需要。

以学生为中心，要求教师在历史课堂教学中以学论教，创设能引导学生主动参与的教育情境，激发学生学习创新的积极性，教学过程不再体现教师"教"的过程，而是实现学生"学"的过程。为此，历史教师在课堂教学中应切实做到：一是注意面向全体学生，要尊重每一位学生，无论是优等生还是后进生，包括身心发展相对迟缓的学生，都应受到尊重；要赞赏每一位学生，包括学生的独特性、兴趣、爱好、专长，还要赞赏学生所取得的哪怕是极其微小的成绩、所付出的努力和所表现出来的善意，更要赞赏每一位学生对教科书的质疑和对自我的超越。二是注意面向学生的全面发展，即关注的不仅是学生对"基础知识与基本技能"的理解和掌握，更重要的是学生"情感、态度和价值观"等方面的发展和提升。

2. 教学过程应是学生思考体验的过程

课程标准理念下的课程不只是文本课程（由教学计划、教学大纲、教科书组成），更是体验课程（能被教师和学生时刻体验到、感受到、领悟到、思考到的课程）。新课程强调"把思考还给学生"，强调引起学生学习动机是教学过程中最首要的问题，目的就是让学生经历知识发生、发展和形成结论的过程，从而经历丰富、生动的思考、探索过程，在这个思考、探索过程中通过感受、领悟而获得积极的情趣、生活和愉悦的情感体验。通过学生思考、体验这些心理过程，发展及提升学生的情感、态度、价值观、生活方式等衡量人的发展的最深层的指标，使教学过程从一种简单的传输、传递和接受知识的过程，转变为一种伴随着学生对历史知识的思考和获得，使学生人格健全和全面发展的体验过程。

因此，在对教学过程的调控中，历史教师要注意结合学生的初始能力，通过对课堂教学内容和对学生科学客观的分析来确定教学起点，而不是以教师的主观判断或经验为基础来确定教学起点；要在教学过程中充分挖掘"情感、态度与价值观"方面的素材，通过教学过程的实施，使学生在获得基础知识和基本技能的同时，获得积极的生活情趣和愉悦的情感体验；要在教学过程的展开中营造学生自主学习的氛围，通过创设教育情境，借助学生对"问题"的思考、判断及相应的分析与综合、抽象与概括等思维活动来表现形成结论的生动过程；要注重过程性的评价与反馈，即教师通过渗透于过程之中的形成性评价，及时获得学生在学习过程中所反馈的有用信息，以对教学过程的展开做出动态调适。

3. 教学过程应是师生互动的过程

新课程强调，教学过程是教师与学生在平等融洽的基础上的交流、互动，从而使师生双方相互沟通、相互启发、相互补充，实现共同发展的过程。在这个过程中，教师与学生既能分享彼此的成功与喜悦，也能分担双方的挫折和困惑。因此，教学过程不只是教师教学生学的过程，更主要的是教师从学生的学习中获取"营养"和价值的过程，更是师生在平等交往、积极互动的基础上共同发展的过程，从而真正实现教学相长。

具体来说，在知识层次的学习上，重视师生共同通过归纳、质疑和比较的

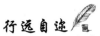

方法对基础知识进行加工；在技能层次上，重视师生共同动手和积极实践；在史实与运用层次上，重视师生共同进行探究性学习，选择合适的事物或现象，通过收集整理相关资料，运用抽象思维进行加工，最终得出新见解。

二、开放、动态、生成的历史教学设计

现代教学论认为，教学设计是一个分析教学问题、设计解决方法，对解决方法进行试行、评价试行的结果，并在评价基础上修改解决方法的过程，目的是获得解决问题的最优方法。教学设计是教师对课堂教学活动的规划和设想，是教学活动的直接依据，其基本内容应包括教材分析、学情分析、教学目标和教学方法设计、教学过程设计、教学评价设计。简要地说，就是教师采用系统的方法，对教学系统中的诸要素进行合理的安排和计划。教学设计体现了执教者的教育理念、对教材的整体规划、教学目标、教学策略等。缺乏周密的教学设计，教学活动就会陷入盲目和无效的状态，因此，教学设计是教学的重要组成部分和基本特征，是教学活动顺利实施的关键。有效教学是追求学科教育的价值，是以学生的发展为最终目的的一种教学理念。实现有效教学理念的技术操作过程，包括学科课程的教学设计和课堂教学实施等环节，其中教学设计的有效性是实现教学有效性的重要前提，而教师良好的专业素养又是有效教学设计的根基。为了有效地实施历史新课程，显现基于新课程的教学过程，提高历史教学的有效性，必须构建与教学过程特点相适应的开放、动态和生成的教学设计。

1. 应把教学设计当作对历史课程资源的再开发

课程内容是学生求得快速发展的主要"信息源"，对历史课程内容进行适合于学生学习、有利于学生发展的整合分析已成为现代教学设计中的重要一环。由于不同学校、不同班级的学生不仅在认知方面存在差异，而且在心理动作、情感态度和人际交往等方面存在差异，因此新课程的内容并不是对每一个学生都具有"适应性"。为了促进学生的发展，历史教师的教学设计必须是开放性的，应在对教学背景进行宏观和微观分析的基础上，结合对所教学生初始能力的诊断性评价的反馈信息，对新课程的内容进行适合于学生学习、有利于学生发展的增删和重组，而不是传统意义上的一成不变地"复制"教科书上的内容。

教师对课程内容进行二次开发应当注意的是，课程内容通常都有一定的结构体系，为此，课程内容可划分为课程、单元和课题等层次，即一门课程可以划分为若干单元，一个单元可以划分为若干课题。其中单元和课题各自存在着三种联系形式，即并列型（各单元或课题相对独立）、顺序型（各单元或课题之间具有逻辑或层次关系）和综合型（一部分相对独立，另外一部分具有逻辑或层次关系）。由于在课堂上，学生要学习的课题内容与单元内容以及整门课程的内容之间或多或少存在"某种"联系，所以教师对课题内容的开发与分析应放在对单元内容和课程内容的开发与分析的大背景下来进行。也就是说，历史教师只有具备开发与总揽历史课程内容、单元内容、课题内容以及它们之间的关系的能力，才能使历史课堂学习任务的开发与分析达到前后呼应、相得益彰的效果。

2. 应把教学设计当作指导性的动态方案

传统的教学设计是以教师的教和书本知识为本位的，从教师的主观判断或教学经验出发，往往侧重于教学过程的程序化，特别是细节化的准备。这能适应教师单向的"传递"活动，但不能适应交互动态的、真实的教学过程。教学不仅是有计划的、预设的，更是一个动态的过程，为了在教学过程中使师生实现"平等交往、积极互动、共同发展"，历史新课程教学设计应"眼中有学生"，从学生学习的实际出发，与时俱进，随着课堂教学进行的实际情况，综合考虑教学过程中的各种不确定因素，切实关注学生学习需要和教学情境的变化，注重教学策略，特别是多种教学思路的设计，适时调整教学策略，使其成为具有指导性的"动态方案"。只有这样，在教学过程中，教师才有可能根据学生学习的反馈情况做出详细的、适时的动态调整或调适。

3. 应把教学过程设计成知行合一的生成性方案

教育部《基础教育课程改革纲要（试行）》指出，要"改变课程过于注重知识传授的倾向，强调形成积极主动的学习态度，使获得基础知识和基本技能的过程同时成为学会学习和形成正确价值观的过程"，这就要求改变传统的教学设计中对学生学习任务的分析往往只涉及各知识点及其组成的知识结构、掌握知识所需要的基本技能等因素，而对教学过程的有效推进、学生的全面发展具有促进作用的因素考虑很少的弊端。历史教师在教学设计中应当进一步挖掘蕴藏在历史过程和历史知识中的巨大精神财富，将其变成有效的教育资源，使教学设计的内容成为知行合一的生成性方案。教师要确立课程意识，强调生成性的活动，把教学和课程有机统一起来，要从学生和教学实际出发，不断把教学引向学习的深处。教学过程也是课程知识内容不断生成、课程知识不断丰富的过程。通过教学过程的有效展开，使学生在学习"双基"的同时能独立地感受到人类历史文化中的精神力量，不断塑造具有个性的、崇高的、独立的精神家园，获得积极的生活情趣和愉悦的情感体验，在此基础上使学生逐步形成积极、主动的学习习惯，最后促使学生形成正确的价值观。

2005年8月

开发客家地方教材　支撑梅州绿色崛起

在新一轮思想大解放、推动新一轮大发展的新形势下，梅州市委市政府按照科学发展观的要求，审时度势，高瞻远瞩，结合梅州自身实际，创造性地提出我市必须彰显后发优势，实现绿色崛起，从而为梅州发展描绘了美好蓝图。绿色崛起包括经济、文化、社会、政治四大领域的科学发展、全面发展、协调发展，出发点是以人为本，注重提高人的素质，把发展教育、文化作为其重要内容，把人的思想道德素质和科学文化素质作为经济社会发展最重要的因素，为人的全面发展创造条件。中央政治局原委员、广东省委书记汪洋到梅州进行专题调研时强调，梅州要推动绿色崛起，实现科学发展；并指出文化建设是绿色崛起的支撑。在文化建设中，"绿色崛起"是指以和谐文化为灵魂，注重发挥梅州深厚的文化底蕴优势，大力推进客家文化的传承创新，积极推进教育强市。

推进义务教育课程建设，开发客家地方教材，应是当前梅州和谐文化建设的一个重要组成部分。客家民系是一个人口分布广泛的汉族民系，是在漫长的历史岁月中历经多次迁徙而形成的，始终执着地秉承中华传统文化的精髓，在历史上留下无数动人的篇章。当前，在新的历史起点上，应贯彻落实科学发展观，依据课程改革精神，在经济全球化视野下立足客都梅州的区域特色，整合梅州历史文化资源，开发系列客家地方教材及其相关配套音像制品，包括小学、初中和高中三个版本，分别供我市基础教育小学、初中和高中三个学段全体中小学生使用，在中小学生中传承弘扬梅州丰厚的历史文化积淀，广泛宣传当代梅州经济社会发展风貌，体现社会主流价值，增进中小学生对梅州历史、客家文化、地方风物的了解，培养中小学生爱国爱乡爱自然的感情，进一步塑造中小学生"梅花香自苦寒来"的梅州人精神，培养中小学生对客都梅州的归属感和凝聚力，全面提高人的素质，支撑梅州实现绿色崛起。

一、开发客家地方教材是进一步深化我市基础教育课程改革的一项重要举措

《中共中央国务院关于深化教育改革，全面推进素质教育的决定》中明确指出："调整和改革课程体系、结构、内容，建立新的基础教育课程体系，试行国家课程、地方课程和学校课程。"这标志着我国基础教育课程政策由原来单一的国家课程开发模式向国家、地方和学校三级分权的课程开发模式转变，也标志着我国基础教育宏观课程结构中地方课程中介地位的正式确立。地方课程产生的根源在于高度统一的课程制度（人才培养目标和培养模式）与各地社会发展的差异性及多样性之间的矛盾。首先，地方课程的设置与开发意味着对各地差异性和多样性的充分认识与尊重；其次，地方课程的设置与开发意味着对地方社会态度和观念的转变，由过去单纯把各地作为国家课程体系的价值客体转变为课程体系的价值主体之一，即各地社会发展对人才培养的特殊需求得到一定程度的兼顾和满足；最后，地方课程设置与开发的实质在于：通过课程权力的下放，使各地立足于当地社会实际，在充分评估当地社会发展实际需要的基础上，对当地的人才培养目标及其培养模式进行统筹规划，以实现当地人（学生）、当地学校教育与当地社会发展之间的动态平衡，促进地方社会和个体的更好发展，从而为国家的发展和繁荣提供现实的基础。地方课程是新课程方案全面实施素质教育的重要创新，并在学校教学的课时中进行了分配。实施新课程必须按教育部有关文件规定，在中小学教学课时中同时安排国家课程、地方课程和学校课程的教学活动。为此，教育部专门制定了《地方课程管理指南（征求意见稿）》，要求学校教育落实关于实行国家、地方、学校三级课程管理的要求，明确地方的管理职责，切实加强地方对课程的管理。在新课程的实施过程中，各地均将地方课程的实施和地方教材的开发作为全面实施素质教育的一项重要工作，投入了极大的热情，也取得了积极的成效。

二、开发客家地方教材的必然性

开发客家地方教材是构建和谐文化、擦亮"世界客都·文化梅州"文化品牌的必然要求。一般来说，地方文化以两种形式进入个体的生活，影响、塑造着个体：一种是以显性的地方性知识供给个体，古建遗存、名人故居、民间

技艺、风味饮食等都以这种方式进入个体生活。另一种是以隐性的地方传统和精神的形式规约并塑造个体，它存在于某地方成员的集体意识及精神观念里，如地方意识、道德标准、价值取向等，并通过社会教化的方式代代相传。每一个社会个体都在自觉或不自觉地接受着地方文化的熏陶渐染，都在不同程度上享用着该地方先辈所创造的物质成果、精神成果；与此同时，这些个体也逐渐形成有别于其他地区个体的、独特的精神面貌与内在气质。地方文化作为一个地区地方传统、生活历史和精神观念的结晶，是一个地区最为宝贵的资源和财富，其先进部分不仅对当地的政治、经济及文化产生积极而重要的影响，推动该地区的社会进步与发展，而且对个体的成长发展也具有不可或缺的作用。从这个意义上说，地方文化也是极其重要的构建和谐文化的教育资源，和谐的文化底蕴更让人留恋回味并形成精神上深深的依托，使城市更具生命力。因此，传承地方优秀文化，不仅是生活在这一地区成员的共同责任，更是这一地区教育工作者的历史使命。

位于闽、粤、赣三省交界的梅州，从宋代开始，就有大量中原汉民经赣南、闽西，陆续迁徙、定居，最终形成了一个具有显著特征的汉族民系——客家民系。此后，梅州长期作为客家地区的文化经济中心，在客家社会中具有举足轻重的地位。尤其在文化上，梅州不仅拥有和保存着最典型的客家传统文化，而且成为国内著名的"文化之乡"，教育发达，文风鼎盛，涌现出大量伟人、名人。近几个世纪中，客家人又以梅州为基地，大量外迁到全国乃至世界各地，梅州成为全世界多数客家人的祖籍和精神家园，被尊为"世界客都"。

辉煌的历史、显要的地位，给梅州留下了丰富灿烂的历史文化遗产。梅州拥有最具典型意义的客家传统文化。郭沫若1965年考察梅州时，留下"文物由来第一流"的赞誉。如汉语七大方言之一的客家语便以梅县话为代表，是国家认定的标准客家话；梅州客家人的"客家意识"最浓，所保存的客家独有的民俗习惯、民间艺术也最为完整，并广为流传，如客家山歌、"捡金"葬俗、汉剧、山歌剧等，都以梅州为最盛。各种规模宏大、富有特色、保存完整的客家围龙屋、土围楼遍布城乡；身世显赫的名人故居，英才辈出的古老学宫、学堂比比皆是……整个梅州，犹如一座巨大的客家历史文化博物馆。梅州拥有的"世界客都"地位，更是一笔巨大的"无形资产"，对其进行充分的挖掘利用，不仅能大大巩固、提升梅州的区域地位，更能为其带来世界性的知名度和

影响力。

客家地方教材要成为客家文化产品的品牌、客家文化传播的媒介，在结构和内容上就应突出梅州历史沿革、发展脉络、地理概况、民俗风情、社会文化，包含人物、语言、建筑、艺术、谚语、物产等，并注意反映当代梅州经济社会发展风貌，反映大历史、大社会和大世界。教材要针对中小学教育特点，做到文字教材与相关的音像制品相结合，要有所创新，既要有可读性、趣味性，又要体现科学性、客观性和系统性。因此客家地方教材应充分吸纳国内外其他地方教材的优点并力求有所创新，立足于区域特色。要根据梅州市的经济和文化发展实际，以及地域特点设计编写，必须充分挖掘区域历史人文优势与和谐文化传统，展现区域特色，发挥区域资源的育人功能。不仅要让学生了解梅州的历史、文化，激发他们热爱梅州的情感，也要让学生更深刻地了解中华民族的发展过程，体认中国传统文化的生命力；学生可以多角度、全方位地了解梅州风貌，感受客都独有的文化氛围，获得情感熏陶；学生在教材中主题活动的引领下亲近自然，走向社区，进而认识人与自然、人与社会的关系，发展自主探究、合作学习的能力，提高社会实践活动的能力；通过不同形式的活动发展个性，提高自我创造能力，在探究性学习的过程中累积知识、收获学法、感悟人生，从而潜移默化地形成社会责任感。同时，学生也应具有向家长、社会和国内外各界人士介绍梅州历史、现状及发展前景的能力。

三、开发客家地方教材的有利性

开发客家地方教材有利于突出客家人文教育，塑造学生"梅花香自苦寒来"的梅州精神。梅州历来发达的教育造就了一代又一代的名士英才，支撑了梅州社会在客观条件落后的情况下社会经济的不断发展。进入21世纪前20年难得的战略机遇期，面对全省及全国万马奔腾的发展势头，需要我们有全新的发展理念去应对挑战。因此，开发客家地方教材，对于传承客家历史文化，进一步提升梅州"文化之乡"的传统文教优势，推动梅州创建教育强市，有着重大意义。

梅州多梅花，梅州人爱梅花，梅州人的性格像梅花，梅花在苦寒中发出异香，梅州人能够在逆境中奋斗求生，在苦寒中建设家园，创造业绩。他们面对风险和困难，背井离乡，披荆斩棘，奋力开拓，在陌生的异地他乡开拓出一方属于自己的天地；他们为了在艰苦的环境中站稳脚跟，想尽千方百计，历经千难万险，树立自力更生、追求富裕生活的坚定信念，靠自己的勤劳和智慧，闯出了一条致富之路。自强不息的执着追求，使梅州人经受住了各种艰难困苦的磨炼，经受住了激烈的市场竞争的考验。靠着含辛茹苦的资本积累和对市场机会的灵敏把握，许多人从昔日默默无闻的小商人、小老板，成长为社会主义市场经济的开路先锋和企业家。此外，一批又一批梅州学子饱经十年寒窗苦，勤学苦读，成为推动社会发展的栋梁之材。所有这些都是"梅花香自苦寒来"的精神的生动写照。

突出客家人文教育，就是要把客家传统教育与现代文明教育相结合，用客家优秀传统文化熏陶梅州中小学生，培养造就高品位、高素质的新一代客家人。客家地方教材要通过内容和活动形式的设计引导学生探究剖析自己的心理文化结构，认清自己作为客家人的思想文化性格，吐故纳新，再造健康全新的心理文化结构和人文思想形态，进一步塑造"梅花香自苦寒来"的梅州人精神，用"梅花香自苦寒来"的人格寓意和精神力量激励自己，坚定建设美好家园的信心和决心。

四、编写《客都梅州》乡土教材初中版，推进我市义务教育阶段课程改革

贯彻落实梅州市市政府编写《客都梅州》系列乡土教材工作专题研讨会精神，使教材有利于加强中小学生热爱祖国、热爱家乡、热爱大自然的教育，扎实推进我市基础教育课程改革，有利于传承弘扬客家传统文化和客家人文精神的教育塑造；有利于"四个梅州"发展战略的深入实施，使近年来梅州经济社会建设成就得到广泛宣传，使"世界客都·文化梅州"的文化品牌深入人心，把初中版《梅州历史与社会》打造成精品教材。修编原则是在原有的由广东省中小学教材审定委员会审定通过的《梅州历史与社会》的基础上进行修改、充实与完善，供初二年级学生使用。要根据我市初中学生认知特点，注意反映客家风物，突出世界客都特色，体现课程改革理念，既要突出感知性、趣味性和知识性，又要体现科学性、客观性和系统性。教材内容不追求面面俱到，但要厚古薄今，突出梅州历史沿革、发展脉络、地理概况、民俗风情、社会文化，包含人物、语言、建筑、艺术、谚语、物产等，注意反映当代梅州经济社会发

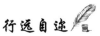

展风貌。要求观点正确，材料数据准确可靠，文字通俗、简洁、生动，让学生易懂、易学、易记。适当安排一定数量的自学阅读和探究内容，以利于教学的灵活性。版式用16开本，设计新的封面和书名题字，增加插图，采用彩色套印，使教材装帧做到艺术化、趣味化，图文并茂，印刷精美。

教材结构包括：第一章——历史沧桑嘉应州，名城风韵今依旧（建置沿革、属邑变迁、悠悠历史、名城文化）；第二章——中原多故南奔潮，先民迁徙路迢迢（向南一路艰险、圣地梅州客家乐土、才居新地又徙四方）；探究与实践（一）——探寻客家历史足迹；第三章——客家风情呈异彩，文化向来冠岭南（宁卖祖宗田不忘祖宗言、福佬好吃粥客人好起居、家族团团居堂号高高挂、史志勤续写文学多佳作、山歌远传扬戏剧万里香、俗尚二次葬信仰佛道教、服饰曰唐装妇女有四工、质朴客家菜独特客家节、精湛雕刻术一流制陶艺）；探究与实践（二）——客家文化考察活动；第四章——近代中华多灾难，梅州儿女勇向前（鸦片战争后风雨满嘉州、辛亥革命梅人无役不与、国民大革命东征带雨来、土地革命中大家齐暴动、抗日烽烟起血肉筑长城、解放战争驱散乌云迎光明）；第五章——玉树芝兰佳子弟，功名永垂青史誉（八大先贤后世景仰、英才贤良累代辈出、叶帅伟绩永垂青史）；第六章——侨乡赤子遍四海，胸怀桑梓把乡亲（漫漫出洋路奉献侨居国、涌泉报桑梓情暖三胞心）；第七章——绿茵点点缀梅州，足球声威贯神州（西人传足球入嘉州、梅州足球渐显声威、亚洲球王返乡执教、"足球之乡"被确认、足球运动迎来春天）；第八章——客乡自古多名胜，山川处处有美景（泮坑泉声隔岫闻、归读阴那梅水边、白云深处望三州、云雾入画雁南飞、探花缘自神光助、合水秀色岭南闻、闲暇无事心泰平、长潭胜景似漓江、两山相望各成趣、古今辉煌三河邑、寻幽览胜花萼楼、转壑飞泉碧玉斜）。

教材体例上以章为单元，设置导读（问题或情境导入，概述每章主要学习内容，起点睛作用，激发学生求知欲）、正文（课堂化语言，科学、生动、简明、易懂，符合学生年龄特点）、阅读（拓展相关知识，呈现相关信息）、活动（选择核心内容，通过文字、图像等材料设置情境，创设问题或启发学生提出问题、思考问题、解决问题）等栏目，形式尽量丰富多样，适合学生身心特点。

《客都梅州》乡土教材的编写符合国家有关法律、法规和政策，贯彻了国家教育方针，体现了社会主流价值，增进了学生对梅州历史、客家文化、地方风物的了解，有利于培养学生热爱家乡、建设家乡的情感态度，有利于对学生进行爱国主义教育，培养学生良好的思想品德、健康的心理素质和科学的思维方式；有利于客家人文精神的教育塑造，使"梅花香自苦寒来"成为每个梅州人的精神象征与思想灵魂，加强中小学生爱国爱乡教育，扎实推进我市义务教育阶段课程改革。

2008年6月

参考文献

[1] 谭元亨.梅州：世界客都论［M］.广州：华南理工大学出版社，2005.

[2] 罗维猛，邱汉章.客家人文教育［M］.北京：中国大地出版社，2003.

[3] 刘佐泉.客家历史与传统文化［M］.郑州：河南大学出版社，2003.

[4] 安国强，古小光.梅州历史与社会［M］.广州：广东经济出版社，2002.

[5] 教育部基础教育司.走进新课程——与课程实施者对话［M］.北京：北京师范大学出版社，2002.

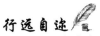
2011年梅州市初中毕业生学业考试历史试卷
分析和初中历史教学建议

2011年历史试题依照《全日制义务教育历史课程标准（实验稿）》和《梅州市2011年中考各科考试说明（历史）》及中图版初中历史教材命题，做到了紧扣教材重点，反映时政热点，着重考查学生用所学知识分析历史现象和现实社会的能力，增强了试题的思维含量；同时还从增强试题的开放性和探究性入手，发挥了试题对课堂教学的导向作用。该试题既贴近生活和实际，加强了历史与现实的结合，又充分发挥了历史学科的社会功能，坚持面向全体学生，进一步降低难度，针对初中学生的心理特点，从我市初中学生的实际认知水平出发，关注情感、态度与价值观，引导学生全面、健康发展。

一、 试卷结构与主要特点

1.试卷结构

2011年历史卷的一大变化是在试卷总分值和题型方面。历史科仍独立成卷，总分由往年的40分增加到50分，与地理、政治科同场闭卷考试，考试时间共100分钟。各板块的分值分布方面，中国古代史部分约占24%，中国近现代史部分约占32%，世界近现代史部分约占36%，梅州乡土历史知识约占8%（各板块分值见表1）。全卷分为选择题和非选择题，分值比为3：2，非选择题部分包括材料解析题和探究题。整卷共4页，试题结构严谨，题量适中，图文并茂，样式清新；试题设计灵活，文字表述简洁精练，富有鲜明的学科特色。

表1　历史卷各板块分值表

题型	梅州乡土历史知识	中国古代史	中国近现代史	世界近现代史	合计
选择题	4分	6分	10分	10分	30分
非选择题		6分	6分	8分	20分
合 计	4分	12分	16分	18分	50分

2. 试卷主要特点

总体来说，一是突出基础性，以考查学生的基本知识与基本技能为主，争取较高的合格率；二是兼顾发展性，体现新的理念，追求命题创新，重视热点切入、材料引入、情境设计、问题探究、活动开展、开放作答，考查学生的探究能力、创新意识、个性发展和情感状态。

（1）明确的教学导向性。以中考说明和历史课程标准为导向，落实了三维目标的考查。在考查广度上，严格依照中考说明的考试要求，立足基础知识，不出偏题怪题，难度适宜，注重考查重大历史事件、重要历史人物和历史文献。重大历史事件有古代中国经济重心的南移，隋朝的历史贡献，中国古代专制主义中央集权制度的发展，近代列强发动对中国的四次侵略战争，维新变法运动的兴起，抗日民族统一战线的形成，重庆谈判，香港、澳门的回归，抗美援朝，农村的改革，文艺复兴运动，北美独立战争和法国资产阶级革命的爆发，俄国、日本的资产阶级改革，第一次世界大战的爆发，罗斯福新政，苏联解体，等等；重要历史人物有叶剑英、李坚真、祖冲之、严复、邓小平、达·芬奇等；重要历史文献有《天演论》《权利法案》等。在深度上，遵照《全日制义务教育历史课程标准（实验稿）》和《梅州市2011年中考各科考试说明（历史）》要求，紧紧围绕三维目标考查学生的历史素养，对知识与能力进行整体考查，大部分题目不直接考查知识点，而是提供与教材内容联系紧密的新材料或创设简单的新情境，让学生经过演绎、对比、分析、概括后就能得到正确的答案，使知识与能力形成一个有机整体。通过提出新材料、设置新情境等形式，再现了平时教学情境，引导学生感知整理历史知识—分析探究历史认识—总结升华历史情感，体现了学生实际学习历史的过程，反映了学习的本质。

（2）完整的知识系统性。初中历史学习要求学生掌握基本的、粗线条的历史线索，初步把握中外历史发展的阶段，加深对人类历史发展进程的理解，因此，试题试图通过命题的知识系统性来引导初中历史课堂教学。如第3题考查学

生对宋朝南方农业手工业发展的直观把握,第6题从列强发动对中国的四次侵略战争的角度来考查学生理解中国逐步沦为半殖民地半封建社会的过程,尤其值得一提的是第16题,以中国古代政治史为切入点,考查学生理解中国古代延续了两千多年的专制主义中央集权制度,构成中国古代封建政治制度的基本格局,对中国历史产生了重大影响。命题角度强调知识的系统性,命题方式灵活多样,既有对材料的理解阅读,又有对表格的理解处理。第18题是对世界范围内资本主义制度逐渐确立的过程和方式的考查,也令人耳目一新。

(3)鲜明的内容生活性。2011年中考历史试题关注时政热点问题,加强考试内容与社会实际和学生生活经验的联系,体现了生活性,这在选择题第1、2、10、15题和非选择题第17题都得到了充分的体现。选择题第1、2题考查学生身边的历史,要求学生知道历史上梅州客家人长期聚族而居创造了许多具有客家乡土气息的建筑样式,而最为典型的梅州客家民居就是围龙屋;第17题直接切入中国共产党成立90周年这一重大时事热点,讴歌90年来中国共产党的奋斗历程,引导学生培养正确的情感、态度和价值观。

二、考试内容和结果分析

1.选择题部分

第1题考查梅州乡土历史知识之客家典型民居围龙屋。以材料作为选项,四幅图片直观明了,再加上配图说明,大大降低了题目难度。

第2题考查梅州乡土历史知识之历史名人。亮点是从国家课程相关知识引入乡土历史知识,红军长征是初中二年级历史上册的重要知识点,参加过红军长征的著名梅州历史名人包括叶剑英和李坚真。

第3题考查《梅州市2011年中考各科考试说明(历史)》中新增考点"归纳宋朝时期南方农业、手工业、商业和海外贸易兴盛发展的具体史实"。题目的亮点是设置课堂教学"探究与实践"的情境,以图片材料切入题干,考查角度比较独特,四幅图片均采自教材插图并配文字说明,紧扣"宋朝南方手工业发展"的主题,富有鲜明的历史学科特色。

第4题考查"识读《隋朝大运河》图并分析隋炀帝开凿大运河的目的和意义;理解'开皇之治''贞观之治'和'开元盛世'的主要内容;归纳科举制的创立完善及其影响"。这是《梅州市2011年中考各科考试说明(历史)》中的应用要求。题干富有文学色彩，令人耳目一新。史学和文学是兼容的，试卷中亮丽的文字也是一种点缀。不属于隋朝历史贡献的是"贞观之治"。

第5题考查古代科学技术和思想文化。南北朝时祖冲之把圆周率的精确值计算到小数点后第7位，是当时世界上最精确的圆周率数值，领先世界1000多年。

第6题考查鸦片战争、第二次鸦片战争、甲午中日战争、八国联军侵华战争的发生。

第7题考查康有为、梁启超领导的维新变法运动。

第8题考查资产阶级启蒙思想家严复译著的《天演论》，阐发了"物竞天择，适者生存"的道理，激发了人们变法图强的斗志。

第9题考查1950年以彭德怀为司令员的中国人民志愿军开赴朝鲜，开始抗美援朝。

第10题考查十一届三中全会后的改革首先从农村开始，以"包产到户"为主要形式的家庭联产承包责任制全面展开。注意题干中"1978年以来"和"农民家庭"等关键信息，读懂图表中人均收入逐年提高的数据信息。

第11题考查文艺复兴是一场反封建的思想解放运动，达·芬奇的绘画代表作是《蒙娜丽莎》和《最后的晚餐》。

第12题考查归纳理解《权利法案》的主要内容和意义。

第13题考查1914年第一次世界大战爆发的导火线是萨拉热窝事件。注意题干的关键词"1914年"和"萨拉热窝"。

第14题考查归纳罗斯福新政的主要措施和新政的意义，命题角度新颖，减少了纯记忆，增加了思维的运用。

第15题考查1991年底苏联解体。注意题干关键词"1991年底"和"莫斯科"，理解"红旗悄然落下"的含义。

2. 非选择题部分都是主题式材料分析、自主探究或简答题部分

第16题考查的知识点包括《梅州市2011年中考各科考试说明（历史）》中所列："秦始皇巩固统一的措施有哪些？元朝在中央设中书省，在地方设行中书省，我国现行的省级行政区划制度由此开始。归纳明清两代加强专制统治的措施。"中国政治史是中国古代史的一条主线索，题目主题是中国古代专制主义中央集权制度的开始、发展历程，命题从大处着眼，从基础知识着手。三则材料形式多变，有示意图、有表格，问题围绕主题层层递进，逐次展开。

第17题直击2011年热点即中国共产党成立90周年，主题是中国共产党90年的奋斗历程。考查的知识点包括：西安事变得到和平解决，从此内战基本结束、抗日民族统一战线初步形成；第二次国共合作是怎样实现的；1945年8月，为了力争实现国内和平，戳穿蒋介石假和平的阴谋，毛泽东、周恩来、王若飞等人出席重庆谈判，签订了《双十协定》；邓小平提出"一国两制"构想，为解决港、澳、台问题开辟了广阔前景，1997年和1999年中国先后对香港和澳门恢复行使主权。

第18题主题是世界资本主义制度逐渐确立的过程中各国走上资本主义发展道路的主要方式，这是世界近代史上的一大主线。考查知识点包括：莱克星顿的枪声拉开了北美独立战争的序幕；1789年7月14日，巴黎人民攻占巴士底狱，法国资产阶级革命爆发；1861年沙皇亚历山大二世颁布废除农奴制的法令，这是一次资产阶级性质的改革，有利于资本主义发展，是俄国近代史上的重要转折点；归纳日本明治维新的性质、主要内容及其影响。

3. 考试结果分析

不含缺考，实际参考学生数71129，全卷平均分32.2分，全卷难度 0.64，全卷区分度0.65，说明今年的历史试题难度比去年有所降低，但总体难易程度基本适中，层次明显，有较好的区分度，是一份适合衡量学业水平同时也考虑到高中选拔考试的试卷。（有关数据见表2和表3）

表2　历史卷平均分及难度表

题号	1	2	3	4	5	6	7	8	9	10	11	12	13	14	15	选择题
平均分	1.8	1.3	0.97	1.4	1.7	1.4	1.5	1.5	1.4	1.5	1.8	1.7	1.4	1.4	1.7	22.5
难度	0.9	0.6	0.5	0.7	0.9	0.7	0.7	0.8	0.7	0.7	0.9	0.7	0.7	0.7	0.8	0.75

表3　历史卷平均分及难度表

题号	16	17	18	非选择题
平均分	2.83	3.56	3.26	9.66
难度	0.47	0.59	0.41	0.48

三、对我市初中历史教学的建议

通过以上分析我们可以看出，试题注重了对三维目标的考查，但对三维目标的考查又不是孤立、片面的，而是自然一体的，这意味着在教学实践中，应从整体性、全面性来理解和把握课程标准要求，使教学目标更清晰。试题的选材、设问均源于教材，又高于教材，这就要求教师围绕课程标准要求，深入挖掘教材，对教学内容做有益的拓展。试题风格追求了内容与形式的统一，重在内涵。这将有利于引导教师在课堂教学中，努力培养学生的思维能力，而不是简单地追求形式上的花样。在日常教学中比较常见的是教师讲得过多，占用了大量的课堂时间，而学生练得过少，即使做练习，也是练选择题居多，非选择题一是学生不喜欢写，二是教师由于怕耽误时间而把答案给学生或者打印出来直接给学生，有些自觉性不强的学生不写甚至根本不看，所以得了0分；有些学生虽然看了答案，但是没有真正内化成自己的知识，所以得不了满分。

它提醒我们在以后的教学中，要做到以下几点：

一是要立足课堂教学模式的创新，同时重视学生人文科学素养的提升。我们传统的教学模式过多地关注知识的传授，而忽视情感、态度和价值观的培养，学生对历史知识的掌握是零散的，缺乏个性的体验，无法形成正确的历史观。另外，重视历史结论、忽视获得结论的过程的现象非常普遍。"学以致用"是历史教学活的灵魂，要让学生平时多收集相关信息，学会提炼、归纳信息和材料的方法。我们要充分利用课堂上的时间练习。精讲精练，认真落实。要求学生认真、独立思考问题，准确回答，有理有据，简明扼要，规范合理。在教与学的过程中，提升学生的解题方法和解题能力。

二是教师要进一步加强对课程标准的学习，切实转变教学观念和教学方式。首先，要体现"以学生发展为本"的理念，转变学生的学习方式，促进学生主动地、生动活泼地学习；要认真研读历史《全日制义务教育历史课程标准（实验稿）》，对其要求的历史现象、历史人物、基础线索、阶段特征、基础观点等基础知识应理解到位，立足平时，夯实基础。其次，要注重培养学生的基本能力，注重从过程和方法入手，在新的问题情境中培养历史意识和探究能力，从被动接受知识向主动获取知识转化，培养探索精神和创新能力，注意联系社会现实，联系生活实际，联系学生身边的历史，切实落实知识与能力，过程与方法，情感、态度和价值观的课程目标。

教学中要引导学生仔细研读教材，落实基础知识，抓紧主干知识。中考历史试卷有相当数量的题目源于教材，即便是综合题也是对教材中基础知识的加工、组合和拓展，只有学好、用好教材，发挥教材的优势，才能在中考中取得好成绩。在学习中，要注意对教材中目录和大事年表的掌握，学会归纳和总结

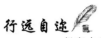

知识间的纵向和横向的联系与对比，形成由点到面的全方位掌握梳理。

研读教材，夯实历史基础知识。教材是中考命题的主要参考依据。研读教材，要抓住历史发展的基本线索，立足基础知识的网络化和整体化。历史教师在引导学生复习中，要重视整合主题知识，突出重点，把握历史发展的基本线索，适当打破单元、课之间的界限，做到将基础知识"连线串珠"，纵横联系，整理出重点知识的复习提纲。要注重历史的因果联系、中外联系、古今联系及与相关学科的联系，以开阔学生的视野，温故而知新。不要忽视基础知识的内在联系，而单纯地采取死记硬背的方法来复习历史基础知识。

研读教材，改进方法，落实能力要求。学生在考试中失分的主要原因，一方面是基础知识掌握不牢，如历史概念不清，史实混淆；另一方面是学科学习能力的不足，如学生阅读理解知识、分析提取材料、获取有效信息和隐性信息的能力差，审题能力差，粗心大意，不能准确理解题意，不善于比较分析、综合理解。因此，提高复习效果的关键在于教师要进一步转变教学观念，精心备课，落实辅导措施和改进复习方法，努力使复习教学做到合理有效。

三是教学中要善于结合时政热点深化主题教学，引导学生形成自己的粗线条知识能力体系。历史教学主要功能在于塑造公民人格，培育民族情感，发展以史为鉴的能力。中考不可能回避热点，而且热点是中考的重点内容，但如何考既是对出题者智慧的挑战，也是对教师和考生学识的考验。教师首先要进行基本的专题教学，将表面上孤立的历史事件，通过比较、分析、概括，理清它们之间的联系，找出历史发展的规律，最终形成历史知识的链条。其次教学要追踪现实热点，进行新的角度和新的主题教学。要善于寻找新的角度，在历史和现实联系中培养学生分析问题、解决问题的能力。从现实中寻找历史背景，感知历史；从历史中寻找现实渊源，明白现实的由来；从历史与现实中去寻找历史脉络，明确未来趋势。学生行走于历史与现实中，使历史成为学生成长的思想工具。

四是教学中要不厌其烦地教导学生养成良好的学习习惯。要使学生掌握年代尺、大事年表等基本工具，要培养学生掌握从文字材料中提取历史有效信息的方法，狠抓审题习惯和表达的条理性。一定要提高答题技能，加强审题能力和答题规范性的培养，加强历史学科语言组织能力的培养，学会按题目的要求取舍和重新整合知识。

2011年10月

突出主题教学　打造历史高效课堂

——以高中历史必修三《文学的繁荣》一课教学设计为例

随着课程改革的深入实施，当前的课堂正在发生着深刻的变化，触发、交流、分享的教学方式和探究、反思、表达的学习方式受到更多的关注。在此背景下，高中历史课堂教学的明显变化是更多地采用"主题—探究—表现"形式的教学，以提高高中历史课堂教学有效性。高中历史新课程教材的编写以模块为基本框架，模块就是一个个的学习主题单元，每一模块所蕴含的主题都指向一定的教学目标，教材内容也都以一个鲜明的特定主题为核心组织展开，主题就是模块的"灵魂"。因此，我们在教学的过程当中，必须强调紧紧围绕一定的"主题"而组织相对独立的教学活动，同时也要注意与相关模块的逻辑联系和学科内在的系统性。要根据学习"主题"的需要，对相关知识进行有机整合。这些主题可以是思想主题、知识主题，更应当是文化主题，是那些连接着学生精神世界和现实生活等的关键节点。

历史学科是一门文化素质养成性质的人文学科。历史教育的终极取向在于用"整体"历史观帮助学生认识自己、做好自己，历史教学应扎根于人性的沃土，紧密关注学生的人生，把"教学"升华为服务人生的"教育"。这赋予历史教学应该体现以思想感悟为主体的教学主题的使命，所以，应打造高效中学历史课堂，在教学中确立恰当的历史教学主题，实现"教学有中心、史学有神韵、观念有灵魂"，使历史课堂教学在让学生以鲜活的生命个体体验获得历史知识的同时，思考历史问题，体会历史智慧，感悟人生意义，在提高学科能力的基础上进一步培养历史素养，能够从历史和历史学的角度发现、思考和解决问题。

主题是指文学、艺术作品所表现的中心思想，是作品思想内容的核心。正如写一篇文章必须具备中心思想来反映作者的写作意图一样，一节课也需要中心思想，即教学主题，它是课堂教学的灵魂，是教师构思课堂教学设计的基本

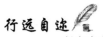

依据和根本意图，是教学目标最主要的体现，是引导教学过程的主线。"主题教学"就是要以鲜明的教学主题来统领全部教学内容，以教学主题来引领课程资源的开发、问题的设计、材料的使用和活动的开展。从教学目的上说，主题教学的根本目的是要求学生围绕教学主题运用多种学习资源展开学习，培养学生的实际能力；从教学内容上说，教师以学生的发展为根本目的设计主题以及相关的教学资料，从而摆脱传统书本内容的束缚，使得教师设计、组织的主题内容成为教与学的内容中心；从教学方式上说，主题教学是指教师确定一个或多个教学主题，学生围绕教师设计的结构化主题进行学习的一种教学方式。可见，根据特定的"教学主题"进行主题教学是必须的，方法也是多样的，体现的是一节教材范围内知识内容的主题整合。

本文以人教版高中历史必修三第八单元第22课《文学的繁荣》教学设计为例，谈谈如何突出主题教学，提升高中历史教学有效性。

一、确定教学主题——基于对课程标准的理解和对教材内容的分析

课程标准是教材编写的依据，也是课堂教学的依据。高中历史新课程教材体系的重要特点是每一模块都有一个鲜明的主题，主题是模块的"灵魂"，教材的单元知识基本上是围绕模块主题来设计和安排的，而每课内容同样突出了某一主题。在模块教学下，每课教学主题的确定都必须完全服从于实现模块学习目标的需要。这就要求教师在教学实施过程中，只有深入思考和分析理解教材每课内容和课程标准的关系，才能确定每课正确的教学主题。

《文学的繁荣》一课属于人教版高中历史必修三第八单元——《19世纪以来的世界文学艺术》，本专题内容颇具必修三的"文化"特色和"人文性"，主要从两方面叙述世界近现代文学艺术空前繁荣的情况，一是19世纪世界文学的主要成就，包括浪漫主义和现实主义等文学流派；二是20世纪世界文学的主要成就，包括20世纪西方现代主义文学特点及社会根源，20世纪苏联文学和亚非拉美文学成就。课程标准要求了解19世纪以来文学的主要成就，认识其产生的时代背景及影响，让学生受到人文教育，培养学生对人类多元文化的理解力。教材编排特点是教材编写者将本课内容置于必修三，同时也是三本必修教材的最后一个专题之下，有利于学生联系已有知识来学习和了解19世纪以来世

界文学发展历程，进而探究各种文学流派盛行与当时历史背景和社会生活的关系。本课重点是掌握浪漫主义文学、现实主义文学和现代主义文学等文学流派的主要特点；本课难点是探究各种文学流派的盛行与当时历史背景和社会生活的关系。

基于以上分析，教学主题确立为"文学反映了政治的演进、经济的发展和社会的变迁，反过来又影响和推动人类社会的进步"。在这一主题下整合教学内容，布置学生预习课文，初步了解浪漫主义文学、现实主义文学、现代主义文学、苏联文学和20世纪亚非拉文学的主要特点及其代表作；讲授新课前将学生分为"浪漫主义文学"组、"现实主义文学"组、"现代主义文学"组、"苏联文学"组和"20世纪亚非拉文学"组五个学习小组，指导各小组通过书籍、报纸和网络等途径收集相关资料并制成手抄报在班上张贴展示；课堂上指导学生分小组展开合作探究各种文学流派的盛行与当时历史背景和社会生活的关系，注意引导学生从时代背景来了解各种文学流派的产生及其代表作，进而培养学生对文学作品的"历史的""人文的"赏析能力，认识人类文化发展的多样性，初步树立理解和尊重各国文化的价值观，让学生受到美的教育和人文精神的熏染。

二、精选教法和材料——有效拓展和把握教学主题的重心

历史教学内容的拓展与教学主题聚拢是否和谐统一关系到课堂教学是否高效，在实际课堂教学中，教师要依据历史课程标准和教学目标，围绕确立的教学主题进行必要的拓展，使历史教学内容都能够串联组合起来，成为有迁移力量的知识群，形成宏观、思辨和开放式的大历史。文学史教学的基本思路应以文学作品作为最重要的事实基础和叙述依据。《文学的繁荣》一课的教学以学生活动为中心，采用材料教学，引导学生合作探究，确立从历史视野赏析文学作品以及从文学视角感悟历史的方法，寻找文学作品所反映的宏大历史背景，获得"历史的灵性与精神"。

探究一：《巴黎圣母院》

材料1：小说简介——故事发生在中世纪。"愚人节"那天，流浪的吉卜赛艺人在广场上表演歌舞，吉卜赛姑娘埃斯梅拉达长得美丽动人，舞姿也非常优美。巴黎圣母院的副主教克罗德·弗罗洛一下子对美丽的埃斯梅拉达着了迷，

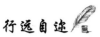

他内心燃烧着情欲之火，疯狂地爱上了她。于是他命令教堂敲钟人，相貌奇丑无比的卡西莫多把埃斯梅拉达抢来。结果法国国王的弓箭队长法比救下了埃斯梅拉达，抓住了卡西莫多。他把卡西莫多带到广场上鞭笞，善良的埃斯梅拉达不计前仇，反而送水给卡西莫多喝。敲钟人虽然外貌丑陋，内心却纯洁高尚，他非常感激埃斯梅拉达，也爱上了她。天真的埃斯梅拉达对法比一见钟情，两人约会时，弗罗洛悄悄跟在后面，出于嫉妒，他用刀刺伤了法比，然后逃跑了。埃斯梅拉达却因谋杀罪被判处死刑。卡西莫多把埃斯梅拉达从绞刑架下抢了出来，藏在巴黎圣母院内，弗罗洛趁机威胁埃斯梅拉达，让她满足他的情欲，遭到拒绝后，把她交给了国王的军队，无辜的埃斯梅拉达被绞死了。卡西莫多愤怒地把弗罗洛推下教堂摔死，他拥抱着埃斯梅拉达的尸体也死去了。

问题设计①：小说的主要特色和作者要表达的主要情感是什么？

（提示：小说的情节曲折离奇，紧张生动，变幻莫测，富有戏剧性和传奇色彩。表现了雨果对封建政府和教会的强烈憎恨，同时反映了他对下层人民的深切同情。）

材料2：作者简介——雨果是近代法国浪漫主义作家，人道主义的代表人物，一生写过多部诗歌、小说、剧本、散文、文艺评论及政论文章，在法国及世界有着广泛的影响力。雨果早期作品大多是歌颂保王主义和宗教。1823年后随着自由主义日趋高涨，雨果的政治态度发生改变，他与浪漫派文艺青年缪塞、大仲马等人组成"第二文社"，开始明确反对伪古典主义，提出了浪漫主义的文学主张：坚持不要公式化地而是具体地表现情节。他特别宣扬了滑稽丑怪与崇高优美的对照原则。

问题设计②：作者生活在怎样的时代？对他创作《巴黎圣母院》有什么影响？

（提示：法国大革命虽然开辟了欧洲资本主义发展的新时期，但18世纪末到20世纪初的欧洲，战争频繁，政治黑暗，雨果等一批知识分子对"理性王国"深感失望，努力寻找新的精神寄托，文学上追求新的理想的浪漫主义潮流应运而生。在此背景下，雨果创作了《巴黎圣母院》，歌颂了人世间的美、善和光明，鞭挞了丑、恶与黑暗。）

探究二：《欧也妮·葛朗台》

材料1：（名段助读）"生日聚会"——欧也妮生日这一天，克罗旭家首先过来给欧也妮送来了从自家花园里采来的鲜花。格拉桑一家也来了，送给欧也妮一个做工还算精巧却是镀金的"其实全部都是骗人的起码货"——针线匣，欧也妮十分开心。克罗旭虽然来得早，但是觉得在礼物上输掉了，老克罗旭神甫也暗暗责怪侄子"一点讨人喜欢的小玩意都想不出来"，于是便不失时机地在老葛朗台耳边说格拉桑们的坏话。格拉桑太太因为角逐胜出，不停地讨欧也妮的欢心。两家为争夺欧也妮欢心开始了明争暗斗。葛朗台虽然很清楚他们都是冲着自己的钱而来的，但也乐得利用他们钓更大的鱼。

问题设计①：作品主要揭露了怎样的社会现象？表达了作者的什么情感？

（提示：小说主要围绕欧也妮的婚事，通过索漠小城势均力敌的克罗旭和格拉桑两个家族对欧也妮展开的争夺战，呈现出资产阶级上升时期法国外省的人情世态，生动揭露了法国从封建社会向资本主义社会过渡时期，金钱至上的社会现实。表面上看，欧也妮是生日聚会上的主角，但背后操纵一切的真正主角却是金钱。小说揭露了法国从封建社会向资本主义社会过渡时期，人与人之间的金钱关系，以及金钱对人伦关系产生的致命破坏。表现了巴尔扎克对那些为了追求金钱而牺牲人间一切美好感情的资本家的无穷贪欲及其对人的冷酷无情的强烈批判。）

材料2：作者简介——巴尔扎克是19世纪法国伟大的批判现实主义作家，大学实习时目睹了围绕财产而展开的形形色色的激烈斗争，接触到金钱统治一切的黑暗内幕。毕业后毅然走上文学创作的道路。他一生创作了96部长、中、短篇小说和随笔，总名为《人间喜剧》。其中代表作为《欧也妮·葛朗台》《高老头》。雨果在《巴尔扎克葬词》中说，他的"作品比岁月还多"。

问题设计②：作者生活在怎样的时代？对他创作《欧也妮·葛朗台》有什么影响？

（提示：巴尔扎克的一生，处于19世纪前半期的50年，经历了拿破仑帝国战火纷飞的岁月，动荡不安的封建复辟王朝，以及以阴谋复辟帝制的路易·波拿巴为总统的第二共和国。他用总标题为《人间喜剧》的一系列小说，反映了剧烈的社会变革时期的法国社会生活。）

探究三：《等待戈多》

材料1：作品简介——爱斯特拉冈和弗拉季米尔在乡间小道的一棵枯树下焦急地等待戈多。第二天，他们又在原地等待戈多。戈多是谁？干什么？连他们

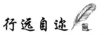

自己也不清楚。他们就这样莫名其妙地等着，靠梦呓般的对话和无聊的动作消磨时光。在等待戈多的过程中，他们遇到了波卓和他的奴隶幸运儿，他们渴望戈多的到来能改变他们的处境。但戈多始终没来，接连两个晚上都是一个小男孩——戈多的使者前来传讯："戈多先生今晚不来了，明天准来。"他们绝望了，只好继续等待，永无休止地等待。

问题设计①：作品主要表达了作者的什么情感？

（提示：作者借助两个流浪汉永无休止而又毫无希望的等待，表现了现代西方人心灵的迷惘和痛苦。）

材料2：作者简介——塞缪尔·贝克特，1906年出生于爱尔兰一个犹太人家庭。第二次世界大战期间，巴黎沦陷，他曾参加过地下抵抗组织。战争结束后，他专门从事文学创作。战争给世界带来灾难的同时，也给他的心灵带来了深深的创伤。贝克特1948年到1949年创作的小说作品有长篇小说三部曲《莫洛伊》《马洛纳正在死去》《无名的人》，这些小说已经暴露出了他悲观厌世的人生态度，以及他反现实主义的文学主张。这在他稍后的戏剧创作中表现得更加突出。他于1948年创作的《等待戈多》，是其中成就最高、影响最大、最有代表性的荒诞派戏剧作品。

问题设计②：作者生活在怎样的时代？对他创作《等待戈多》有什么影响？

（提示：贝克特经历了20世纪的两次世界大战、资本主义世界经济危机等重大事件，这些重大事件及其带来的社会问题，深刻地影响了文学的发展。）

教师小结：文学流派是在一定的历史时期由思想艺术倾向和创作风格相近似的作家所形成的文学派别或潮流；文学现象是特定历史条件下人类社会经济政治活动的反映，又指导了人们的经济政治活动，促进了社会的发展。因此，学习19世纪以来的世界文学史，要联系同时期政治史和经济史的相关内容，探讨它们之间的相互影响。

本课教学围绕主题，从细节入手，以小见大，在教学过程中实施以学生为中心的教学策略，通过先学后教，注意引导学生从时代背景来了解各种文学流派的产生及其代表作，进而培养学生对文学作品的"历史的""人文的"赏析能力，逐渐认识到文学反映了政治的演进、经济的发展和社会的变迁，反过来又影响和推动人类社会的进步。

这一教学设计注意打通文化与政治、经济之间的联系，而不是孤立地讲文学发展史；注意从历史的视野赏析文学作品以及从文学的视角感悟历史，而不是把课堂变成单纯的文学欣赏课；注意提供一个学生表达和表现的平台，而不是要求学生死记硬背。学生通过预习及对相关资料的收集，已基本掌握了各种文学流派的主要特点及其产生的历史背景，因此教学侧重点在于提供一个探究、交流、表达、表现的平台。通过三部作品及其作者的简介，可以让学生进一步理解浪漫主义、现实主义和现代主义三种文学流派的主要特点，体会文学与时代背景的关系，激发更多的阅读兴趣。学生通过学习，基本掌握了各种文学流派的主要特点，并对文学有了更多的兴趣。这样的课堂教学不是对知识的简单梳理，而是有较高的学习要求和深刻的思想内涵，不仅实现了主要教学目标，也提升了教学境界。

三、突出价值引领——提升教学主题意义

历史教学，要培养具有良好历史素养的学生，做有思想和良好价值观的人，做善用历史本真的眼光看待历史的人，做善用历史与现实结合的眼光看待历史与现实关系的人，做善用历史智慧的眼光看待借鉴历史的人，这就是历史教学所追求的历史素养的培养。教学主题的确定，是一个从历史材料到历史认识的归纳、提炼过程，也是旧认识基础上的再认识的过程，它包含对教师教育思想、历史认识、史料积累、思维论证等多方面能力的体现，教学主题在课堂教学中具有特殊地位，一堂课的教学主题并不是唯一的，应当是有所选择的，所以确定教学主题需要结合内容认真思考，准确把握"三维目标"之间的关系，认识到"知识与能力""过程与方法"最终都是为了实现"情感、态度与价值观"的升华而采用的手段，"情感、态度与价值观"是教学的核心价值。

在教授《文学的繁荣》一课中，"情感、态度与价值观"的目标设计是通过了解19世纪以来世界文学发展历程，认识人类文化发展的多样性，初步树立理解和尊重各国文化的价值观；通过阅读、品味和朗读经典文学作品的精彩片段，让学生受到美的教育和人文精神的熏陶。有了明确的主题和价值引领，寻找历史话题，用精心选择的材料和设计的问题开展教学活动，可以深化学生对这段历史的认识和思考，增强在真、善、美三方面提高自身素质的意识。因此教学中设计了如下话题。

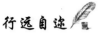

精彩语句赏析：

材料1：丑在美的旁边，畸形靠近着优美，丑怪存在崇高背后，美与恶并存，光明与黑暗相共。

——《巴黎圣母院》

材料2：可怜一个人对于幸福太容易上瘾了！等到自私的幸福变成了人生唯一的目标之后，不久人生就变得没有目标……宇宙之间的节奏不知有多少种，幸福只是其中的一个节拍而已；人生的钟摆永远在两极中摇晃，幸福只是其中的一极：要使钟摆停止在一极上，只能把钟摆折断……

——《约翰·克利斯朵夫》

材料3：宽宏大量，是唯一能够照亮伟大灵魂的光芒。

——《巴黎圣母院》

只要你是天鹅蛋，就是生在养鸡场里也没有什么关系。

——《安徒生童话》

如果冬天已经来临，春天还会远吗？

——《西风颂》

这些思考材料，有助于让学生对世界近现代文学成就有新的认识和理解。通过品味经典，朗读经典，让学生受到美的教育和人文精神的熏陶，培养他们对文学作品更多的阅读兴趣，满足学习者健康成长、进步和发展的内在需要，只有提升教学主题的价值，历史教学对学生发展才更有意义。

2012年12月

参考文献

［1］李树全.从四个角度看教学主题的确立与落实［J］.中学历史教学参考，2012（6）.

［2］鲁东海.高中历史：价值观教育存在的问题及其教学对策［J］.中学历史教学参考，2011（10）.

［3］齐健.走进高中历史教学现场［M］.北京：首都师范大学出版社，2008.

［4］佐藤学.教师的挑战［M］.钟启泉，陈静静，译.上海：华东师范大学出版社，2012.

2012年广东高考文综历史试题简评
与2013年备考建议

一、2012年广东高考文综历史试题简评

（一）2012年试题总体情况

1. 维持结构和题型的稳定

2012年历史试题的基本结构维持稳定。题型、题量和赋分值与往年完全一致。现在高考命制的历史选择题一般都附有材料，今年只有一道未附材料（第21题）。今年组合式选择题又再次出现（第23题），这表明该类选择题仍具有特殊的检测价值。

2. 强化历史学科能力考查

本年考题有以下一些新的变化：一是使用了较为简约的材料，第38题展示了三则材料，总共不到300字；第39题引用了两则材料，也控制在400字以内。从而减少了学生答题时的文字阅读量，增加了学生答题思考的时间，进一步体现了"历史思维"这一学科能力的核心价值。二是今年没有出现"学习情境"，主要使用了"研究情境""生活情境"和"问题情境"，引出了关于高中生历史学科能力培养的一些实用的学习策略。三是考题与社会生活和现实问题相结合，以小见大，突出了对高中生解决问题能力的考查。四是设计了具有选择性、开放性的问题，在一定程度上检测了考生自主探究的学习能力。

（二）答题要求和作答分析

1. 选择题分析

对学生的答题要求而言，历史选择题可以简单划分为两大类：第一类是以事实为基础的题目，其特点是：①设问为引出史实；②适用于考查学生的基础知识；③答案是相对封闭的"唯一"选项。第二类是以思维为基础的题目，

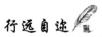
其特点是：①设问为激发思考；②适用于考查学生的历史思维；③答案是相对开放的"最佳"选项。通常，考生对于第一类题目的作答均较为理想，只需根据基础知识判断四个选项的"对"或"错"即可，但会感到第二类题目稍难，因为判断"最佳"，需要以一定的历史学科方法和观点为依托，具有相对灵活性，死记硬背课本知识往往会导致作答失误（表1）。

表1　2012年选择题两大类的分布

以事实为基础的选择题	13、16、17、19、21
以思维为基础的选择题	12、14、15、18、20、22、23

2. 主观题分析

两道主观题赋分值共计52分，其中，第38题25分，第39题27分。考生主观题作答平均分为25.07分，难度中等（0.48）。据近三年考生主观题作答的总体情况，我们从表2可以看到，本年试题的难度系数控制得非常稳定。

表2　主观题作答成绩对比表

年份	平均分	与上年比	难度	与上年比
2010	22.75		0.43	
2011	25.52	↗	0.49	→
2012	25.07	→	0.48	→

2012年历史题阅卷所反映的整体情况如下：

其一，第38题。本题共设计为三问，考生对于三问的作答均属中等状态，三问的难度都在0.51～0.55的中等区间。下面是第38题各问的阅卷基本情况。

（1）材料一描述的现象出现的历史背景是什么？（6分）本问考生平均得分为3.07，难度值为0.51。

本问涉及的历史小背景有两个：一是16世纪西班牙对美洲的殖民扩张和掠夺；二是17世纪荷兰成为"海上马车夫"。每点1分。有的考生虽未答出"海上马车夫"，但能答出"荷兰确立海上霸权"的意思，可得1分。有的考生答了"哥伦布发现新大陆"，以等同于大背景给分。因哥伦布发现新大陆时，西班牙尚未建立殖民统治，也未确立海上霸权，不另给1分。在该问作答中，那些只是就材料复述"食物"名称变化，而未能看到"食物"背后"海上霸权"变迁历程的考生，均不能得分。

（2）材料二中的"旧工业"指什么？简要说明其衰落与工业革命的历史关

联。（9分）本问考生平均得分为4.58，难度值为0.51。

该问作答要考虑两点：一是材料二中的"旧工业"指的是"传统手工业"。考生答出手工业、家庭手工业、家庭纺织业等，可给2分。但答小农经济、自然经济、民族工业、洋务企业、纺织业等，因不属"旧工业"均不给分。二是旧工业衰落与工业革命的历史关联，主要表现在英法等国通过工业革命成为工业国家，开始对外扩张；中国遭到侵略；采用机器大生产的外国商品拥入中国，传统手工业受到冲击。考生答出"工业革命"的关键词可得2分；答出"中国遭到侵略"或"鸦片战争"等关键词也可得2分；答出机器大生产、物美价廉、拥入中国、传统手工业受到冲击等任一点得2分，答出两点得3分。

（3）材料三中莎拉发现的现象在二十世纪五六十年代是无法想象的，为什么？中国产品后来大量进入普通美国家庭的历史原因有哪些？（10分）本问考生平均得分为5.45，难度值为0.55。

该问从历史进程上分为两段：第一段是二十世纪五六十年代处于冷战时期，中美两国彼此敌对；中国经济相对落后。合计4分。考生答出"两极格局对峙""中美关系紧张（恶劣、较差）"等类似意思可得2分；考生答出中国"经济水平低""经济发展缓慢""经济生产遭到严重破坏""工业生产落后""实行计划经济"等说法可得2分，但只是罗列"一五计划""三大改造""大跃进""人民公社化运动"等历史概念则不得分。第二段是七十年代以后中美关系实现正常化；中国改革开放，成为制造业大国；经济全球化趋势加强，中国加入世贸组织。合计6分。

其二，第39题。本题引用了两段材料，通过词语概念的历史变迁这一视角，以小见大，设计了四问。从考生作答的整体情况看，第一、四问稍易，难度值略超0.6；第二问适中，难度值达0.42；第三问稍难，难度值达0.32。

（1）材料一中的中国古代"科学"一词与何种选官制度相关？程朱理学中"格物致知"的目的是什么？（4分）本问考生平均得分为2.42，难度值为0.61。

本问作答涉及两个要点：一是"科举制度"，二是"究天理"。

（2）19世纪中叶以后，从"格致"到"赛因斯"，反映中国向西方学习的内容经历了怎样的变化？并分析变化的原因。（12分）本问考生平均得分为5.12，难度值为0.43。

该问涉及的变化过程有两处转折：表现为从器物（技术）到（政治）制度

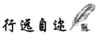

再到思想（文化）的变化过程。答出一个"转折"得1分，合计2分。19世纪中叶后的变化主要为两大原因以及时人的相应举措：一是甲午战败，有识之士看到"师夷长技"的局限性，认识到政治制度的落后，开始学习西方的政治，推行政治改良。二是辛亥革命后建立民国，但民主政体有名无实，于是提倡科学精神，寻求思想解放。上述两方面，凡有一方面答出时人认识的得3分，答出时人举措的得2分。两方面合计10分。在阅卷中发现，有一部分考生从以下四个方面作答：第一，民族危机加深（列强侵略、甲午战败、洋务运动破产等）；第二，救亡图存（维新运动、戊戌变法、辛亥革命、建立民国、推翻君主专制等）；第三，思想解放（西方思想深入传播、民主有名无实、新文化运动、思想启蒙等）；第四，民族资本主义发展（民族工业的发展、资产阶级力量的壮大等）。阅卷评分对此做出适当处理，每答出1点得2分，共计8分。

（3）结合材料二和所学知识，从西方民主政治发展的角度，简要分析"民主"概念变化的原因。（8分）本问考生平均得分2.55，难度值为0.32。

较多的考生在作答时，将重心放在了解释近代以来的代议制民主，没有看到"民主"概念的历史性变化，因此得分普遍不高。阅卷主要把握以下三点：第一，"代议制度的建立"可替换为"代议制民主（西方近代资产阶级民主、西方民主制度）的建立（确立、出现、形成）"，得2分。若答出"代议民主""资本主义制度或西方政治制度的确立"，则有失准确而不能得分。第二，答出"代议制民主具有优越性"或"直接民主有弊端"者，可得2分。如能举例答出"直接民主只适用于小国寡民的情况或导致权力的滥用""间接民主可适用于地广人多的国家或有利于提高社会管理的效率""现代社会人口数量众多，直接民主不适应需要"等，可得3分。第三，答出"民主不断发展或完善"得1分，答出"扩展到更多国家"得1分，答出民主发展、完善的某些具体表现，如"选民范围扩大""两党制的形成或发展""西方政党制度的建立"等，得1分，共3分。

（4）从"经济""中学""粉丝"3个词语中任选1个，说明其含义或用法的历史变化。（3分）本题学生平均得分1.81，难度值为0.60。

本问作答具有选择性和相对开放性，由学生选答的三个词语，实际作答难度有较大的差别。阅卷对于三个词语主要把握原意和引申意：第一，"粉丝"原意为食品名称（用含淀粉较高的食物做成丝状食品），引申意为支持者、崇拜者、追随者等，由英语单词"fans"音译转化而来。第二，"中学"原意指中国传统文化价值体系、中国传统学术、中国传统思想、中国传统文化科技知识等，是与"西学"相对应的词语；现代的引申意指适龄人群接受教育的场所，是教育体制介于小学和大学之间的中间阶段。第三，"经济"一词在中国传统文化原有的语意中，有"治国平天下"的含义，是"经邦济世""经国济民""经世济民"等词汇的简化；现代的引申意是指社会物质生产、流通、交换等活动，来自日文对"economy"的对译，以后中文采用这一用法。由于"经济"一词在现代语境中有许多复杂的释义，只要考生能从"生产活动""节约""划算"等角度谈及引申意，也可得分。总体上，考生答出原意和演变后含义的得3分，仅答出原意或引申意的只给1分。

二、2013年一轮备考复习建议

高三历史一轮复习的基本目标在于提高学生对教材的熟悉程度，掌握基础知识，培养基本能力与方法，并建立起相对完整的知识体系，形成立体化的知识网络。一轮复习是夯实基础的关键，大约占整个高三学习时间的3/5，时间相对较长，复习速度比较慢，在总体策略上要以高中历史《普通高中历史课程标准（实验）》和《2013年全国统一考试大纲（课程标准实验版）》引领复习全过程，对照近三年的高考内容，以"考试说明"内容顺序落实考点，研究和提炼2013年的考查重点，从中分析出每课时的重点。特别重视"考试说明"中反复出现的考点、考试的冷点（以往考得较少的考点）和新增加的考点，都是复习的重点。

（一）按章节课时课课过关

1. 准确记忆基本史实，力求在理解的基础上记忆

对基础知识的把握，我们坚持"全、准、细"的原则。"全"即复习要全面，以课本为依据，对课本上的每一个知识点进行地毯式清理，在此基础上强化重点；"准"即对知识的识记、理解、阐释要准确；"细"即注重细节，近几年文科综合试题问题并不难，但考查得很细致，细节决定成败。因此教材中的导言、正文中大小字、地图、图片和文献资料、课下小字注释、书后大事年表及其他隐性知识（如历史现象、历史概念的本质内涵，教材本身纵横交错的网络化的知识结构；历史发展的阶段特征，整个学科体系和历史发展的客观规

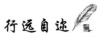

律及基本的理论观点）等，复习时要面面俱到，不可偏废，要强记，使之成为提高考试成绩的基本增长点。

2. 在记忆基础上对历史知识从多角度、多层次、多方位来认识

对历史现象、历史事物的内在联系和规律的认识，要深刻把握好相关知识的内涵和外延，培养学生基本的历史思维能力。讲解中要注意处理好常考知识、热点知识、冷点知识（理论上不考的）。常考知识就是过去的高考以及平时的训练中经常考到的知识，热点知识就是高考连续几年的出题知识点及与2013年时政相关的历史知识，这些知识要照着教材给学生指出来。

3. 指导学生处理好课堂听与记笔记的关系以及课后复习巩固

课堂主要以听为主，同时也要适当做好笔记，预习中所遇问题的讲解、教材内容的延伸性分析、课堂上感觉比较模糊的内容都应该记下来作为课后复习、巩固的依据。要在课后及时看书，巩固所学知识。由于历史学科知识体系浩瀚庞大，这个过程是非常耗时耗力的，解决方法就是少量、快速、多遍的不间断学习。必须保证每天持续不断地学习，不可一曝十寒。每天坚持不断地学习实际上是克服遗忘的最好的，也是唯一的办法。要求学生把历史知识化整为零，一节课的知识点分开掌握，每段时间不要太长，5～10分钟即可，这样零散的时间容易挤出来，也容易集中注意力。然后在第二天要回忆一下，该记该背的内容在这一环节中应该没有遗漏。第三天再回忆巩固。之后一周左右，要把这个内容再回顾一下，很简单地看一看就可以了，这样做的目的在于：在最容易遗忘的时候去回顾一下以激活学习思维；一个月的时候再通过试卷、练习等多种方式督促学生回归教材。这就是我们平时所说的小循环、大循环记忆法。

（二）要从整体历史出发，按历史发展的阶段串线，以单元为单位整合

1. 归纳章节结构体系

要把章纳入阶段发展中，将节纳入阶段发展中的某一方面，把主干知识线索化、网络化，形成系统。建立、挖掘知识的内在联系，整合知识点，构建历史知识结构体系。要帮助学生通过整合、归纳，认识和揭示历史的阶段性特征，构建知识的有序结构，使知识系统化、网络化，形成专题历史知识体系。一是删繁就简，提纲挈领，突出主干；二是由"点"及面，及时总结历史发展的阶段性特征，构建专题知识结构体系，如"世界市场"的形成一节。

2. 正确处理好专题史和通史的关系

不能简单地将经济、政治、文化三方面笼统拼凑，而通史的教学有助于学生对历史做出整体性的把握，认识各个历史阶段的时代特征，融会贯通历史的基本知识和历史发展的基本脉络。应该看到，历史逻辑大都需要时序性、阶段性的认识，历史现象相互间存在各种复杂的因果关联。

3. 适度把握史学理论和历史方法

现在对历史新课程产生直接影响的有如下三种史观：唯物史观（革命史观、现代化史观）、文明史观、全球史观。史观变迁对高考命题的影响有以下三个表现：

第一，淡化历史分期，把握历史阶段性特征。第二，淡化专题与差异，回归通史，探索人类文明的共性。这里指的是通古今之变，而不是简单地明了历史事件相连的时间线索，也不是追求人类发展的差异性。2012年第39题的四个概念的演变，就说明了人类文明的共性问题。第三，淡化学术价值，理性分析历史事物的本质。

4. 注重高中生历史学科能力的培养

从近几年阅卷的情况看，考生基本具备了初步的材料释读能力，大致能够理解试题提供的图文材料，提取相关信息，并对信息做出初步的理解和运用。但洞悉材料信息背后历史状况的分析能力，仍是考生普遍存在的一大弱项。此外，考生能以材料为依据，而且能结合所学知识辩证地分析相关历史问题的并不多见。教学中应引导学生应用材料信息，在形成历史表象的基础上，进一步对有关概念和问题做深度的思考，而不是仅以"读懂"和简单提取有效信息为目标。

在教学中，教师对材料的精选比大量展示材料更重要，指导学生透视各种材料背后的信息也远比解读表面信息重要。同时，教师应适当关注史学研究的热点和前沿，不要让学生只死记教科书的某些定论，要使学生对历史学的发展保持一定的敏感性，拓宽看待历史事物和分析问题的视野，努力深化对历史的认识。

历史无处不在，在历史教学中，可以借助发生在现实生活中的某些素材（虽然不是史料），引导学生运用历史思维去分析、解决相应的问题。高中生的历史思维能力应包括：论从史出、回归历史现场、重视历史事物的变迁、注重历史现象在不同时空范围内呈现出的崭新内容、联系具体时代的历史特征描述和解释历史事物及历史事物之间的因果关联性等。

（三）精选精练精讲，提升能力

1. 合理运用资料

教师要指导学生合理选取运用复习资料。有的学生过分地依赖资料，甚至是上课时不带课本，以资料代替，以资料代替教师的讲解，以资料代替历史的学习，认为资料概括性强，而且容易记忆。这实际上是一个误区，资料再好也只适用于部分的学生，不适用于个性化的学生，而且资料的内容相对于课本和教师教授来说肯定是不全面、不细致的。因此建议让每个学生拥有(或者借助其他同学)两份资料，让学生进行比较，一方面可以选择一本好的资料，另一方面在比较与鉴别中提高见识和能力。在使用资料时做到不看课本不做试题，做过试题以后一定要回归课本。也就是说，在做单元练习之前，一定要把这一相关部分的课本内容看一遍，这样做试题才不至于盲目，但在做完试题以后不要急于看答案，对照答案，而是看课本，看完课本以后再对照答案，在对照中把这一部分内容牢固地记忆下来，这样真正不懂的问题就很少了，再经过询问以后记忆将会更深刻。做选择题注意准确率，问答题注意完整性，要求学生在资料上选择题必做的情况下，问答题注意先列出提纲，然后对照答案寻找自己的不足或内容上的缺陷，再进行思考，锻炼自己的审题能力和答题能力。

使用资料时还应对重点、难点进行剖析，对曾经出现的高考试题进行分析，对典型试题进行分析，甚至教师可以引导学生一起分析这一部分内容，切忌只做试题不看分析。注意形成自己的网络结构，尽量自己寻找规律性的东西。

2. 对习题的运用与处理

在精选专题练习上，坚持抓基本、抓重点、抓难点、抓热点、抓易错点的原则，精选一些思维含量较高，具有启发性和典型性，又能反馈基本知识的各种类型的练习题（包括近几年的某些高考试题），自己重组题，进行适量定时的训练（章节训练、单元训练、月考），使学生在复习巩固基础知识的同时，又能掌握和提高解答各类题型的方法与能力。要教给学生方法，如选择题，主要类型有记忆型选择题、因果关系型选择题、比较型选择题、程度型选择题、否定型选择题、材料型选择题、组合型选择题和专题型选择题等，教师在平时甚至可以单独抽出时间讲解。非选择题的解答审题是关键，材料解析题主要看问，"根据或依据材料回答内容"和"结合材料和所学知识"这两问不是语句的简单游戏，回答的内容和范围是绝对不一样的，如要依据材料回答，标准答案和评分细则能够反映这一点；问答题注意类型，如叙述式的、立论式的、驳论式的、比较式的等，无论如何，都要扣准试题中心，答全各个方面。

3. 及时讲评，启发提高

要坚持每做必交、每交必改、每改必评的原则，对每次书面训练和检测性习题考试都及时进行评讲分析，强化思维能力训练和解题的规范性，会多角度迁移转化并运用所学知识，这是高考取得好成绩的重要前提。

要注意以下几个问题：

一是兼顾各学科特别是文综其他科。高三第一轮复习虽然应以历史学科内知识体系为主，学科内综合是基础，但也应适当注意在复习中联系相关的政治、地理知识，使学生思维不断拓展，尽量让学生思维活跃。

二是注意学生个体差异，注意与学生的感情沟通。学生个体的差异性是客观存在的，面向全体不是让每个学生都获得一样的发展，而是让每个学生都在自己原有的基础上获得发展。"亲其师信其道"，要使学生更加信任教师，一个微笑，一次鼓励，甚至一个赞赏的眼神，一句宽慰的话语都会如一股清泉一样滋润着学生的心田，学生终将会用成绩回报教师。

三是要发挥团队作用，团结协作，进一步加强高三备课组内部各位教师之间的合作、本学年备课组和上一学年备课组之间的沟通。要大力加强集体备课活动，集体备课是对教学工作进行全程优化的教研活动，使教师在教学的认知、行为上向科学合理的方向转化。自我钻研、集体研讨、分工准备、教后反思的过程，就是教师专业化发展的过程，这既有利于教师的扬长避短，也有利于教师在高起点上发展，增强教师间的合作意识，凝聚教师的合力，营造良好的高三复习教学研究氛围，用"行动研究"来提高高三历史复习教学有效性。

2013年9月

2014年梅州市初中毕业生学业考试历史试卷分析和提高初中历史教学有效性的策略

2014年梅州市中考历史试题依照《全日制义务教育历史课程标准（实验稿）》和《梅州市2014年中考各科考试说明（历史）》，依据中图版初中历史教材命题，做到了紧扣教材主干知识点，反映时政热点，从材料和主题入手增强试题的思维含量，增强试题的开放性和探究性，发挥了试题对初中历史课堂教学的导向作用。试题着重考查学生运用所学知识分析历史现象和现实社会的能力，既贴近生活和实际，加强了历史与现实的结合，又充分发挥了历史学科的社会功能，坚持面向全体学生，针对初中学生的心理特点，从我市初中学生的实际认知水平出发，关注情感、态度与价值观，引导学生全面、健康发展。

一、试卷结构与特点

（一）试卷结构

2014年历史科仍独立成卷，总分50分，与政治、地理科同场闭卷考试，考试时间共90分钟。今年的试题结构依然是选择题和非选择题两大题型，考查内容涉及初中历史各大板块和梅州乡土历史知识。各板块的分值分布方面，中国古代史部分占24%，中国近现代史部分占36%，世界史部分占32%，梅州乡土历史知识约占8%（各板块分值见表1）。试题结构严谨，题量适中，图文并茂，试题设计灵活，考核目标分识记、应用两个层次，包括重要历史事件、历史概念，重要的人物、时间、地点、文物、文献及历史地图、插图等。考查课程改革中倡导的知识与技能、过程与方法、情感态度与价值观目标，考查学生初步运用辩证唯物主义和历史唯物主义的基本观点对重要的历史事件、历史现象和历史人物的主要活动进行初步的分析、归纳，形成正确的认识和评价。

表1　各板块分值

题型	梅州乡土历史知识	中国古代史	中国近现代史	世界史	合计
选择题	4分	6分	12分	8分	30分
非选择题		6分	6分	8分	20分
合 计	4分	12分	18分	16分	50分

（二）试卷的主要特点

2014年的这套试题在稳定中求发展，在继承中求创新。试题命制力求"内涵丰富、材料鲜活、构思精巧、沉稳大气"，充分体现了历史学科的思想性、基础性、人文性、综合性的特性。试题内容科学严谨、问题指向明确、语言简洁明了、版面图文并茂、突出基础和重点知识，充分体现了"基础、思想、人文、生活"的特点。考生在答题的同时，回顾了历史，启迪了思维，开阔了视野，提高了素质。今年的历史中考试题，继续体现学业水平测试和选拔性两个功能，试题难度梯次按照易、中、难比例为7:2:1；既有利于让那些头脑灵活、基础扎实、会学习的考生取得理想的成绩，也有利于让大部分考生有话可写，能考查出他们的真实水平，从而体现其公平性。

1. 注重主干知识，突出重点问题考查

2014年中考历史试题共涉及教材知识要点40多个，其中的大部分题目都立足于考查初中历史的核心基础知识、基本技能以及基本的历史方法，紧紧围绕重点问题进行重点考查：如中国古代的对外政策、统一多民族国家的建立和巩固及危机，近代列强对中国的侵略和近代化的起步、中国共产党领导的新民主主义革命，新中国时期第一个五年计划、外交成就，世界史中的新航路开辟、法国大革命、美国独立战争、苏联社会主义道路的探索、第二次世界大战后的东西方世界，等等。

2. 依据《全日制义务教育历史课程标准（实验稿）》和《梅州市2014年中考各科考试说明（历史）》命题，具有极强的导向性

在考查广度上，严格依照中考说明的考试要求，立足基础知识，不出偏题怪题，难度适宜，注重考查重大历史事件、重要历史文献、重要历史人物和重要科技文化成果。重大历史事件有中国古代繁荣与开放的社会及科技文化（曲辕犁和筒车、雕版印刷术、科举制）、宋朝商业（交子）、统一多民族国家的建立和巩固及危机（郡县制、郑和下西洋、闭关锁国政策）、近代列强对中国的侵略和近代化的起步（洋务运动）、新民主主义革命的兴起（南昌起义、井冈山会师、遵义会议）、中华民族的抗日战争（百团大战）、人民解放战争的胜利（挺进大别山、辽沈战役）、现代的中华人民共和国的巩固（抗美援朝）、第一个五年计划（2014年新增考点）、新中国外交成就、世界步入近代社会（新航路开辟、法国大革命、美国独立战争）、无产阶级的斗争（马克思主义）、资产阶级统治的加强（美国南北战争）、现代的苏联社会主义道路的探索（新经济政策）、第二次世界大战（轴心国集团）、第二次世界大战后的东西方世界（冷战）；考查的重要历史人物有建立统一多民族国家的秦始皇、巩固统一国家的郑和、美国总统（华盛顿和林肯）；考查重要的历史文献有《史记》《南京条约》《马关条约》《独立宣言》《共产党宣言》《联合国家宣言》等。看来，今年考查的历史文献比较多，而科技成果比较少，与去年相反。

在考查深度上，遵照《全日制义务教育历史课程标准（实验稿）》和《梅州市2014年中考各科考试说明（历史）》要求，紧紧围绕三维目标考查学生的历史素养，对知识与能力进行整体考查，大部分题目不直接考查知识点，而是提供与教材内容联系紧密的新材料或创设简单的新情境，让学生经过演绎、对比、分析、概括后就能得出正确的答案，使知识与能力形成一个有机整体。通过提出新材料、设置新情境等形式，再现平时教学情境，引导学生感知整理历史知识—分析探究历史认识—总结升华历史情感，体现学生实际学习历史的过程，反映了学习的本质。

3. 突出能力立意，着眼于学生的发展和未来

知识立意向能力立意转变是近几年命题所坚持的基本指导思想。本次试题在考查学生"三基"的同时，更着眼于考查学生的基本学科能力，突出表现在：①注重对学生的归纳概括、比较分析能力的考查。有效的历史学习不能单纯地依靠模仿与记忆。②注重对收集、处理信息能力的考查。收集、处理信息，进而解决问题是学生必备的一种能力，是现代信息社会对人们的基本要求，也是这次试题的一大特点。③注重对历史叙述能力的考查。今年的历史中考试题体现新的理念，重视热点切入、材料引入、情境设计、问题探究，考查学生的探究能力、创新意识、个性发展和情感状态。例如选择题的第2、4、5、6、7、10、12题，非选择题第16题的第（1）小题，第17题第（1）小题和第（2）小题等。

4. 试题角度新颖，贴近学生认知，具有很强的人文性、时代性、科学性的特点

2014年中考历史试题设置的情境，或是取材于现实生活、时政、评语、名人名言、歌曲、实践活动、研究课题、文献资料，或是一段文字说明，如选择题的第1、2、5、7、10题及非选择题所引用的部分材料等。其目的在于引导学生体验历史、感悟历史，进而引出对理解能力、分析能力、迁移能力、运用能力的考查。这样的情境设置可称为题引。题引的设置，既体现了命题者以学生为中心，发挥学生的主动性，以学带考的人文思想，又体现了命题者对学习过程的重视，反映了历史学科注重史料、史实，讲究科学性的特点。

5. 关注社会热点，问题富于探究

2014年中考历史试题将重点知识与社会热点问题进行有机结合。例如考查梅州历史内容时，选择题第1题结合了2013年央视中秋晚会节目"梅州月·中华情"中冒雨进行的"南国牡丹"，呈现了梅州的艺术，弘扬了梅州人敬业的客家精神；第9题结合了时事新闻"2014年3月28日搭载着437具中国人民志愿军烈士遗骸的专机从韩国飞抵沈阳，离开祖国60多年的烈士英灵终于魂归故里"。通过英雄事迹，培养学生的爱国主义精神和革命英雄主义精神。

二、考试内容和结果分析

不含缺考，实际参考学生数52489人，全卷平均31.75分，全卷难度0.64，全卷区分度0.61。从结果来看，今年的历史试题难度与去年（2013年全卷难度0.60）基本持平，总体难易基本适中，层次明显，有较好的区分度，是一份适合衡量学生初中毕业学业水平同时也考虑到高中选拔考试的试卷（表2）。

表2　考试内容和结果分析表

题型	平均分	标准差	及格率	优秀率	区分度	难度
选择题	21.04	7.41	0.71	0.49	0.58	0.70
非选择题	10.71	6.39	0.53	0.30	0.75	0.54
全卷	31.75	13.21	0.61	0.37	0.61	0.64

1. 选择题部分

第1题主要考查了梅州乡土历史客家音乐，体现"世界客都·文化梅州"，题干抓住时事"梅州月·中华情""大雨滂沱中，南国牡丹一样绽放"等信息点，不难判断此答案是广东汉剧。本题难度0.62。

第2题考查乡土历史中梅州八大先贤之二。从题干中"诗界革命""诗界之哥伦布""诗界革命巨子"等信息点可知答案是黄遵宪和丘逢甲。本题难度0.69。

第3题考查学生的识图和分析能力。由图片得知考查《史记》的记述时间从黄帝到汉武帝时期的史事，可以判断答案应是秦末陈胜吴广起义。本题难度0.36。

第4题考查古代繁荣的隋唐时期制度和技术的创新。唐朝盛世，经济繁荣，生产工具得到改进，出现了曲辕犁和筒车；科举制度是中国历史上的一个创举，有深远的历史影响，它创立于隋朝，完善于唐朝；印刷术是我国古代四大发明之一，而雕版印刷品代表作有唐朝印制的《金刚经》。或者只要明白了行省制度是元朝时开始的，即可用排除法，可知只要有③的答案就不对，这样问题就可迎刃而解了。本题难度0.60。

第5题考查学生运用史料理解、判断世界上最早的纸币"交子"的能力。此题难度较低，抓住关键信息"北宋时""谓之交子"等，就可以判断答案。本题难度0.90。

第6题考查学生对近代中国所签订的《南京条约》和《马关条约》内容不同点的判断能力。《南京条约》割香港岛给英国，《马关条约》割辽东半岛、台湾岛、澎湖列岛给日本；《南京条约》开放广州、厦门、福州、宁波和上海为通商口岸，《马关条约》开放沙市、重庆、苏州、杭州为通商口岸；《南京条约》赔款2100万银圆，《马关条约》赔款2亿两白银。而允许列强在中国设厂，是在被迫签订《马关条约》后才开始的，这就是它们的不同点，而前三个选项则是它们的共同点。本题难度0.76。

第7题考查学生对近代中国发生的运动、变革的识记，四幅图片均选自中图版教材"近代工业的兴起"这一课，审清图片内容是答题的关键，它们都跟洋务运动有关。民主科学是新文化运动时期的口号，实业救国是维新变法时期的主张，民权民生是辛亥革命的主张，而自强求富正是洋务运动时期的口号。本题难度0.72。

第8题考查学生对重要事件性质、意义的分析、判断能力。党的历史上一个生死攸关的转折点是遵义会议，不是中共七大。中共七大为争取抗日战争的胜利和实现中国的光明前途准备了条件，确立了毛泽东思想为指导思想，故D选项不正确。本题难度0.73。

第9题考查抗美援朝。根据所学知识，1950年，应朝鲜政府请求，以彭德怀为司令员的中国人民志愿军开赴朝鲜，开始抗美援朝。从题干中的信息"中国人民志愿军"不难得出答案。本题难度0.75。

第10题是今年中考新增考点内容之一，主要考查第一个五年计划的成就。两幅图片均选自中图版教材"第一个五年计划的制定"这一课，不难得出答案是B项。本题难度0.63。

第11题考查历史知识的识记能力。根据题干的信息，回忆所学知识可以得知，在1971年10月25日第26届联合国大会上，通过了中国代表权的决议，恢复中华人民共和国在联合国的合法权利，恢复中国联合国安理会常任理事国的席位。因此本题正确答案是C项。本题难度0.76。

第12题考查的是新航路开辟的意义。根据所学知识，开辟新航路的主要国家是葡萄牙和西班牙，随着新航路的开辟，世界逐渐被连成一个整体，即题干中的"开创了现代全球化"，这就不难得出答案了。本题难度0.79。

第13题考查点是法国大革命。从题干"1789年7月14日""揭开了法国大革命的序幕"可以看出，此题答案是攻占巴士底狱。本题难度0.78。

第14题考查知识的识记能力。根据所学，为了恢复被战争破坏了的经济，在列宁的领导下，1921年苏俄开始实施把社会主义同市场、商品货币关系直接联系起来的新经济政策。故从题干信息中不难得出答案。本题难度0.73。

第15题考查学生对历史概念的识记和运用能力。从题干中可知"这种敌对行动"是指"冷战"，而"冷战"开始的标志是"杜鲁门主义"的出台。本题难度0.70。

2. 非选择题部分

第16题考查的是中国古代史，以郡县制、郑和下西洋（对外开放政策的表现）、闭关锁国政策为切入点，考查学生对基础知识的掌握，了解郑和下西洋，引进了外国作物，促进了工商业的发展，促进了中外文化的交流，而清初"闭关锁国"却使得中国在世界上迅速落伍。通过理解"闭关锁国"政策的后果，提高学生以史为鉴、拥护改革开放政策的自觉性，使学生具有历史的眼光，世界的意识，开放的心态，积极的情感。本题难度0.57，平均分3.45，及格

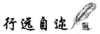

人数29926，及格率0.57%，优秀率0.39%，区分度0.75，满分率0.19%。

存在问题主要有：①基础知识掌握不牢，答题能力差别巨大。零分卷和满分卷均达1万人以上。如把"明朝"写成"唐朝"、"郡县制"写成"分封制"；②错别字失分特别严重。如把"郡县制"写成"群县制"、"秦始皇"写成"奏始皇"、"闭关锁国"写成"闭关销国"或"闪关锁国"、"广州"写成"广洲"等；③审题、解题方法不到位，答题不规范失分较多：第（1）问回答从材料看他在地方管理上实行什么制度？学生错误回答为"分封制"或"专制主义中央集权制度"。

第17题考查的是中国近代史，围绕中国共产党领导的新民主主义革命，以南昌起义、井冈山会师、国共合作、百团大战、刘邓大军挺进大别山、三大战役为切入点，让学生了解到在中国共产党的正确领导下，有一支由党领导的革命军队，开展武装斗争；组织了最广泛的革命统一战线，团结一切可以团结的人共同战斗；以马克思列宁主义和毛泽东思想作为指导，从而克服了一个又一个困难，取得了革命斗争的辉煌成果，从而培养学生热爱中国共产党的情感，并继承和发扬革命传统。试题体现了《全日制义务教育历史课程标准（实验稿）》要求，遵循了《梅州市2014年中考各科考试说明（历史）》，结合时政热点和周年纪念等大事进行命题。注重考查学生的基础知识，注意培养学生阅读材料的能力、分析归纳能力、知识迁移能力。本题难度0.49，平均分2.92，及格人数22009，及格率0.42%，优秀率0.27%，区分度0.73，满分率0.13%。

总体感觉是试题不太难，但从本题得分情况来看，存在不少问题。主要表现在：①再认再现图片回答问题的能力差，说明学生对课本中的知识点的相关图片掌握得不够牢固，记忆不清，不会根据图片中的人物信息判断事件。例如，第（1）问，很多学生把图A描绘的历史事件"南昌起义"误写为"武昌起义"，把图B描绘的历史事件"井冈山会师"错误回答为"井冈山会议""井冈山革命根据地的建立""红军三大主力的会宁会师"等。②答题错别字现象，如"井冈山"写成"景岗山"、"挺进大别山"写成"延进大别山"、"辽沈战役"写成"辽沉战役""辽省战役"等。③审题和解题方法不到位，不会捕捉和提取材料中的有效信息结合所学知识来回答，结果因弄不清题意导致答题错误。如第（3）问依据材料三，回答人民解放战争战略决战中首次发起的战役是什么。学生错误回答为"辽沉战役、辽宁战役、淮海战役、平津战役、渡江战役"等。④用词表述不够准确，如第17题中第（3）问依据材料三，回答人民解放战争揭开全国战略反攻序幕的重大军事行动是什么。很多学生不会准确表达出"刘邓大军千里挺进大别山"。

第18题考查的是世界史，该题以反映人类历史发展进程的历史文献《独立宣言》《共产党宣言》《联合国家宣言》为切入点，考查学生对资本主义社会产生、发展的基础知识的了解，由于资本的残酷剥削和列强疯狂的殖民扩张，资本主义列强与殖民地半殖民地国家的民族矛盾空前激化，工人运动、社会主义运动的蓬勃发展，诞生了马克思主义；发表《联合国家宣言》，壮大了反法西斯国家的力量，团结一致，彻底打败法西斯轴心国及其追随者，从而培养学生爱国主义热情和历史责任感，并努力学习，为祖国的繁荣富强多做贡献。本题难度0.54，平均分4.34，及格人数28995，及格率0.55%，优秀率0.30%，区分度0.78，满分率0.14%。

学生答题中存在的问题主要有：①答题不规范，不明确，如回答第（2）问材料二阐述的是哪一重要文献？它的发表标志着什么科学理论的诞生？有的考生颠倒了答题顺序：马克思主义、《共产党宣言》；有的考生只答了一个答案（横跨两个答题位置）。这就给阅卷教师出了难题，你这答案到底是回答什么问题呢？当然吃亏的是考生自己。②错别字现象严重，概念模糊，如《共产党宣言》写成《公产党宣言》、《联合国家宣言》写成《联合国宣言》；③卷面不整洁，字体不工整，书写不规范。

从以上分析及试卷反馈情况可以看出，2014年梅州市中考历史试卷没有偏题、怪题和刁难题，试题难度适当，注重提高学生的人文素养、培养学生的综合素质；注重对历史主干知识和主题知识的考查，突出对知识迁移能力的考查；注重学科内知识的综合考查；注重对社会现实问题的考查；注重对学生实践能力的考查；等等。总体来看，2014年历史试题加强了对历史学科资源的整合，突出了对中外历史知识的糅合，为初、高中课程的顺利衔接起了一个很好的引导及过渡作用。

3. 学生答卷中存在的主要问题

通过以上分析和学生得分情况发现，确实有一些史实正确、分析完整、行文简练、字体工整的试卷，但也发现了一些问题试卷，有些试题的得分普遍较低，基本史实不清，基础性的识记内容不准，书写不认真。通过分析学生答卷

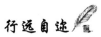
情况，发现造成学生答卷失误的原因主要有以下方面：

（1）历史学科的基本功不扎实，史实不清，基本概念模糊。了解和掌握历史基本知识和基本技能是历史学科的基本功，是中考着重考查的内容。历史基本知识包括重要的历史人物、历史事件、历史现象、历史概念和历史线索；历史基本技能包括对重要的历史人物、历史事件、时间、地点、文献的正确表述，对重要历史地图、图像的识别；正确阐述或说明、简要评述重大历史事件，历史人物活动的背景、内容、作用和意义。许多考生丢分的原因是对历史基本知识缺乏正确的认识，对基础知识的掌握不牢固，缺乏正确的认识和训练。另外，有些学生的历史基本素养不到位，基本概念和术语回答不规范，书写不规范、不认真，造成无谓失分。

（2）获取和解读信息的能力不够，审题不清，答题不准。阅读理解历史材料、从中获取和运用有效信息的能力，也是中考着重考查的内容。从学生答卷情况看，许多学生阅读理解材料的能力差，忽视材料中的有效信息点；或不能从材料的信息中归纳出中心意思；或不能"透过材料想知识"，即根据材料信息回归相应的教材内容作答；或在信息点与知识点的结合方面存在能力的严重不足。审题不够细致、准确，不能按照要求回答问题等。

（3）知识系统性差，对课本板块不熟悉、回归课本能力较差。学生的材料解读能力欠缺，不能从材料中捕捉有效信息；迁移、运用所学知识去分析问题和解决问题的能力有待提高。这就要求教师在以后的复习中，注意引导学生加强对知识的梳理，至少让学生知道《梅州市2014年中考各科考试说明（历史）》的每个知识点在教材中的位置。

（4）语言表达能力较差，缺乏正确的答题技巧。对文献材料进行筛选与概括，对答案行文进行组织与归纳本是必备的能力，但是从卷面上看，一些学生的语言组织能力差，逻辑性不强，甚至在作答时自相矛盾。另外，一些学生不注意卷面文字，或书写潦草，或字体过小，阅卷老师难以分辨。基本的、常用的文字不会写，或写错别字，阅卷老师难以看明白考生要表达的意思。例如，将"郡县制"写成"郡具制"、"郑和"写成"郑合"、"《独立宣言》"写成"《独立萱言》"等。

（5）在答题过程中存在严重的不规范问题，没有做到一问一答，各问之间的答案距离不明确；有些学生没有根据答题卡位置作答，如把第二行的答案写在第三行；或私自改动题号作答；或把题目全部照抄，导致答案要点不明显、不突出；部分学生因为卷面潦草、字迹混乱，阅卷老师很难辨认，影响了自己的得分。

三、从学业水平考试的结果看提高初中历史教学有效性的策略

1. 注意基本知识和基本教学技能的强化

许多学生之所以对基础知识的掌握不牢固，知识储备不够，其深层次的原因是学习态度不够端正。这就要求我们在平时教学中，一定要教育学生端正学习态度，同时要强调学生对历史主干知识的记忆，要求学生踏实、牢固、全面地掌握所学的基础知识。因为任何综合性试题都是建立在牢固掌握历史基础知识之上的。识记知识不能采用死记硬背和被动接受的学习方式，而应该让学生积极主动参与教学过程，勇于提出问题，逐渐掌握分析问题和解决问题的方法。必须重视教材文本分析，不要忽视课文的小字部分。同时要培养学生的概括、分析、评价等能力，再辅之以技巧和方法，帮助其实现考试的新突破。

2. 注意引导学生关注社会、关注时事，学以致用

历史就是过去了的现实，而今天的现实也将会成为明天的历史，所以历史与现实是不能完全割裂开来的，要注意关注热点问题。现在命题选取的信息量非常大，这就要求教师加强学习，不仅学课本知识，还要学习课本上没有的，并且与课本相关的知识，及时充电，以适应新形势下复习备考的需要。试题既依托教材，又与当今国际重大热点问题息息相关，具有鲜明的时代特色。所以，教师在今后的教学中要有意识地引导学生关注社会、关注时事，培养学生的爱国主义情感、人文主义精神、积极进取的人生态度、求真务实和创新的科学态度、民主与法制的观念、国际意识等，这些都是本试卷对今后教学的启示。在平时的教学过程中，鼓励学生多问，问是对课本知识的深化，也是对学生思维能力的一种培养。通过对"问"的能力的培养，提高学生的综合分析、归纳、解决历史问题的能力。

3. 注重学生审题、答题技巧能力的培养

阅读理解历史材料，从中获取和运用有效信息的能力，也是中考着重考查的内容。这就要求教师在平时的教学中，教会学生解题的方法，提高学生的解题能力，如作答材料分析题时，通常有三个环节：读、找、答。要认真阅读材

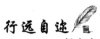

料，了解涉及的时间、地点、人物、事件，注意各材料之间的联系，找出材料叙述的核心内容或对课本知识进行迁移，把材料中的重点信息与教材的史实、观点相对照，确认材料与教材的哪章哪节相关联，这样便将材料与教材联系在一起，找到解题的突破口，明确答题的方向。

4.注意加强中外历史的联系，进一步提高学生的综合能力

在历史课程学习中应把中国历史放在世界历史发展的大环境中去学习、去思考。只有如此才能学"活"历史，提高历史知识的迁移能力，应答历史问题才能轻松自如。

2014年12月

基于素养立意的历史课堂教学优化策略

随着课程改革的深入实施，当前的中学历史课堂教学正在发生着深刻的变化，培养和提升学生的历史素养受到了更多的关注。《普通高中历史课程标准》提出高中历史课程是"培养和提高学生的历史意识、文化素质和人文素养，促进学生全面发展的一门基础学科"。可见，掌握历史知识不是历史课程学习的唯一和最终目标，而是全面提高学生人文素养的基础和载体。一般来说，历史素养包括时空观念、史料实证、历史理解、历史解释和历史价值观等方面，是通过日常教化和自我积累而获得的历史知识、能力、意识以及情感态度与价值观的有机构成与综合反映，其所表现出来的，是能够从历史和历史学的角度发现问题、思考问题及解决问题的富有个性的心理品质。历史素养的培育越来越成为历史学科教学的目标追求和价值体现，提升学生历史素养的关键是切实培养基于批判性思维的历史学科能力，引导学生通过多种途径感知历史，将证据意识和论证方法贯穿于历史教育教学的始终，这给我们中学历史课堂教学提供了诸多思考和启示。

一、优化教学主题，以主题引领课程资源的开发和教学过程的开展

历史教学主题是历史课堂教学的灵魂，是教师构思课堂教学设计的基本依据和根本意图，是教学目标最主要的体现，是引导教学过程的主线。因此，优化教学主题，从教学目的上说，要求学生围绕教学主题，运用多种学习资源展开学习，以培养学生的实际能力；从教学内容上说，教师要以学生的发展为根本目的设计主题以及相关的教学资料，摆脱传统教材内容的束缚，使得教师设计、组织的主题内容成为教与学的内容中心；从教学方式上说，要求教师确定一个或多个教学主题，引领学生围绕教师设计的结构化主题进行学习。

教学主题的确定，是一个从历史材料到历史认识的归纳、提炼过程，也是旧认识基础上的再认识过程，它包含对教师教育思想、历史认识、史料积累、思维论证等多方面能力的体现。课堂教学的主题必须根源于历史基础知识之上，不能超越教材、超越学生认知水平。一般来说，我们可挖掘教材内容，从历史基础知识的逻辑关系中来确立教学主题，历史知识并不是孤立的，而是彼此间存在一定的逻辑联系。历史学习就是要找出它们之间的这种逻辑关系，并利用这种逻辑关系设计出一个主题下的"一连串主题"，这样能让学生建立起历史的纵横联系，还原历史的全貌。如近代前期旧民主主义革命时期，可以确立半殖民地半封建社会的形成与深化，中国近代化的起步、启动和发展，民主革命的兴起与高潮等教学主题，以揭示出历史的发展趋势。历史教育的目的不仅是让学生获得过去的知识，还要服务于现实和社会发展的需要。"用历史照亮现实"，要求我们在历史教学中注重历史与现实的联系。这可以从两个方面入手：一是对历史问题的现实思考，二是对现实问题的历史反思。从现实出发，关注历史和现实的契合点，是确立历史教学主题的有效途径。比如人教版必修一《美国联邦政府的建立》一课，包括美国独立后面临的形势、1787 年宪法的颁布、两党制的形成与发展。主要内容是美国独立后国家政权的建设，涉及中央与地方、大州与小州、北方与南方、民主党与共和党的矛盾，最终确立的是联邦制、三权分立的总统共和制和两党制。当年这一帮"草莽"开创的美国宪法迄今还在使用，美国的这一制度也从一个侧面说明权力是被关进笼子里的。美国宪法是西方文明的结晶，起草宪法的那些精英都熟知古希腊罗马的政治经验和教训，都熟悉洛克、孟德斯鸠等人的启蒙思想。因而本课的主题可以确定为"把权力关进制度的笼子"，以概括反映当年美国宪法的精神内涵和联邦政府的制度构想。

二、优化史料教学，引领学生用历史思维思考、解决问题并形成历史意识

史料教学已逐渐成为中学历史课堂教学方式的常态，但在实际运用中往往未能着眼于历史学科素养的培育，没有充分体现学科的价值追求，导致史料教学出现"杂乱化""简单化"等问题。

历史史料是我们接近真实的工具，是解释历史的依托，是现实与历史对话的桥梁，是"重现"历史的基础，正如赵亚夫教授所说："没有原始文献以及

它所论及的故事，历史就不存在。"一般来说，史料愈是确凿、丰富，人们经过研究和解释，对历史的认识也就愈是真切，对历史的"重现"也就愈接近它的本来面貌。因此，基于史料进行教学当然是历史教学的应有状态，而立意于历史学科素养培育，就要优化史料教学，使史料教学真正服务于学生的学，创造有历史感的氛围和情境，引导学生探究学习，真正引领学生在一个更为丰富和开阔的视野下用历史思维思考、解决问题并形成历史意识，真正体现历史学科价值的追求。

优化史料教学，首先要在研究《普通高中历史课程标准》的基础上根据学生实际和教学内容适度选取材料，除了尽量利用教材中的材料外，选取的其他史料要具有典型性和代表性，应立足于基础知识，围绕教材重点、难点，以帮助学生加深对基本史实的理解和把握，做到把复杂问题简单化、抽象概念形象化，最好是能集中说明要论述的观点。选取的史料还应有多样性，即尽可能选择不同种类的史料，做到文字、图片、口述等史料兼顾，第一手和第二手史料兼顾；同时对同一主题、同一事件或同一历史人物选择评价不同的史料，既可以拓宽学生的视野，又可以让学生理解一些史学的基本理论。其次要拓宽史料的获取途径，多挖掘身边的历史素材，使学生近距离地感知历史，调动他们的情绪和情感，激发他们进行观察和思考，引导学生在具体的历史情境中认识历史、感悟历史。

历史是多姿多彩、丰富生动的，但由于受种种条件和要求的限制，历史教材在编写过程中，往往把一些生动具体的历史现象和事件变成了枯燥乏味的概念化、结论式的术语。如果教师在授课时一味地照本宣科，学生会感到索然无味，特别是对高考目的性还没那么强的高一学生，如果历史课只是传授久远的冷冰冰的史实，那么极易引发他们的厌学情绪。所以，教师应结合教学内容，多挖掘身边的历史素材，激发学生学习历史的兴趣，使课堂充满愉悦的气氛，使"死"的历史变成"活"的历史。

例如，在讲授《工农武装割据思想》时教师展示材料：

毛泽东曾经说过："我们闹革命，光是跑来跑去是不行的，一定要有一个家，不然就很困难……我们以家为依托，不断向外发展，把我们四周的敌人一点点地吃掉、赶走，我们的日子慢慢地就好过了。"

——《剑桥中华民国史》费正清，中国社会科学出版社2006年版

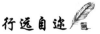

提问：毛泽东在二三十年代建立的家叫什么？为了守住这个家，梅州儿女做了什么，看材料概括。

材料一：1929年10月，红四军根据中央指示从闽西中央苏区挺进梅州，在梅县、大埔、蕉岭、丰顺、平远留下了战斗的足迹，进行了著名的梅城战役。

红四军梅城战役从1929年10月中旬组织准备到战役结束的10月31日，时间达近半个月之久，是土地革命时期一个重要的战役；共和国元帅朱德、陈毅、罗荣桓、聂荣臻、林彪，还有粟裕、谭政、罗瑞卿、萧克等将军都是梅城战役的重要领导人，有290多位红军官兵在战斗中献出了宝贵的生命。

古大存（五华县梅林镇）的一家人，从1925年至1931年的6年中，先后有14人参加了革命，有12个亲人先后为人民的解放事业战斗到生命的最后一刻。其中，1928—1931年有妻子徐妙娇，弟弟永钵，侄儿碌贤、柏贤、梧贤、犀贤、树贤、鼓贤，侄媳妇廖莲香，侄孙福群10人献出了宝贵的生命，被评为光荣的革命烈士。

学生很容易概括出梅州儿女进行武装斗争，为守住这个家做出了可歌可泣的牺牲。

材料二：1930年1月，成立了大埔县革命委员会，领导根据地与政权建设。埔东、埔西、埔南、埔北先后建立了4个区苏维埃政府，30多个乡苏维埃。苏区人口17 000多人，党员1200人，8个乡完成了分田任务，15 000多人分田12 000多亩（当时全县24万人，耕地18万亩）。（打土豪，分田地）

学生也比较容易概括出为了守住这个家，梅州儿女进行了土地革命。

材料三：根据省委的指示，在梅县梅南水美星拱楼成立了东江工农红军总指挥部，古大存任总指挥。并在梅南水美星拱楼举办红军干部学校，在梅南顺里建立了兵工厂、被服厂，在九龙嶂下万和山建立了后方医院，并在梅南建立了交通站，为红四军的到来做好了各种准备。丰顺八乡苏维埃政府还办起了贫民学校、供销社、贫民医疗所、缝衣社等，建立了小型兵工厂。

引导学生概括出为了守住这个家，梅州儿女进行建设，为革命提供经济基础。

提问：为了守住这个家，梅州儿女做了哪些努力？

学生：武装斗争、土地革命、根据地建设。

提问：什么历史概念包含武装斗争、土地革命、根据地建设？

学生：工农武装割据思想。

提问：在血雨腥风的革命时代，革命先烈要进行艰苦的武装斗争、土地革命、根据地建设，三者缺一不可，大家对工农武装割据思想这个概念理解了吗？

学生：……

通过教学行动的转化，使知识变得更有趣、易理解，从而有利于打破灌输知识的课堂形式，使学生在合作和对话中生成知识，掌握知识。

三、优化历史课堂教学，激发学生学习的主动性和积极性，培养学生思维品质

（1）改变学生历史学习方式，通过探究发现和自主学习来生成问题，使学习过程成为发现问题、提出问题、分析问题和解决问题的过程。在课堂教学中，学生是动态生成的主体，教师要采用各种有效的教学策略，特别是在课堂动态生成的过程中随时调整教学设计，让学生在动态生成中得到可持续的发展。学习的内容和探究目标在活动展开中由学生从自己的头脑中生发出来，不仅使学生很早就对一些富有价值的东西产生思考，并有所探索，而且由于内容同自身的贴近程度较高，学生可以产生更大的热情、更深刻的体验和感悟。因此，在教学中必须突出学生主体地位，激发学生强烈的问题意识。历史问题情境创设是历史教学的出发点。教师要以学生发展为本，养成学生强烈的问题意识，激发学生探究和解决问题的兴趣，挖掘学生发展的潜能，培养学生求异创新思维。教师应尊重学生发表不同观点、质疑教材的权利，把课堂还给学生。教师扮演组织者和指挥家的角色，学生处于课堂活动的主体地位，师生平等对话、多向交流，学生逐步深入、有效地参与到课堂教学中来。充分保障学生的主体地位，为学生创造充满激励的课堂，要善于把课堂变成"激励学生的地方"。在教学设计与教学实施中，教师要有意识地、不失时机地采用激励性的语言，对学生的课堂表现进行有效评价；努力创造课堂上学生个体表现的机会，满足学生的表现欲望，让更多的学生得到课堂上的成功体验；为学生创造渐进式的学习内容，让学生在学习过程中感受到成功的喜悦，不断增强学习信心与兴趣。

（2）因材施教，动态生成，自主探究，积极创设形式多样的历史问题情境。问题呈现方式可以在教师启发诱导下获得，也可以由学生主动探究获得，

既可以是历史学科内部的问题，也可以是与其他学科有关的问题，如20世纪30年代美国罗斯福新政对当代资本主义产生什么影响。问题可以是单一性的，如怎样评价唐太宗的功过是非；什么是战后雅尔塔体制，它对世界格局发展产生什么影响；也可以是与当前社会紧密联系的，如从改革开放以来经济的发展看今天社会生活的变迁。在解决问题的过程中，学生可以独立思考，也可以与他人合作。教师应充分利用历史知识中隐藏着的矛盾事实，通过分析，创设问题情境。利用学生讨论中对某一问题发表的不同观点，通过辩论，创设问题情境，如辛亥革命是成功了还是失败了。介绍史学界对某一历史问题研究的不同观点，通过比较，引发学生思考，创设问题情境，如对哥伦布远航，发现新大陆的评价，我国史学界就有不同的观点。有人认为他是将美洲纳入人类文明社会大家庭的先驱，是对人类社会交往做出特殊贡献的历史人物，应予以肯定；有人认为他是殖民主义强盗，对印第安人的疯狂掠夺和血腥屠杀是印第安人的一场灾难，应给予否定；有人倾向于用"进步与正义"两条标准进行评价，认为哥伦布航行美洲，发现新大陆，具有建立在非正义行为基础上的客观进步性，因此必须全面、辩证、客观和公正地加以评价。有目的地将历史与社会现实加以有机联系，通过以史为鉴，引导学生产生联想，创设问题情境，如我党历史上曾有两次极"左"的思潮，给我国革命事业和建设带来严重危害，从中深刻体会邓小平同志所说的，今天社会主义革命不仅要防右，而更主要的是防"左"的正确论断。借助各种教学手段和现代化教学设备，生动再现历史场景，在复现历史情景的过程中创设历史问题情境。例如，用计算机多媒体课件制作动态的"春秋列国形势图"和"战国七雄形势图"，在展示过程中，引导学生对两图进行比较，深入思考在地理空间位置上，各国的版图发生了什么变化，引起这种变化的原因又是什么。通过对历史事实的假设和对假设的检验，引发思考、激化矛盾，创设问题情境。例如，第二次世界大战结束之际，美国为尽快结束战争，向日本的广岛和长崎投放了原子弹，假如你作为杜鲁门总统的高级顾问，你是否认为向日本投放原子弹是解决战争的唯一出路，是否还有其他的途径来尽快结束战争。强调学生深入历史，对历史进行积极的体验、想象，以角色扮演的形式，创设问题情境。例如，以"'北京人'的一天是如何度过的"为题，让学生展开思维的翅膀，穿越时空隧道，体验"北京人"的原始生活，在历史知识的海洋中畅游遐想。

（3）坚持教学的预设性与生成性的辩证统一。预设是生成的前提，生成是预设的超越和发展。没有充分的预设，就不可能有有效的生成。所谓"预设"，就是教师对课堂教学的系统化设计，是教师围绕教学目标，在系统钻研教材内容和认真分析学生认知、情感态度等实际情况以及对以往相关教学行为结果深刻反思的基础上对教学过程的规划和设想。最终实际的教学活动和程序安排还必须根据即时的教学情景在"预设"的基础上"动态生成"。"预设"越充分、越科学，"生成"就越有效、越自然。动态生成并非盲目生成，它必须围绕课程的教学目标来进行，同时还必须注意生成的时间制约性，及时捕捉问题。教学过程的组织与优化往往表现为课堂教学反馈的畅通和丰富。在实施预设性课堂教学的过程中，学生的回答并未完全落入教师所设计问题的轨道，教师需要及时捕捉问题，并适当调整事先"设立"的问题模式。例如，战后资本主义的下列新变化中：国家垄断资本主义的发展、"福利国家"的建立、第三产业的兴起、"新经济"的出现，哪个变化在一定程度上缓和了经济的周期性波动？

当教师揭示答案是"第三产业的兴起"时，有学生质疑："为什么是这个答案？"这时，教师回应："因为书里就是这么写的！"显然，这样的回答并不能打消学生的疑虑。于是教师提出学生尚未解决的疑虑："为什么第三产业的兴起能在一定程度上缓和经济的周期性波动？"而要解决这个问题，就要明确"什么是第三产业？"从而将问题上升至概念水平类问题。可见教师不仅要关注学生对问题回答得正确与否，更重要的是，在每一类型的问题中，教师能否善于倾听和分析出学生问题反馈中错误的归因，挖掘学生解决问题的障碍。

此外，教师要注意教学时间的有限性。教学过程如果不顾教学时间的有限性，远离预设的总体目标和教学任务，使整堂课都处于"动态生成"状态，那么，教学的主要目标就会落空，知识的系统性必将遭到严重破坏。

四、优化价值观教育，让历史课堂充满人文气息

历史学本质上是一门思想的学问，《普通高中历史课程标准》针对历史教育的育人功能和社会功能，对学生的情感、态度与价值观的形成及升华从个人、国家和民族、世界与人类三个维度提出了具体的要求，历史教育教学肩负

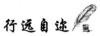

着弘扬人文精神、倡导人文关怀、丰富完善人性、提升人类教养的责任。就中学历史教学而言，教师应在尽量还原历史的基础上逐步培养学生具备现代社会公民的基本素质，即以独立之精神、自由之思想主导的科学态度和关爱生命、平等博爱的人文情怀，帮助学生认识支撑我们社会的基本价值观念在历史上是如何形成的，价值观教育应该是历史教育的核心，这也是构成历史素养的重要组成部分。

优化价值观教育，在于通过历史课堂教学引导学生获得对于历史价值的正确认识和进行正确的历史价值判断。为此，在教学中教师首先要精心确立价值观立意，在教学环节中突显"人"的教育，让历史课堂充满人文气息，引导学生加深对人文主义精神的理解，树立以人为本、善待生命的人文意识。例如，在讲授《解放战争》时，可以充实材料，引领学生回到相关年代，以历史中的"人"的视角观察时政，体验当时人民对和平的期望、争取和平的努力以及期望破灭后人民力量的胜利和反思，从而把战争置于"人"的语境下让学生在经历中浸润思考，重温历史，得到情感的升华。其次，教师要开阔教学视野，引导学生学会以开放意识和世界视角去观察问题及把握未来。世界历史的发展经历了"从分散到整体""从封闭到开放"的历程，纵向发展和横向发展是历史发展两个相互关联、彼此影响的基本方面，生产力发展和人类社会交往的发展是历史发展的两根主轴。例如，在讲授《新航路开辟》时，教师可以补充新航路开辟后世界各地粮食作物交流、传染病传播、"三角贸易"、全球人口增长、世界贸易中心转移等相关材料，引导学生认识"地理大发现"带来的全球范围内跨区域的社会文化经济甚至生物种群交流传播，使各民族、各地区孤立发展的状态被彻底打破，"世界市场"不再是一个抽象的概念，而是各地文明密切往来的具体的经济现象，世界格局由此发生了划时代的变化。在历史课堂教学中落实这些观点，能够引导学生认识人类社会发展的统一性和多样性，理解和尊重世界各地区、各国、各民族的文化传统，汲取人类创造的优秀文明成果，进一步形成开放的世界意识。

参考文献

[1]王继平，赵亚夫.美国历史教学的研究视野[J].历史教学问题，2011（4）.

［2］吴伟.历史学科能力与历史素养［J］.历史教学，2012（11）.

［3］於以传.史料教学应充分关注证据价值及论证逻辑［J］.历史教学问题，2013（4）.

［4］黄牧航.历史科高考命题中运用学术研究新成果初探［J］.历史教学（中学版），2014（1）.

［5］赵亚夫.历史教学设计的流程、诊断与策略［J］.中学历史教学参考，2015（5）.

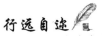

主动融入21世纪海上丝绸之路建设
助推梅州加快实现振兴发展宏伟目标

2013年12月，习近平总书记在中央经济工作会议上提出建设"丝绸之路经济带"和"21世纪海上丝绸之路"战略构想，引起国际社会的积极响应。"一带一路"构想是对古丝绸之路的传承和提升，推进"一带一路"建设是党中央、国务院统筹国内国际两个大局做出的重大决策，对开创我国全方位对外开放新格局、促进地区及世界和平发展具有重大意义。梅州有着深厚独特的历史文化底蕴和良好的自然生态环境，是最有代表性的客家人聚居地，是名副其实的"世界客都"，是当今全世界客家人向往的归心之地、筑梦之地。在新的历史时期，"21世纪海上丝绸之路"的构想为梅州加快实现振兴发展乃至走向世界提供了前所未有的战略新机遇。

一、历史上梅州是与海外经济文化交流的前沿地，也是古代海上丝绸之路的重要起点

自两汉至唐宋，中国并不仅仅是一个内陆的、农耕的大国，"海上丝绸之路"绵延千年，海上交通在世界上享有盛誉。客家人在千年辗转迁徙历程中，从中原到沿海，在文化上、地理上都处于一种边缘地带，这就使得以农耕文化为基础的客家文化不可避免地受到其所到之处文化的影响，客家人迁徙到广东等沿海一带时，来自中原文化体系的客家文化便受到了海洋文化的冲击，也融入了浓厚的海洋文化特色，丰富了客家文化的内涵。梅州是客家人南迁的最后落脚点和开枝散叶的出发地，梅州与岭东之门户、华南之要冲汕头山水相连，在过去陆路交通不发达的条件下，梅州有梅江、韩江水路直通汕头，历史上韩江是梅州和闽西赣南人民打开山门走向海洋走向世界的主要通道，也是汕头和潮汕平原北上开拓腹地的主要通道。客家人大都沿着这条水路通过汕头走向印

度洋以至非洲、欧洲等更远的地方，近代梅州著名诗人黄遵宪的乐府诗《下水船歌》描写了诗人在1886年韩江春涨时由松口乘"下水船"到潮州出海的情景，正是客家人从松口出发漂洋过海的真实写照。松口是梅州客家人走向海外的第一港，也是古代海上丝绸之路不可或缺的一环。联合国教科文组织在松口建立了纪念海外华人"印度洋之路"项目在中国的唯一纪念碑。

据史料记载，早在宋朝开始，梅州客家先民就远渡重洋到南洋谋生，成为早期的海外华侨。南洋民谚"客人开埠，广人旺埠，潮人占埠"的说法，鲜明而生动地反映了在中国东南沿海地区演绎的海洋商业文明中，客家人扮演着重要的角色。千百万客家人在古代海上丝绸之路上往来经商，用勤劳和智慧创造出独特的客商文化，而客家文化，更是随着客家人千年迁徙的脚步衍播和影响了东南亚乃至全世界。

一方面许多华侨如罗芳伯、姚德胜、李光耀等参与海上丝绸之路沿线国家的经济社会建设，做出了重要贡献，成为所在国家的社会精英而名垂青史；同时华侨在外创业有成，不忘祖国，回馈家乡，对梅州的社会、经济和文化等各方面产生了深远影响，使梅州成就了"华侨之乡"的美誉。时至今日，梅州广大城乡仍留存许多内涵丰富的华侨人文史迹，为梅州增添了一道亮丽的风景线。近代以来，华侨回乡建造的大量中西合璧建筑，丰富了梅州客家传统民居建筑形制，许多仍完好留存至今，令人流连忘返；飞架在梅江两岸的许多桥梁和遍布城乡的许多学校、医院均由华侨独资或集资建造而成，更是凝结着海外华侨热爱桑梓的血脉情怀。梅州的华侨文化积淀深厚，华侨文化既体现了梅州客家文化的个性，也创造了梅州客家文化的多样性，梅州也因此而成为与海外经济文化交流的前沿地。

成型于汉代的"海上丝绸之路"，是古代中国与外国交通贸易和文化交往的海上通道，也是陆上丝绸之路的延伸，主要运销中国的陶瓷和东方的香料，也被称为陶瓷之路。早在唐宋时期开始，梅州地方就有大量陶瓷、茶叶和丝绸布料通过海上丝绸之路远销海外，据中外许多学者考证，20世纪70年代末，在海上丝绸之路沿线国家泰国挖掘出土了包括梅县水车窑青瓷在内的大量唐代陶瓷标本，此后，在一艘被打捞上岸的唐代沉船上也发现了大量的梅县水车窑青瓷，可见水车窑是唐朝重要的出口外销瓷，其外销的数量之大和范围之广，在一定时期内都是广东窑系之最。这也表明梅州是古代海上丝绸之路的重要起点。

二、21世纪海上丝绸之路建设为梅州加快实现振兴发展宏伟目标提供了重大战略机遇

"21世纪海上丝绸之路"顺应时代要求和各国加快发展的愿望，提供了一个包容性巨大的发展平台，其战略合作伙伴并不仅限于东盟，而是以点带线，以线带面，增进同沿边国家和地区的交往，将形成连通东盟、南亚、西亚、北非、欧洲等各大经济板块的市场链，发展面向南海、太平洋和印度洋的战略合作经济带，以亚欧非经济贸易一体化为发展的长期目标，与沿线各国共同打造政治互信、经济融合、文化包容的利益共同体、责任共同体和命运共同体，造福沿线国家人民，促进人类文明进步事业。这是中国推进全面深化改革开放的发展大战略，也是中国新一轮改革开放的施政重点。

2015年3月28日，经国务院授权，国家发展改革委、外交部、商务部联合发布了《推动共建丝绸之路经济带和21世纪海上丝绸之路的愿景与行动》，全面规划了"一带一路"建设的框架思路和中国各地方的开放态势等，明确支持福建建设21世纪海上丝绸之路核心区，推进福建海峡蓝色经济试验区建设，加强汕头、厦门、泉州等沿海城市港口建设，充分发挥深圳前海、广州南沙、珠海横琴、福建平潭等开放合作区作用，深化与港澳台合作，打造粤港澳大湾区，发挥海外侨胞独特优势作用，积极参与和助力"一带一路"建设。

汕头正在积极创办华侨经济文化合作试验区，力争成为建设"海上丝绸之路"的桥头堡；福建海峡蓝色经济试验区主要涵盖闽南大部分地区。梅州地处粤东北，自清朝设立嘉应州以来就是粤闽赣边区的政治、经济、文化中心，和上述区域特别是汕头等沿海港口城市有着深厚的经济文化历史上的渊源。梅州正在深入贯彻落实省委书记关于梅州市做大做强中心城区、产城联动、努力增强中心城区辐射带动能力的重要讲话精神和省委省政府"关于进一步促进粤东西北地区振兴发展的决定"，以及中央苏区振兴发展规划。"振兴发展"将成为今后一段时期梅州经济发展新常态，必须全面把握21世纪海上丝绸之路建设这一战略机遇，加快实现振兴发展宏伟目标。

三、着力谋篇布局，主动对接，尽快融入21世纪海上丝绸之路建设

"为者常成，行者常至。"首先要解放思想，凝聚共识，在观念上融入21世纪海上丝绸之路建设，充分认识到"一带一路"倡议是新中国继建设特区和加入WTO（世界贸易组织）之后的第三次改革，这是在前两次基础上更大的开放，是高层次、高水平、高质量的开放。梅州远离珠三角，要跳出"自我中心"的小环境意识，做好融入21世纪海上丝绸之路建设的规划方案。全力推进梅州作为粤东西北的地级市中心城区建设，扩容提质，将中心城区打造成有效带动区域发展的增长极，发挥梅州在新的历史时期作为粤闽赣边区的重要节点城市的区域作用。

其次要畅通渠道，谋篇布局，在交通基础设施建设上融入21世纪海上丝绸之路建设。梅州要以长远眼光和全局观念，充分发挥全省交通建设大会战主战场的作用，从整个粤东乃至全国的交通布局着眼，构建综合交通运输体系，加快改善区位条件，与周边沿海区域全面做到互联互通。着重打通途经潮汕的出海通道和通往赣南闽西腹地的出省通道，统筹布局高铁线路、高铁站、机场新址、汽车运输枢纽站、物流园区，注重与中心城区、产业园区、各县（市、区）的对接，构建快速对外综合交通运输体系，着力建设粤东北交通枢纽城市，提升梅州作为世界客都和粤闽赣边区中心城市的地位，增强全球客家人的归属感、自豪感和凝聚力。

最后要产城联动，扩容增量，在产业上融入21世纪海上丝绸之路建设。产业园是最好的融入平台，要突出以电声、陶瓷、农产品出口为主导，以建设产业园区为载体，着力发展实体经济，积极拓展海外市场合作新空间；要加快建设嘉应新区起步区，增强中心城区辐射带动能力，提升新型城镇化水平。着手构建以畲江广州（梅州）产业转移工业园为中心的"丰华兴梅产业集聚区"，尽快规划建设韩江（中上游）生态文化经济带。韩江中上游一带是广东至今尚未开发的处女地，自然资源和人文资源丰富，后发优势强劲。沿江而上可与梅县大埔乃至闽南各县市的旅游景区和产业园区穿珠成链、做大做强，建成生态旅游度假区、健康休闲养生区和宜居优质生活区，实现韩江中上游沿岸县镇联动发展；沿江而下可与潮汕一起对接"21世纪海上丝绸之路"，奔向大海，走

向世界。

"潮平两岸阔,风正一帆悬。"面向未来,梅州将会以独特的方式和个性,适应经济发展新常态,抓住千载难逢的战略机遇,主动融入"21世纪海上丝绸之路"建设,实现振兴发展的历史性新跨越。

2015年4月

让校园成为师生共同的精神家园

——《过去的中学》增订本读后感

浙江学者傅国涌编的《过去的中学——人生最关键阶段的教育和学习》，初版出于2006年春天，7年后同心出版社出了增订版，比初版内容更丰富，变得沉甸甸的。全书收集了胡适、冰心、王敏之、朱自清等人撰写的中学时代回忆录40多篇，他们满怀深情地回忆了令自己受益终生的、良好的、健全的中学教育经历，他们中的不少人还极富创见地表述了他们卓越的中学教育理念与主张。这些回忆录展现了20世纪上半期，北师大附中、天津和重庆南开中学、江苏扬州中学、浙江春晖中学，以及北京的三中、101中学等按新兴教育理念与时代发展需要而创建并取得成功的一批著名中学的风貌，为我们再现了远去的民国教育背影。尽管世事沧桑，时代背景已迥然不同，许多理想诉求和价值观念早已发生了巨大的变更，我们的教育也呈现出全新的面貌，但是这些中学所呈现的关乎教育的一些基本理念和价值是恒久的，虽历经历史长河的冲刷磨砺，至今依然苍翠鲜活，让我在掩卷之余，油然神往。

中学时代是学生成长与发展的一个重要阶段，对人格的培养与形成起着至关重要的作用，无论一个人的学问做得如何好，纵如碧海掣鲸、著作等身，都并非无迹可寻，学术品格与路向往往在中学时代即已奠定。正如历史学家雷颐所说：一个人在中学阶段所读到的东西，会融进生命，化入血液，而到了大学阶段、成年以后读的，往往只能作为知识存在。读这一增订本，我的感受主要有以下几方面。

一、学校应注重内涵发展，有与时俱进的教学理念和独特的魅力

不仅那些百年名校有许多可圈可点之处，就是散落在全国各地的普通中

学，无论公立、私立还是教会中学，都一样富有特色和个性，一样卓有成效，培养出了许多民族精英。如同当时社会上一个重要的人文据点和思想巢穴，每所中学都是一个人成长中备受珍视的精神驿站和心智营地。它们对自身都有清楚的定位——不是通往大学的输送带上一个机械的环节，不是大学的预备学校，不是大学生生产流水线，都有自己基本的独立价值，如要让每一个学生的人格得到陶冶，知识得到训练，视野得以开阔，即使不再升学，作为一个人，他的文明素养，他对世界的认识，对社会人生的理解，也都在这个阶段初步成型。

真正的名校，不是在既有的条条框框里做到完美，而是打破桎梏、跳出窠臼，开一时之先河，领一世之风气。如浙江春晖中学虽地处当时的穷乡僻壤，却确立了"以哲人统治之精神自谋进行"的办学思路，倡导学校教育与社会教育相结合，即"以社会教育个人，以个人教育社会""培养有健全人格的国民"。学校开办短短几年间就呈现出崭新的气象，实行男女同校，首开浙江中学之先河，将《新青年》《向导》《语丝》等进步刊物选为课本，成为民国时期教育革新的"实验地"，大师云集的"理想国"。教师们很纯粹地教学，学生们很纯粹地读书。学校革故鼎新，摒弃陈腐的教育理念，培养有健全人格的国民，呈现一派真正的名校风范。

在当今社会转型时期，教育资源的配置逐渐均衡化，创建示范性学校虽有系列指标加以规范，但学校的发展还必须以更高的视野走向开放和多元，海纳百川，在开放中看到自己的优点和实力，找到自己的不足和差距。封闭办学，固守陈规，完全按同一化模式和标准打造，将失去示范性学校的丰富内涵，甚至会被快速发展的教育潮流淘汰出局。

二、学校应有一个富有人格魅力、有远大理想的校长

苏联教育学家苏霍姆林斯基曾经讲过："校长领导学校，首先是教育思想的领导，其次才是行政上的领导。"一个学校的发展，很大程度上是由这个学校的教育理念和办学思想决定的，关键是校长要有新的思想，校长的先进理念要转化为全校师生的共同认识和共同实践，校长的办学理念决定着学校的办学风格和办学特色，他们把学校作为事业去经营，把教师和学生作为生命个体去呵护，他们的辛勤付出换来的是一个群体的凝聚力，一个集体的感召力，

一个团队的合作和奉献；他们营造的是一种环境、氛围和精神，换取的是高品位的校园文化。中学校长之任，曾经代表着有识之士的一种教育理想。教育史上传统教育向现代教育的转型，在当时很多敢领风气之先的私立学校中已开始显露。当时卓有成就的教育家，无一不秉承着继往开来的事业态度，他们的目的不仅仅是继承与传播，更着眼于未来的学校品格与气质的塑造。天津耀华学校校长赵君达是哈佛大学的法学博士，回国后先为北洋大学教授，但他一直有志于基础教育。耀华学校创立后，他辞去大学教职应聘为校长，希望按自己的观念办一所完整的中小学。在许多耀华学生看来，这本身就体现了过人的胆识和理想主义。好校长治下的好中学，甚至能为好的大学校长奠定教育理念的基础。当过华中理工大学校长的中国科学院院士朱九思曾多次提及扬州中学给予他的深刻影响：“……我中学时代母校的办学模式，给了我终生难忘的印象，成了我思想深处办学的一个重要榜样。”名报人徐铸成早年就读的无锡江苏省立第三师范的第一任校长顾述之规划设计了制度和办学方针，定校训为“弘毅”，取意于“士不可以不弘毅，任重而道远”。这些给徐铸成的感觉是，开阔了学生的眼界，立志于做一个于国于民有用的人。这样的中学校长，就是一个能够清晰认识到自己的价值与使命，具有奉献精神和人文关怀的校长；就是一个不断追求自己人生理想和办学理念，具有独特办学风格的校长；就是一个具有海纳百川的宽广胸怀，具有极强的感染力和凝聚力的校长；就是一个有抵御世俗压力的勇气和应对压力的谋略、能安安静静办学的校长。

三、学校应有一支高素质的、有活力的教师队伍和一批有良好学习习惯的学生

高质量的教育需要高素质的教师去实践，学校内涵发展的过程也是提升教师素质、打造品牌名师的过程。经亨颐创办的春晖中学是一所私立农村中学，当年曾吸引了夏丏尊、朱自清、丰子恺、朱光潜、匡互生、王任叔等一大批优秀知识分子前来任教，而据各人回忆，钱基博、钱穆、陈翔鹤等都曾经是他们中学的老师。即便以今天的眼光看，阵容之豪华也令人炫目。书中所涉及的老师如正直勇敢的匡互生、批改作业非常详细的陶光、讲课激情澎湃的孟志荪、专业素养精深的傅种孙、胆识过人的魏荣爵等都让学生毕生难忘。傅国涌认为：衡量一所中学好不好，主要不是看它的占地面积、校舍楼房、先进仪器之

类，而是看它能在多大程度上吸引、凝聚最优秀的老师，能在多大程度上培养出具有独立思考能力的学生，开启他们的心智。教育的真正意义在于发现人的价值、发挥人的潜力、发展人的个性。总有一些风景，云卷云舒，让人动心，总有一些瞬间，人性光辉闪现，让人动情，在高素质的教师的眼中，每一个学生都是一道亮丽的风景线，每一个学生都能在平凡中展现自己的精彩。

四、学校应有浓郁的人文意味和良好的校园文化氛围

北师大附中是我国最早的一所公立中学，也是我国较早的现代中学之一。20世纪初，北师大附中成立以后，即成为我国办学理念最先进最优秀的中学。而学校的先进，学生的优秀，恰恰不是简单地表现在考试成绩上，而是突出体现在全人格教育，体现在对考试与分数的正确态度上。著名指挥家李德伦20世纪30年代就读于北师大附中。他把"附中味儿"总结为附中多年来积累形成的校风，"这个校风就是浓厚的学术空气、文化气息、好学精神、文雅而富于幽默的谈吐和爱好体育、健康活泼的作风，不死读书，而是生气勃勃，具有广阔的视野"。1923年至1929年在北师大附中学习的钱学森回忆说："我想到在师大附中学习的情景，我是很有感触的。那时候，这儿是城的边缘，很荒凉，再往南去的陶然亭是一片荒野。胡同里常有做小买卖的叫卖声，听起来很凄凉。我们在附中上学，都感到一个问题压在心上，就是民族、国家的存亡问题。就在这样的气氛下，我们努力学习，为了振兴中华。"

从这本书的回忆文字里可以发现，许多人笔下的校园生态是和谐的，主要表现为师生之间、学生之间关系的平等和谐。朱自清先生也是倡导人格教育的，很反感把社会上一些浑浊的东西带进本该清静的校园，认为"教育者和学生共在一个情之流中"，如他在《春晖的一月》中所说："我只照我喜欢的做就是了。这就是自由了。"学生的求学生活也显得无拘无束，几乎无一例外，书中每个人当年都沉醉在广泛的阅读之中，享受自主学习所带来的快乐。那种氛围对人的价值观的形成无疑会起到潜移默化的作用，不仅仅是这些我们能够看到的学习，还是一种作风，一种习惯，一种做什么事情都认真，做什么事情都想做好的自强心理。

五、学校应注重办好人民满意的教育，要有优异的教育教学质量

这些中学文理并重，注重德智体美全面发展，致力于培养有健全人格的国民。林砺儒老校长说得好，"中等教育的任务就是引导少年人格之放射线到各方面去"，一种教育并非以培养名家为目的，而是将"人格的活力"引向正确的地方，那么这无疑是一种开放的教育，在其指引下，才能够培养青少年的广阔与自由的心灵气质。教育，不应单纯是知识的传递和创新，更应是文明的传承与光大，要着眼于人的素质的综合发展，着眼于人的可持续发展，培养能适应未来、创造未来的新人。教育要造就像于光远、钱学森、胡适这样的知识文化精英，以促进人类物质文明的发展。教育同样需要培育像朱自清、经亨颐这样的道德规范的践行者，以不断提升人类的精神文明。我们从当年重庆南开中学的学生回忆中，可以真切地感受到，他们在那里受到的教育，在许多方面，足以给他们一生提供精神的支撑，成为他们未来生命中一个不能缺少的支点。中科院院士梁思礼老人回忆起他在南开中学的第一课——由老校长张伯苓亲自讲授的修身课，使他对南开"允公允能，日新月异"的校训有了更深刻的理解，他正是从那时树立起报效国家的决心，这也为他日后留美回国，投身于我国科研事业打下了基础。

梦想会照进现实，过去能反观今天。我们今天的中学在规模、数量上获得巨大发展，在设施、规范方面有了明显提升的同时，应大力追求科学发展、内涵发展，善于前沿观潮，树立比过去的中学更加先进开放的理念、养成更加严谨活泼的学风、确立更加神圣庄严的使命感和责任感，进一步健全机制，保证更多的优秀人才进入中学教师队伍，切实唤醒学生向学之心，向善、向真、向美之志，使校园成为教师、学生共同的精神家园。

2015年7月

基于历史意识培养的史料教学优化策略

高中历史课程改革迈入第二个十年以来，人们更多地叩问什么才是历史教育最为根本性的问题，赵亚夫教授提出：历史意识是历史教学的灵魂，没有历史意识的历史教育、教学，不仅没有意义，而且也不存在。对于高中生来说，基本的历史意识包含历史知识、历史思考、历史理解和历史解释等要素。笔者认为，中学历史教学重在历史意识的培养，从一定意义上来说，历史意识的培养是历史教学的目标追求和价值体现，这就要求历史教学扎根于人性的沃土，紧密关切学生的人生，把"教学"升华为服务人生的"教育"，使历史课堂教学在让学生以鲜活的生命个体体验获得历史知识的同时，用"多元且整体"的历史观认识自己、做好自己，思考历史问题，拥有良好的历史情怀，体会历史智慧，感悟人生意义，在提高学科能力的基础上进一步提升历史意识。

2014年3月，教育部印发的《关于全面深化课程改革落实立德树人根本任务的意见》强调：教育部将组织研究提出各学段学生发展核心素养体系，明确学生应具备的适应终身发展和社会发展需要的必备品格和关键能力，突出强调个人修养、社会关爱、家国情怀，更加注重自主发展、合作参与、创新实践，并要求各级各类学校从实际情况和学生特点出发，把核心素养和学业质量落实到各学科教学中。而历史学科核心素养包括唯物史观、时空观念、史料实证、历史解释、家国情怀五个方面，这是学生在历史学习过程中逐步形成的具有历史学科特征的必备品格和关键能力，是历史知识、能力和方法、情感态度和价值观等方面的综合表现。

傅斯年先生曾说："史学便是史料学。"梁启超说，史料是"过去人类思想行事所留之痕迹，有证据传留至今日者也"。历史学科素养中史料实证、历史理解、历史解释都需要依托课堂中的史料教学来实现。史料教学要求学生能够区分不同类型的史料，并多渠道获取史料后提炼有关的信息；能认识不同类型史料的价值，能够运用史料来论证自己的观点；能够对史料进行整理和辨析，用不同类型史料形成证据链，来论证历史问题；能够在独立探究历史现实问题时，恰当地运用史料进行论述。课程改革以来，史料教学已成为中学历史课堂教学方式的常态，但在教学实践中，许多教师并没有真正在课堂教学上重视史料的作用，教学任务的繁重和教学时间的短暂使得教师在对史料的筛选和使用方面力不从心，或是教学过程中堆砌过多史料，学生疲于应付。往往史料的具体选用不恰当、史料教学过程中缺乏史学方法的指引和培养，导致史料教学出现"杂乱化""简单化"等问题。教师所用材料仅局限于课本上的文字或图片，史料教学的形式停留在对教材文字的简单解读上，而对于课外多种史料的收集、整理、分析、利用等活动涉及较少。在有限的史料教学中，由于教学方式方法上存在的某些问题，如史料选择不当，或者训练不到位等导致学生严重缺乏阅读分析史料的能力。相当一部分学生在史料阅读的广度和深度上能力严重不足：一些学生在面对材料时不愿意通过自己的阅读分析去解决问题，而是依赖于教师的讲解；还有一些学生，面对史料无从下手，抓不住史料的核心内容或关键信息。其根源在于没有突出培养学生的史料解读能力和历史思维能力，没有真正引领学生在一个更为丰富和开阔的视野下用历史思维思考、解决问题并形成历史意识。而立意于历史意识培育，就要优化史料教学，使史料教学真正服务于学生的学，创造有历史感的氛围和情境，引导学生探究学习，真正体现历史学科价值的追求。

一、在研究《全日制义务教育历史课程标准（实验稿）》的基础上根据学生实际和教学内容适度选取史料

史料教学是历史教学中的一种方法和手段，是服务于课堂的。因此史料的收集、筛选、甄别、组织是首先需要解决的问题，要围绕课程内容及课程标准，满足课堂教学的需要和教学实际，符合中学生的认知水平。历史教材穿插着较多的历史文献和历史图片，如人教版教材中设置了"引言""学思之窗""历史纵横""资料回放""学习延伸"等板块，这些板块都引用了大量史料，真实地还原了历史的本来面貌，可以加深学生对知识的理解。但是这些内容容易被许多教师忽略，在日常教学中的利用也不充分。如果将教材重点和难点的段落加以史料化，鼓励学生进行分析和探究，将促进学生更好地把握重点和突破难点，

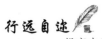

帮助学生构建历史知识体系，并以此培养历史思维和对历史问题的理解。在教学中，通过史料的合理呈现和问题的设置，调动学生参与课堂的积极主动性，完成基础知识的落实和学习能力的培养，最终达成"知识与能力""过程与方法""情感态度与价值观"的三维目标，提高历史课堂的教学有效性。

例如，在人教版必修三《西方人文主义思想的起源》一课中，教学目标要求理解智者学派出现的背景，要引入相关历史材料，培养学生提取有效信息的能力。因此，教师为引导学生理解智者学派出现的背景，可出示下列材料。

阿菲尔：你上午去参加公民大会吗？（民主政治发展，公民地位提高）

阿里托：希波战争胜利后，我的葡萄酒生意一直很好，我正要赶往港口送货，然后参加公民大会。（奴隶制经济的繁荣）

阿菲尔：中午到我家讨论公民发言权问题，如何？

阿里托：不行，我要去听普罗泰格拉老师的课。我想参加陪审法庭，但演说水平不够。上次与你讨论的问题想好了吗？（公民参政的实际需要）

阿菲尔："究竟是标枪，还是掷标枪的人，还是主持者对标枪刺死事件负责？"我思考很久，但没有结论。

通过解读材料及回顾公元前5世纪希腊的社会状况，理解智者学派出现的背景包括古希腊奴隶制经济的繁荣，奴隶制民主政治发展到顶峰，参与政治生活成为每个公民生活的重要内容，人在社会中的地位日益突出。

又如在学习人教版必修一《太平天国运动》一课时，在重点内容《天朝田亩制度》讲授时可补充如下史料："凡分田，照人口，不论男妇，算其家人口多寡，人多则多分，人寡则寡分，杂以九等。如一家六人，分三人好田，分三人丑田，好丑各一半。凡天下田，天下人同耕，此处不足，则迁彼处，彼处不足，则迁此处。凡天下田，丰荒相通，此处荒，则移彼丰处，以赈此荒处。彼处荒，则移此丰处，以赈彼荒处。务使天下共享天父上主皇上帝大福，有田同耕，有饭同食，有衣同穿，有钱同使，无处不均匀，无人不饱暖也。""凡男妇每一人自十六岁以上受田……则十五岁以下半……"

结合学生的实际设计如下问题：

（1）上述材料反映了什么人在土地问题上的什么要求？

（2）依据以上材料，概括太平天国分配土地的标准。

（3）从材料中找出他们想建立的理想社会是什么样的？你觉得这样的社会

能实现吗？请说明理由。

通过对这些材料的理解和问题的解决，学生就能掌握《天朝田亩制度》的核心内容、目的和对它的简单评价，从而突破教学重难点。

二、运用史料进行史学方法的指导，引导学生"精读史料—分析问题—阐述表达"

在史料教学过程中，要注重对学生的启发和引导，通过学生的自主思考和教师点拨，逐步培养学生的史料阅读能力、分析能力、归纳概括能力等，引导学生通过多种能力的综合运用得出科学理性的历史结论。这一过程中，教师怎样利用史料组织教学，设计学生活动，体现学生的学习主体地位和主观能动性。通过引导学生对史料的分析把握逐步掌握必要的历史学习方法，形成一定的历史学科素养，具备独立思考、逻辑推理、信息加工、学会学习、语言表达和文字写作等关键能力，获得终身学习的意识、能力和方法。

精心创设历史问题情境，把学生带入历史现场，这需要收集大量的材料并加以整理。学生在大量的材料梳理中才能感受到历史的真实，解决一个个递进的问题，感受到历史的智慧。这些问题的提出，需要学生对收集来的材料进行辨别，比较不同，去伪存真，根据材料形成历史脉络，提出疑问，并通过材料提炼有效的信息，解答问题，论证结论，问题的解决必须依赖于对材料的解读和分析，问题的解决既是史料研读的目的，也是理解史料的一种途径，由此引导学生在探讨历史问题时形成重视证据的历史意识和依据史料解释历史、处理历史信息的能力。

如人教版必修二《开辟新航路》一课教学中，为在更广阔的视野下分析理解新航路的开辟对世界、欧洲和亚非拉国家的重大影响这一主题，教师引导学生解读下列史料。

材料一：由于新航路的开辟，东西两半球不同文化圈大汇合，加速了人类从传统农耕文明向现代工业文明的转变过程……没有了美洲贡献的大量金银与物质财富，没有北美的自由移民垦殖区，西方资本主义的发展将会缓慢得多，英国也不可能成为发动工业革命的国家……没有把世界连成整体的地理大革命，也不可能出现推动否定旧传统的思想解放运动。

——《通向现代世界的500年：哥伦布以来东西两半球汇合的世界影响》

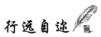

材料二：早在13、14世纪，连接欧亚非地区的世界贸易网已经形成，欧洲在其中一直处于边缘地位。这不仅因为欧洲的经济总量远远无法与亚洲的中国、印度相比，还由于欧洲人能向亚洲销售的产品极少，多数情况下只能以金、银等贵金属交易，欧洲的贵金属货币日益紧缺。16世纪后，欧洲在世界经济贸易中的这种处境开始改善。

——据《白银资本》

先由学习小组的代表汇报他们的探究成果，其他小组代表进行补充，教师再点评总结。

（1）对世界：结束了世界各地相对孤立的状态，世界日益连成一个整体；以西欧为中心的世界市场的雏形开始出现。

（2）对欧洲：引起"商业革命"和"价格革命"，加速了西欧封建制度的解体，促进了资本主义的发展。

三、运用史料多角度关注历史细节，引导学生在具体的历史情境中认识和感悟历史

一般来说，文献史料是人类对社会的一种认识，经过了人们的加工与改造，总是受作者的主观目的、政治立场、知识水平等因素的制约，因此，史料是存在主观性的东西，偏颇或错误在所难免。而引导学生采用批判性思维来分析史料，对其可能存在的不足进行质疑，可以最大限度地挖掘史料中的有效信息，以追求史料的合理性，从而提高史料的使用价值。

高考试题往往运用典型的材料呈现历史事实，用别样的视角给学生提供新的思维空间，有利于引导学生采用批判性思维分析史料，在具体的历史情境中去感悟历史，形成历史态度和价值观。

如人教版必修二《近代中国经济结构的变动》一课中涉及经济结构的变动、自然经济的逐步解体、洋务经济、近代化等诸多经济概念及它们之间的联系、地位，近代经济结构的变动引起的社会政治、经济、思想文化等一系列的变化，对学生来说既是重点又是难点。为引领学生在一个更为丰富和开阔的视野下用历史思维思考、解决问题并形成历史意识，教学过程中，教师应注重多角度选取运用史料，突出历史的具体性，把抽象的历史分析具体化，展示"细节"。反思洋务运动时的制度制约因素时，可选用徐新吾主编的《中国近代缫

丝工业史》中的材料：

> 国人之经营丝厂业者，则自黄佐卿先生始。黄君于1881年（光绪七年）首建丝厂于沪上北苏州河沿岸，丝车仅100部，定名称为公和永。怡和与公平洋行接踵而兴，再建一厂，每厂亦仅有丝车104部，各项机械均购自意法等国。是年，三厂建筑告竣，越年，同时开工。斯时运用缫丝机械尚无相当人才，三厂乃延意人麦登斯为工程师，指导厂务。惟是时女工都无充分训练，工作不良，丝质随劣，且所有出品须运往外国市场，向绸商兜售，输运需时，周转为难。自光绪八年至十三年（1882年至1887年），营业失败，三厂资本耗损殆尽……

据此引导学生思考归纳材料中有哪些企业？有何共性？"三厂资本耗损殆尽"的共同原因是什么？因此得出历史认识：任何新经济因素在成长初期，都不能单纯依靠经济关系的力量，还要依靠国家政权的帮助。没有相应制度保驾护航的中国近代工业举步维艰。洋务运动就是一场跛足的改革。中日之间的战争，其实是一场一个完整的现代国家和一个部分的现代国家之间的较量。

如在人教版必修一《国共的十年对峙》或《抗日战争》教学中，可引用2015年《普通高中历史课程标准（2017年版）》全国卷Ⅰ第30题题干材料：1933年到1937年上半年，国民政府军事委员会先后统筹完成了江宁、镇江、虎门、马尾、连云港等要塞区的建设，又大规模构筑了京沪、沪杭、豫北、晋北、绥东等侧重于城市和交通线防御的工事。

关于1933年至1937年上半年这一时期的知识的教学，我们往往更多地强调蒋介石国民政府对中共苏区的"围剿"和面对日本步步侵略实行"攘外必先安内"的妥协政策，而对国民政府"对日防御作战"的战略部署相对来说未引起足够关注。上述题干材料恰恰反映了当时国民政府对日持久防御作战的战略意图，展现的正是全面抗战之前国民政府应对日本侵略的基本状况，从而揭示出"全民抗战"的内涵，这正是突破现行教材知识的新的历史认识。

要重视选取史料的严谨性，历史细节不是"下脚料"，是需要教师精心挑选并打磨的，不能将历史小故事当作调剂课堂的"润滑剂"，将细节当作教学的"主旋律"，以免不能真正发挥出历史"见微知著"的精神内涵；学生在课堂上感觉"烟雾缭绕"，无法认清历史的内在逻辑。教师要突出课堂教学的互动性，在历史课堂教学中，要真正让学生成为学习的主体，必须让学生在"判天地之美，析万物之理"的审视之中，融入自己理性的阐释和说明。在纷

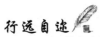

繁复杂的历史细节中，教师引导学生学会用客观理性的视角审视历史。学生通过多角度的比对，在生生之间、师生之间的交流中收获属于自己的那一份"认知"。如果学生只是被动地接受，就会降低学习历史的积极性，教学的有效性也无从谈起。要注意史料教学的适度性，教学之"田"，耕耘要有"度"，如何把握学生的实际情况，决定了我们对待史料细节的尺度，也决定了我们教学的难度，更决定了学生理解历史知识的厚度。

总之，历史意识的培养是历史教学的目标追求和价值体现，而史料是历史研究的基石，也是中学历史课堂教学的基本课程资源，史料教学在历史课堂教学中有着不可替代的作用和意义。中学历史课堂中的史料教学，不能单纯地停留在教师的教学活动、学生被动地接受教师对史料的分析和解读上，而应该以落实学生的"学"为主，根据学生的年龄阶段和认知水平，选取恰当的史料呈现历史原貌，由学生利用史料展开历史探究，通过自主学习、同伴互助、小组合作等方式发现并解决问题，让学生愿意走进史料、解读史料，发掘史料的魅力，让学生亲身感受历史的发生、发展过程。学生通过自己对史料的阅读和分析，获取有效信息，从而形成自己的历史认知，提高能力。中学历史教学应把"教学"升华为服务人生的"教育"，在提高学科能力的基础上进一步提升学生的历史意识。

2016年8月

📋 参考文献

［1］赵亚夫，张汉林.历史意识及其在教学研究中的位置［J］.中学历史教学参考，2015（9）.

［2］汪建红.基于教科书内容的材料补充与课堂教学［J］.中学历史教学参考，2015（11）.

［3］齐健.走进高中历史教学现场［M］.北京：首都师范大学出版社，2008.

［4］王继平，赵亚夫.美国历史教学中的研究视野［J］.历史教学问题，2011（4）.

［5］吴伟.历史学科能力与历史素养［J］.历史教学，2012（11）.

高考全国卷历史命题特点和历史复习教学新路径

根据多年来的我市高三历史备考复习计划，结合河南先行使用全国卷的备考经验，一轮备考复习于8月开始，二轮备考复习一般于次年2月下旬开始，持续两个多月。一轮复习建议还是采用专题史复习，适宜"小切口，慢步走，常回头"，实现基于教材专题的"纵通"，梳理出政治、经济、文化发展的纵向基本脉络；二轮复习应立足于断代通史复习，实现基于一定主题的"横通"。

一、深刻理解近年高考历史全国统一命题的特点和历史考试说明中关于考核的目标与要求

依据《广东省教育厅关于广东省普通高考使用全国统一命题试卷的通知》（粤教考函〔2015〕24号）及其相关附件，文综历史部分的全国卷和广东卷的考查均依据新《普通高中历史课程标准（实验）》和《2013年全国统一考试大纲（课程标准实验版）》，考试目标与要求、考试范围和内容（必考部分）、题型、总分值、选择题题目数量和分值、非选择题的分值都相同，试题只涉及单学科内容，不涉及跨学科内容。

（一）全国卷的历史试卷特点

1. 历史试卷结构（见表1）

表1 历史试卷结构

题型	题号	题量及分值	考试范围	备注
选择题 （Ⅰ卷）	24～35	12题 共计48分	《普通高中历史课程标准（实验）》规定的必修内容	必考题
非选择题 （Ⅱ卷）	40～41	2题 共计37分	《普通高中历史课程标准》规定的必修内容	必考题
	45/46/ 47/48	1题 共计15分	《普通高中历史课程标准》选修内容中的四个选修模块："历史上的重大改革""近代社会的民主思想与实践""20世纪的战争与和平""中外历史人物评说"	选考题（四道试题选做一题，多做者只批阅第一题）

2. 试题整体特点

以学科主干知识为依托，突出历史发展的基本脉络；以通史体例呈现，突出历史发展的阶段性特征。

贴近社会发展和现实生活，充分关注人类社会历史发展中的重大问题，适度关注时代主题、社会热点与学术热点。

运用新材料，创设新情境，突出学科能力立意，强调学科素养和学习潜力的考查，充分体现"小切口，大内涵"的历史考查要求。

不拘泥于历史教科书的既有结论与具体表述，强调在科学历史观指导下运用学科思维和学科方法分析、解决问题。

3. 选择题的命题特点

按中国古代史—中国近代史—中国现代史—世界古代史—世界近现代史的顺序组题；中国史和世界史的题量分配一般是8题与4题，其中考查比重最大的中国古代史，一般为4题；世界古代史内容一般为1题。试题选用的材料简短、阅读障碍少，风格趋近广东卷；设问灵活，强调知识之间的内在联系，突出思维过程及方法，能力层次要求高，整体难度高于广东卷。

4. 非选择题的命题特点

选用的材料字数较多，阅读量较大，内容往往与教材关系不紧密，要求学生主要依据材料回答问题，考查学生综合素质和历史学科素养。

第40题：主题式、跨度大、综合性强，体现"中外关联""贯通古今"的考查要求；考查内容依托主干知识，突出学科能力立意，运用新材料，创设新情境，"小切口，大内涵"，突出历史发展基本脉络和阶段特征，考查学科素养和学习潜力；不拘泥于历史教科书的既有结论与具体表述，突出历史理解、分析、解释等能力的考查。

第41题：开放性试题，内容及形式无定式可循；强调史观与基本史实的有机结合；突出基本能力的全面、综合考查；一般采取分层评价。

第45～48题选做题：一般一题设2小问。突破教材的限制和束缚，考查的历史现象来自材料而非教材，考查内容较少直接涉及教材内容；考查方向主要集中在作用、意义、原因、背景、措施、特点等方面；突出考查材料信息的获取与解读的能力，以及运用模块主题学习的基本框架和方法分析与解决问题的能力。

（二）梅州市2014年中考各科考试说明（历史）中关于考核的目标与要求

加强研究，把握方向。要研究教育部考试中心颁发的近几年《2013年全国统一考试大纲（课程标准实验版）》及《梅州市2014年中考各科考试说明（历史）》，明确命题思想、考核目标与要求、考试范围和内容，细化复习目标。要研究《普通高中历史课程标准（2017年版）》全国卷近三年试题，尤其是分析命题技巧和评分要求，优化复习情境。要研究教学内容，明确已考什么、怎么考，进一步思考和分析为什么考这些内容、考过的内容还能怎么考、还会考哪些内容。要关注前沿研究动态与成果，挖掘和利用其与教学内容的联系，拓展复习视野。

历史学科考查对基本历史知识的掌握程度；考查学科素养和学习潜力；注重考查在唯物史观指导下运用学科思维和学科方法发现问题、分析问题、解决问题的能力；考查考生的人文精神与素养，引导其实现德智体美劳全面发展。命题不拘泥于教科书，试题运用新材料，创设新情境，古今贯通，中外关联，把握历史发展的基本脉络。

考核能力目标与要求包括以下几点：

（1）获取和解读信息。理解试题提供的图文材料和考试要求；整理材料，最大限度地获取有效信息；对有效信息进行完整、准确、合理的解读。

（2）调动和运用知识。辨别历史事实与历史叙述，理解历史叙述与历史结论，说明历史现象和历史观点。

（3）描述和阐释事物。客观叙述历史事实，正确解释历史事物，认识历史事物的本质。

（4）论证和探讨问题。发现问题，论证历史问题，独立提出观点。

二、建立通史架构

一轮复习着眼于依据专题建立通史架构，夯实政治史、经济史、文化史三个模块的纵向脉络。

统筹规划，循序渐进，根据学科特征和现有教材的编写体例，一轮复习建议还是采用专题史复习，适宜"小切口，慢步走，常回头"，实现基于教材专题的"纵通"，梳理出政治、经济、文化发展的纵向基本脉络。

1. 必修模块和选修模块的处理

必修模块：在全面复习的基础上，强化核心内容的复习。《普通高中历史课程标准（2017年版）》全国卷命题相对集中的区域是：中国古代史中的先秦政治制度、中央集权制度的演变、古代农业和商业发展的阶段特征及政策变化、儒家思想的演变及特征等；世界古代史中的古希腊民主政治、罗马法及主要思想家等；中国近代史中的中国近代化进程及影响、近代各阶段的主流思想、洋务运动、近代社会生活的变迁、全民族的抗战等；世界近代史中的欧美主要国家的民主制度、新航路的开辟、工业革命的进程及影响、西方民主思想等；中国现代史中的新中国成立初期经济建设成就、新时期的现代化建设成就等；世界现代史中的现代资本主义发展变化、经济全球化和区域集团化主要表现、苏俄政治经济的特点、现代文学艺术等。历史阶段主要集中在公元前8世纪—公元前3世纪、16—18世纪、19世纪中期、20世纪初期、20世纪五六十年代。

选修模块：全国卷选修内容占总分值的15%，各校可根据自身实际和学生学情选取其中一个模块集中力量进行教学研究，或"改革"，或"人物评说"，根据其他先行使用全国卷的省份备考情况，一般是选"改革"模块的较多。对选修模块的复习应与对必修模块的复习同等重视。复习要立足于教材，又要高于教材。在了解和掌握基本知识的基础上，着重掌握模块学习的基本思想、框架和方法；分门别类地梳理近年全国各卷中各模块试题，参照试题所提供的"材料与问题"情境，进行教学设计与实施，落实材料信息获取和解读能力以及运用模块主题学习的基本框架和方法分析与解决问题能力的思维训练。

2. 教师从宏观意识统揽全局

一轮复习教学中教师应该有一个统揽全局的大意识，从宏观上去处理教材，重视将课时内容放置在一个单元中去把握，以主题引领夯实历史基础知识，有利于学生对知识技能的构建，重视学生技能的综合利用的实践体验，从而来提高学生理解和运用知识与技能的能力及意识。

例如2015年全国卷：阅读材料，完成下列要求。

材料一：在历史中，儒学一直在发展与创新。唐代韩愈以周公、孔子的继承者自居，排斥佛、道，鄙薄汉代以来的儒学，认为周公、孔子之道在孟子之后已经断绝。他在《原道》中说："吾所谓道也，非向(先前)所谓老与佛之道也。尧以是传之舜，舜以是传之禹，禹以是传之汤，汤以是传之文、武、周公，文、武、周公传之孔子。孔子传之孟轲。轲之死，不得其传焉。"他的这一主张被宋代儒者接受并发扬。当代学者认为韩愈开了宋代"新儒学"的先河。

——摘编自卞孝萱等《韩愈评传》

材料二：19世纪末，康有为撰写《新学伪经考》《孔子改制考》二书，认为汉代以来儒者奉为经典的《周礼》《左传》等书，是汉代学者为王莽篡汉而伪造的，影响恶劣，导致"中国之民，遂二千年被(遭受)暴主夷狄之酷政"。他主张回归孔子所编定的《诗经》《礼记》等原典，理解真正的儒学精神。在他看来，孔子是一位伟大的改革家，《春秋》便是孔子为"改制"而创作的。他甚至用西学来解释《春秋》，认为《春秋公羊传》中的"三世"说为："始于据乱(世)，立君主；中于升平(世)，为立宪，君民共主；终至太平(世)，为民主。"

——摘编自张海鹏等编《中国近代史》

（1）结合材料一及所学知识，指出汉代儒学与孔孟儒学的不同之处，并概括宋代理学在哪些方面对儒学有所发展。

（2）根据材料一、二并结合所学知识，指出韩愈、康有为关于儒学认识的共通之处。

（3）我们应当以什么样的态度对待孔子与儒学？

本题主要考查汉代儒学与孔孟儒学的不同之处以及宋代理学对儒学的发展，唐代的儒学复兴及康有为的儒学认识和对待孔子与儒学的态度。①第一小问为不同点，分别归纳孔孟的儒学思想和汉代董仲舒的儒学思想，孔孟思想要求统治者施行仁政，以民为本，以道德教化民众；汉代董仲舒强调天人感应、君权神授、三纲五常，为专制主义中央集权提供理论依据。第二小问为发展，宋明理学"认为周公、孔子之道在孟子之后已经断绝"，更加重视《论语》《孟子》；宋明理学吸收佛道思想，更加重视思辨，强调个人的修养与完善。②从理论来源看，他们都主张回归孔子、孟子所编定的原典，从中探寻儒学的精神实质，都认为后人的附会、杜撰之说导致儒学传道的断绝；从目的看，他们的认识都是为现实服务，韩愈是为了复兴儒学，康有为是为变法制造理论依据。③我们对待孔子与儒学的态度，应该历史地、辩证地看待，取其精华，去其糟粕。

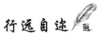
因此，本题旨在考查学生对中国传统儒家思想发展演变历程的把握，这就是人教版历史必修三第一单元知识的一个重大的突出主题。

（1）春秋时期创立：孔子是儒家学派的创始人。"仁"是孔子思想体系的核心。他主张"仁者，爱人"，"己所不欲，勿施于人"，以爱人之心调解与和谐社会的人际关系。维护周"礼"，主张贵贱有序，这是孔子政治思想中的保守部分。

（2）战国时期发展：成为"百家争鸣"中的一家。孟子发展了孔子的学说，政治上主张施行"仁政"，并提出"民贵君轻"的思想。他还主张"政在得民"，反对苛政，反对统治者虐民和暴民。主张给农民一定的土地，不侵犯农民劳动时间，宽刑薄税。但在战国纷争的时代，其主张无助于实现统一，距当时激烈的社会变革太遥远，而受到统治者的冷落。

（3）秦朝时期受压制："焚书坑儒"。

（4）西汉时期享"独尊"：董仲舒对儒家思想进行了发挥，增添了"君权神授"和"大一统"等思想内容，适应了君主专制中央集权的需要。汉武帝采纳董仲舒"罢黜百家，独尊儒术"的建议，儒家思想因而获得"独尊"地位，从此成为封建社会的正统思想。

（5）宋朝时期形成理学：宋代主要的哲学思想是理学。它是以儒家思想为基础，吸收佛教和道教思想形成的新儒学，南宋朱熹是理学发展的集大成者。他认为："理"是宇宙万物的本原，是第一性的；"气"是构成宇宙万物的材料，是第二性的。把"天理"和"人欲"对立起来，认为人欲是一切罪恶的根源，因此他提出"存天理，灭人欲"。这实际上是为封建等级制度辩护。朱熹继承了北宋哲学家程颢、程颐的思想，进一步完善和发展了客观唯心主义的理学体系，后人称之为"程朱理学"。

（6）明末清初遭批判：明清时期官方哲学理学和心学相继占统治地位。明后期"异端"进步思想家、我国反封建的思想先驱——李贽指责儒家经典并非"万世之至论"，否定孔子是天生圣人，反对"咸以孔子之是非为是非"。揭露道学的虚伪。清初的黄宗羲、顾炎武、王夫之也从不同角度批判了理学，其思想在一定意义上反映了资本主义萌芽时期的要求，带有民主性色彩。龚自珍、林则徐等封建士大夫中的有识之士提倡"经世致用"，引导人们挣脱程朱理学的枷锁，为"向西方学习"的新思想的萌发奠定了思想基础。

（7）太平天国时期被结合：鸦片战争后在农民起义的潮流中，受西方宗教思想影响的洪秀全结合儒家的大同思想创立了拜上帝教理论，对广大的劳动人民产生了很大的号召力，推动了太平天国运动的发生。

（8）维新变法时期出"新意"：康有为把西方资本主义的政治学说同传统的儒家思想相结合，宣传维新变法的道理。发表《孔子改制考》，目的是利用孔子的权威来论证资产阶级维新变法理论的合理性，否定顽固派恪守祖训、反对变法的理论基础，为维新变法思想制造历史根据，减少变法的阻力。

（9）新文化运动时期受抨击：辛亥革命已经推翻了封建帝制，但对封建思想文化还没有进行彻底批判，北洋军阀统治时期，袁世凯为复辟帝制，在文化领域掀起尊孔复古的逆流。为打破封建思想的束缚，陈独秀等人直接打出民主和科学的旗帜，提出了"打倒孔家店"的口号，把斗争矛头指向儒家传统道德，动摇了封建思想的统治地位，解放了人们的思想。

（10）"文化大革命"时期被否定：江青等"四人帮"开展所谓"批林批孔"运动，矛头直指周恩来的落实干部政策和恢复"文化大革命"前的一些政策措施。儒学被错误地全面否定、批判。

（11）新时期批判地吸收：改革开放以来，我们对待传统文化的科学态度和政策应该是古为今用，批判地吸收和继承。

三、把握重点，精简内容，梳理单元知识框架结构和历史阶段特征

1. 中国古代史

主要朝代君主专制中央集权制度以及选官制度的演变及其时代特征（含分封制演变）。

重要经济制度（土地、赋税、货币制度）和政策的演变及其与商品经济发展的关系，唐宋以降商品经济发展、繁荣在农业、手工业、商业、外贸和市镇兴起等方面的表现，经济发展的时代特征。

以儒学为主线的传统主流思想演变及其时代特征（儒学发展各阶段之间的衔接）。

2. 世界古代史

古代雅典民主政治的主要特点、特征及其影响；古代罗马法的主要精神和

原则及其对后世的影响；古希腊罗马先哲的主要思想主张；古希腊罗马与同时代中国政治、经济和思想文化方面的比较。

3. 世界近代史

全球视野下对工业革命的全方位认识，包括背景、起因、大致过程和多方面（包括社会生活）影响等；英、法、美、德四国政治制度的发展演变及其特点，重要历史文献，主要国际关系；新航路开辟以来全球化进程及其对东西方的影响；近代民主思想产生、发展、传播的原因和影响。

4. 中国近代史

突出一条主线，即中国近代化进程在经济、政治、思想文化、社会生活上的主要表现、本质特征及其深层原因、国际背景和相互关系，如近代民族工业发展的曲折历程；各种救国救民思想，包括改良、改革和革命思想的演变及实践；全球视野下清朝前、后期比较；世界反法西斯战争视角下的全民族抗日战争（常考点）。

5. 中国现代史

中国经济建设的主要成就，集中在中华人民共和国成立初期和新时期（20世纪八九十年代）；国际背景下中国对外政策的变化和调整。

6. 世界现代史

罗斯福新政的实质和影响；第二次世界大战以来世界资本主义经济发展变化及其特点；世界经济区域集团化和全球一体化的趋势及主要表现；战后两极格局下的国际关系。

7. 中外历史联系和比较

中国古代中央集权制度与西方民主制度形成和发展的对比；中西方近代化的背景、起因、进程、内容和结果的比较；中国近代主流思想演变与古代传统文化和西方近代思想文化的联系。

四、提高对全国卷历史高考命题思路的再认识

关注历史学科考查涉及的五大核心素养，即时空观念：指对事物与特定时间及空间的联系进行观察、分析的观念；史料实证：是指通过严格的检验获取可信史料，并据此努力重现历史真实的态度与方法；历史理解：指将对史事的叙述提升为理解其意义的情感取向和理性认识；历史解释：指以史料为依据，

以历史理解为基础，对历史事物进行理性分析和客观评判的能力；历史价值观：历史价值观是对历史的事实判断与价值判断的辩证统一，是从人文研究的真、善、美追求中凝练出来的价值取向。

复习中要突出中华传统文化，关注文化成就。根据教育部《完善中华优秀传统文化教育指导纲要》的精神，落实立德树人的根本任务，进一步加强新形势下中华优秀传统文化教育，克服当前在优秀传统文化教育中存在的系统性、整体性不足等突出问题。历史命题将进一步围绕国学经典、诸子百家、传统文学、民风民俗、传统节日、中国戏剧、中国医学、中国建筑等内容进行考查，突出传统文化的"仁、义、礼、智、信，忠、孝、廉、耻、勇"的核心价值观。理解这些概念的含义，可从三个层面进行：一是思想、意识和观念，二是物质形态，三是制度、风俗、行为和规范。

五、答卷策略

1. 阅读与审题

（1）提高阅读速度。试题文字量大，是全国卷的一个特点。全国文综卷的字符由不到8000个增加到目前的9000多个，历史卷的字符则由2800个增加到3500个，近年又降到3200个左右。文综卷特别是历史卷，提高阅读理解材料的速度这一问题非常重要和迫切。审题过程首先是快速阅读理解材料的过程，因此需要加强阅读速度和理解力的训练。读题时要注意阅读速度并随笔标出重点和关键点，快速而充分提炼出有效信息。

（2）快速审题技巧

① 选择题。阅读时要搜索出核心点和关键词，弄清地域和时间范围。包括国家、地区、地点、历史时期、朝代、年代、时代或阶段特征等，要特别注意括号内的注释，这些注释往往与试题答案直接有关。一时读不懂材料，应借助选项理解材料。

② 非选择题。首先看设问要求，抓住主题和主线；其次根据标点快速分段分层；再次找出每个层次核心点和关键词，提炼出所有的有效信息；最后提炼材料的立场、观点和问题指向。

要注意把握题目的答题要求。非选择题目前主要是要求"根据材料并结合所学知识……"回答问题。

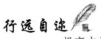

2. 答题

（1）选择题。历史选择题通常为最佳选择题，多数题目的材料远离教材，选项的表述专业性强，正确选项必然和试题材料有直接的关系，同时也有所学知识的支撑或有一定关联。这就可以先把与材料无任何关联的选项排除掉，再把与所学知识相悖的选项排除，最后再看是哪种选择题类型。

对于"现象—本质型"选择题，可先把非本质的选项排除掉，剩下的就是正确选项了；或者根据试题考点的时代特征，直接确定正确选项。

对于"原因—结果型"选择题，应先把不符合因果逻辑关系的选项排除，再确定最符合题意的选项。注意甄别正确选项和错误选项的不同表述风格与特点，过于绝对化的语气往往也不是正确答案；若有两个含义截然相反的选项，正确答案往往就在二者中间。

总的来说，选择题解题要做到"三看三思"，即审题时"三看"：看时间、空间，界定答题范围；看否定、肯定，确定答题方向；看关键词语，明确内涵外延。特别要注意提取隐性时间信息，明确时限；搞清历史现象的横向、纵向的历史空间和阶段特征，明确题目的时间范围和空间。解题时"三思"：选项是否符合史实，是否符合题干要求，是否与题干有必然的逻辑联系。

（2）非选择题。建议解题前先仔细研究所提问题，准确把握问题的要求。带着每一个问题认真阅读题目所给的相关材料，正确、全面理解材料含义，边阅读材料，边把与该问题有关的关键字、词、句，甚至标点符号、分值都勾画出来。阅读材料时注意分层，材料越长，越要处乱不惊，要一层一层来找层意，就是找段句号的关联句，每个段句号就是一个意思，每个关联词的转折和并列就是另外一层意思或者两个意思的构成，这样就会思路清楚，有很大的得分效应。回归教材，联系所学过的有关史实、观点及方法，根据问题的要求，分析材料，提炼观点。最后是归纳整理，以简练准确的文字去表述。

解答开放性问答必须明确：重要的不是持何种观点，而是能有理有据地论证自己的观点，即论证是否符合逻辑，是否严密，材料与观点是否统一，理由是否充足。因此，解答此类题目，首先要确定观点。其次，要通过对史实的概括提炼，来充分支持观点，尽量少漏观点及支持点。再次，要做到史论结合，有论有据。最后，论述要全面，如该题在肯定积极作用的同时，要指出消极作用，切忌绝对化。

非选择题由于是人工阅卷，阅卷老师对答卷卷面的视觉印象和感受与判分多少有着直接关系，因而评分误差一直是一个十分严重的问题。非选择题的答卷技巧特别是书写技巧非常重要。落实在卷面上的答案要做到"五化"，即书写工整化（+3~10分），层次段落化（+1~3分），表述要点化（+3~5分），要点序号化（+1~3分），重点重复化（+1~5分）。

附：河南部分高中学校备考经验介绍

作者于2016年3月考察访问了河南省郑州一中、河南省实验中学、太康第一高级中学、开封高中和开封市教育局等地。河南省作为教育大省，虽然身处内地，但在高考备考战略和理念创新方面丝毫不亚于东部沿海地区，我们梅州在这方面还有很大的借鉴空间。高中教学要注重三种课堂建设：主体课堂提高学生自学能力，是应对新课程改革下新高考的最有效手段；自习课堂提高学生自我管理能力，是提升学生自我修养的最佳途径，也是主体课堂的补充和保障；卓越课堂主要是针对高分学生冲刺高端学校。另外，高中个性课堂要求有效教学达到三原则：一是教学目标要明确，二是学习要真正发生，三是目标达成度要高，让学生参与，让学生思考，让学生辨析，让学生质疑，让学生挑战。

教育管理方面要有"和谐致美，人人发展"的理念，通过营造相互融合、相互尊重的校园生态环境，形成积极向上的校园文化，包容个性、尊重差异性，允许多样性，关注全体学生的全面发展、长远发展、个性发展和卓越发展，进而上升到"精神立校，文化自觉"，让每一位师生都心怀责任，敢于担当，又勇于创新，力求"让每一位学生都得到发展"和"让每一位教师都得到提高"。在教学方面开设个性课堂，可以没有固定课堂教学模式，教无定法，教师在课堂上可多讲、可少讲，也可以不讲，更可以使用翻转课堂，但必须有效。同时开展研究性学习，让学生在活动中成长成才，让每一个学生找到自己的闪光点，得到尽可能多地展示机会，提升学生的自信。

高考是基础教育的总出口，高考要取得成功，市县区各级各类学校是一盘棋，不仅纵向幼儿教育、小学教育、初中教育和高中教育四个学段环环链接，共同进步，联动发展，而且就高中而言，省市级示范性高中、普通高中，市区、县区高中，公办、民办高中也应横向捆绑链接，每一位学生既都是分母，又都是分子，只有各级各类学校以及大部分学生都不断提升，才能水涨船高。

大多数学校高考复习备考的教学计划都大体一致，步步为营，层层推进，具体分为四个阶段进行。

第一阶段：高二下学期5月至高三上学期12月底为"基础知识复习和巩固，基本技能训练"阶段，主要是结合课本，联想回顾复习旧知识，努力促进学生建构新的知识网络，达到积累知识、夯实基础、增长技能的目的。

第二阶段：高三上学期12月底至1月中旬，主要通过综合考试，查找问题，学生完成自我意识、自我评价，教师和备课组做好总结报告，为下阶段二轮复习找好方向，进一步增强专题复习的针对性。

第三阶段：高三下学期1月下旬至4月上旬为"专项复习、查漏补缺，单项训练、提高技能"阶段。主要是各科根据第一轮复习情况和模拟考试质量分析结果，结合本学科的考点有针对性地进行专题复习，对学生第一阶段复习查漏补缺。主要解决学生"四易"（易忘、易错、易混、易漏）问题，提高分析问题和解决问题的技能，训练明晰、准确的答题思路，培养良好的答题习惯。

第四阶段：4月中旬至6月5日为"模拟训练、归纳总结、稳定提高、心理调适、考前指导、迎接考试"阶段。主要通过模拟考试，提高学生的答卷技能、应试能力，校正答题习惯，锻炼答题心智，严格学生管理，稳定教学秩序，营造良好的氛围，使学生以积极健康的心态迎接高考。

在河南几天的学习，给我们感受最深的是他们对于教师队伍的建设和管理。如果高考是一场战争，那么教师就是每一次战役的指挥官，如何积小胜为大胜，教师的作用是显而易见的。教师要从把工作认真细致地做好上升到把工作当作事业来孜孜追求，由把工作当工作来做上升为当事业来做，是一种质的提升。教师可以从学生的高考成绩中得到荣誉感与满足感，接着再由把工作当作事业上升为使命来做，这就已经具备相当的责任与担当了，毫无疑问将会有更大的提升和跨越式发展。教师在实际教学中要实现"三个转变"：变注入式教学为启发式教学，变学生被动听为主动参与，变单纯知识传授为知能并重。注重培养学生的"四个能力"：自主学习能力，科学思维能力，探究思维能力，考场调控能力。因此每位教师应尽到四个责任：说负责任的话，干负责任的事，做负责任的人，想负责任的法。同时弘扬五种精神：不计得失的奉献精神，不甘落后的拼搏精神，爱生如子的园丁精神，认真执教的敬业精神，终身从教的献身精神。教学工作贯彻"六个一"：向每一节备课要水平，向每一堂讲课要效率，向每一次考试要成绩，向每一次评卷要质量，向每一次教研要成果，向每一个班级要管理。他们还把高效课堂内涵概括为"十化"：课堂学生化、学生自主化、教师引导化、引导互动化、知识问题化、问题层次化、问题答案化、答案分数化、时间目标化和目标具体化。高三教师要求做到：一是强化目标意识、团队意识，精心制订教学计划，抓实集体备课工作；二是优化高三课堂教学，提高课堂效率（尤其重视复习课、讲评课的研究）；三是注重教学反馈，强化教学的有效性；四是目标生、尖子生实行责任承包制；五是完善教育教学管理评价机制（实行教师评价、备课组评价、班主任评价、实验班评价多维立体评价机制），进一步提高工作积极性。他们相信压力催生动力，实干是最大的智慧，要真负责任，真能吃苦，真讲团结，精雕细刻，不留盲点，人人进步，科科增值，就能超越自我，创造奇迹。

2016年4月

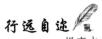

精准把握高考历史命题趋势
知行合一提升历史备考质量

根据多年来的我市各校高三历史备考复习计划，二轮备考复习一般于3月下旬开始持续两个多月，这是考生能力和学习成绩大幅度提高的关键阶段，也是学生学习水平的分水岭，此阶段的备考质量直接影响学生高考成绩，其重要性不言而喻。从复习节奏上来看，高考二轮备考复习不能简单地定位为"第二次复习"，重点应是在一轮复习"慢步走，常回头"的基础上把建立起来的知识网络更系统化、条理化，进一步把握高考各题型的特点和规律，灵活运用学科内的所学知识，提高审题、解题的速度和能力。

一、领会教育部考试中心主任姜钢的有关文章精神，精准把握高考历史复习方向

2018年12月25日，教育部考试中心主任姜钢在《中国教育报》上发表了署名文章《落实立德树人根本任务 进一步深化高考内容改革》，强调高考命题的要求是强化对基础性、综合性、应用性、创新性的考查。该文对于2019年乃至今后高考命题尤其是全国卷的命题，具有非常明确和重要的指导意义！对于考生复习和教师指导也有重要的方向性指引作用。

第一，强化基础性，就是考查学生必备知识和关键能力，增强基础性不是要考教材原话，而是考查学生必备知识和关键能力。"基础性"包括全面合理的知识结构、扎实灵活的能力要求和健全向上的人格素养。高考通过加强对基本概念、基本原理、基本思想方法的考查，引导学生重视基础，将所学知识和方法内化为自身的能力。

第二，强化综合性，就是体现学生综合素质和学科素养，考查学生的知识体系和对知识间联系的把握。综合性主要体现为考查学生综合运用学科知识、

思维方法，多角度地观察、思考，发现、分析和解决问题的能力。高考试题设计注重素材选取的普遍性，突出知识体系的完整性和知识间的联系，要求学生能够基于试题情境深入思考，整合所学知识得出观点和结论。

第三，强化应用性，注重理论密切联系实际；高考命题不能理论"空对空"，而要考查解决现实问题的能力。应用性，主要体现为考查学生运用所学知识解决实际问题的能力。2018年高考试题注重将学科内容与国家经济社会发展、科技进步、生产生活实际等紧密联系起来，通过设置新颖的问题情境，引导学生关注社会进步和科学发展。

第四，强化创新性，考查学生的创新意识和创新能力。创新性主要体现为考查学生独立思考的能力，看其是否能够自觉运用批判性和创新性思维方法。试题通过增强情境的探究性和设问的开放性，允许学生从多角度思考，对同一问题或现象得出不同结论，使学生能够从标准答案的束缚中解放出来，发展个性，增强创新意识。

高考命题的总方向是要加强对学生的理想信念、爱国主义、品德修养、中华优秀传统文化、奋斗精神等方面的考查；要加强独立思考、逻辑推理、信息加工、阅读理解和应用写作能力等方面的考查，提升学生的综合能力和创新能力；要加强审美情趣、健康意识、劳动体验等方面的考查和引导，加强社会实践能力的考查，引导教师夯实学生全面成长的基础。

上述都已在近年全国卷历史试题中有充分体现。从近些年的考题来看，除了注重主干知识的考查，还注重对能力和学科素养的考查。在高考试题中几乎到处都有家国情怀、人文关怀的体现，如国家统一意识、文化认同感等。仔细分析2017年高考试题，可以看到其紧贴现实，处处体现时代热点。此外，试题还比较注重对史观、史学理论以及史学研究方法的考查。

二、领会2019年全国卷历史考试说明中蕴含的新理念，科学应对"新材料""新情境"

结合2017—2019年"考纲"中"变"与"不变"的基本内容可以看出：2017—2019年是《考试说明》制定顺应新《普通高中历史课程标准（2017年版）》的变化，彰显了历史学科核心素养的地位。学科核心素养是学科育人价值的集中体现，是学生通过学科学习而逐步形成的正确价值观念、必备品格和关键能力。历史学科核心素养包括唯物史观、时空观念、史料实证、历史解释和家国情怀五个方面。在高三复习备考中，教师的课堂教学或教辅资料上，都不应该还存在所谓"多元史观"释读某一历史事件的现象。

值得一提的是，2019年《考试说明》中，将2018年"根据普通高等学校选拔人才的要求"改为"根据普通高等学校对新生思想道德素质和科学文化素质的要求"，明确提出"立德树人、服务选拔、导向教学""必备知识、关键能力、学科素养、核心价值""基础性、综合性、应用性、创新性"等一系列关键词汇，凸显落实国家"立德树人"的教育目标。

《考试说明》所蕴含的"素养"理念为教师打通"考—学—教"三大环节提供了切实的"引领作用"，因为无论是专家的"考"、学生的"学"还是教师的"教"，都绕不开"素养"主题，都服务于"立德树人"这个终极目标。具体到教学实践层面，教师要在历史学科核心素养的引领下，根据《普通高中历史课程标准（2017年版）》、《考试说明》和学情，从细节上把握考试内容，选取合适的教学资源，科学应对"新材料""新情境"，切实让"素养"落地生根，提高备考质量。

二轮复习中应把能力考核目标逐项对应具体题目，讲评时细细研读，从高考考点、命题角度、考核要求等方面找到高考的备考方向。同时能力培养要突出学科核心素养：历史学科的基本职能就是进行历史解释，即如何解释历史史实、历史结果。而要进行合理的、科学规范的历史解释，就要以基本的史实和概念为媒介，帮助学生确立起时空观念、史料实证意识、正确的历史价值观，对历史进行含有敬畏、温情和设身处地地理解。

三、按通史框架整合主干知识，全面归纳历史阶段特征，做到古今相通、中外关联

多关注体现社会战略性价值并且符合人类未来发展趋势的热点；如"文明交流""大国治理""共建人类命运共同体""近代工业化"等；多关注符合国家意识和民生的热点，如"体制改革""社会公平"等；多从体现家国情怀、人文关怀的角度去梳理知识，如"国家统一""公民意识""人民的力量"等。

当下中学历史教学及高三备考存在的主要问题是学生历史知识的学习缺乏

深度，历史学科的视野缺乏广度。学生对于记忆性的知识很难形成清晰的时空框架。历史学科不同于其他学科的就是阶段特征的要求，由于一轮复习多采用模块复习，在二轮复习中要特别突出按通史框架整合历史主干知识，全面归纳历史阶段性特征。引导学生自主构建知识体系，通过对基础知识的深入了解，将它们进行串联组合，形成体系结构。例如，中国古代史按照政治、经济、思想文化以及民族等要素对先秦、秦汉、魏晋、隋唐、宋元、明清六部分加以知识整合，在整合中重点拓宽核心概念，如对政治史中的中央官制、地方行政管理、选官制度以及监察制度在历史发展中起到重要作用，或者依然有借鉴意义的概念的拓展。近现代史，把中国的各个阶段放在世界史的背景下整合解读，对知识背景以及思维的流畅都有较好的促进作用。

例如，两次鸦片战争后的中国（1840—1894年）：工业文明冲击下中国的变革，半殖民地半封建社会开始形成；在西方工业文明冲击下，中国社会发生巨大变革，由农耕文明时代开始向工业文明时代演进。

政治上：列强发动了两次鸦片战争，中国的主权遭到破坏，开始沦为半殖民地半封建国家；中国社会主要矛盾由农民阶级与地主阶级的矛盾转变为中华民族与外国资本主义的矛盾、封建主义与人民大众的矛盾；中国革命任务由反对本国封建统治转变为反对外国侵略和本国封建统治的双重任务，进入旧民主主义革命时期；无产阶级的诞生、买办商人的出现和民族资产阶级的形成；太平天国运动兴起，沉重打击了中外反动势力。

经济上：自然经济开始解体，并被纳入资本主义世界经济体系；西方列强对华经济侵略以商品输出为主、资本输出为辅；洋务运动兴起，中国经济近代化开始起步；受外商企业的刺激和洋务运动的诱导，民族资本主义产生。

对外关系上：清政府被迫由闭关锁国转为对外开放，由妄自尊大转为对外妥协；第二次鸦片战争以后，中外反动势力开始公开勾结，清政府开始成为西方列强的附庸和工具；中国近代第一个常设外交机构总理各国事务衙门的设立，标志着中国外交开始走向近代化。

思想文化上："天朝上国"的愚昧思想受到冲击，思想界萌发了向西方学习的新思想，主要是学习西方的物质文明（器物），"西学东渐"局面再度形成；新式学堂与留学教育出现，中国近代化教育由此起步。

社会生活上：西方生活方式传入中国，中国传统的物质生活和礼仪习俗受

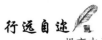

到冲击，向近代社会迈进。

又如，世界近代史上的资本主义蒸汽时代（18世纪中后期—19世纪中期）。

政治上：资产阶级革命和改革风起云涌，资本主义制度在世界范围内确立，政治民主化进程加快；工人运动和社会主义运动兴起和发展；资本主义列强加紧殖民扩张，资本主义世界殖民体系初步形成，资本主义世界体系随之初步形成。

经济上：工业革命使资本主义生产方式最终战胜封建生产方式，人类社会开始进入蒸汽时代；随着工业革命后资本主义列强的对外扩张，资本主义世界市场初步（基本）形成；工业革命后自由主义经济政策盛行。

思想文化上：自由主义、社会主义（马克思主义的诞生）、民族主义多种思想并存，自由主义是这一时期的主流；科技（如法拉第发现电磁感应现象和达尔文的进化论）、文艺（如现实主义风格的文艺）有了新的发展。

四、重视挖掘教材隐性知识，突出问题探究，培养学生多层次、全方位的历史思维能力

高考命题源于教材又不拘泥于教材，很多高考试题会在教材中的"隐性知识"上做文章，试题中的某些知识学生似曾相识，或者在教材中有简单涉及，但没有深入，或者是与教材知识类似的其他知识。复习备考教学中，教师要以教材主干知识点为基点，选取典型史料拓展教材边界，挖掘教材的隐性知识，以问题探究形式，培养学生推理、论证以及准确的表述等多层次、全方位的历史思维能力。

如明清时期君主专制空前强化，教材只提到废丞相、设内阁、设置军机处等知识。实际上这只是君主专制空前强化在中央行政机构方面的表现，其他表现还包括政治上的奏折制度（例行公事用题本、私事有奏本）、厂卫特务机构、宦官专权频现、巡抚的出现、边疆控制的加强、要名节不要性命的士大夫群体的涌现；经济上的专卖、海禁、闭关锁国、资本主义萌芽的出现；思想上的八股取士、文字狱、"天朝上国"的传统观念、"离经叛道"及进步思想的产生。甚至建筑方面的宏大建筑、壁垒森严；科技上的没有突破，进入总结阶段；学术上的考据学、训诂学兴盛；文艺上的反封建的文艺作品的出现，大型丛书、类书的编纂；等等。

再如，高考试题中屡有涉及的中国近代民族意识觉醒。反侵略、求民主是近代中国两大革命任务，各阶级、各阶层纷纷以自己的方式开展了挽救民族危亡的斗争，民族意识逐渐觉醒。鸦片战争时期，民族意识开始萌发：受到鸦片战争失败的强烈刺激，中国官吏和知识分子中的少数爱国开明的有识之士，开始注意国际形势，并收集、翻译外国书报。此后太平天国运动、洋务运动兴起。甲午战争时期，民族意识初步觉醒：甲午战争失败后，中国国际地位一落千丈。严复在《救亡决论》中喊出了"救亡"口号，康有为要求中国人发愤自救，孙中山在兴中会成立时喊出了"振兴中华"的口号。民族资产阶级先后开展了维新变法和辛亥革命运动。五四运动时期，民族意识逐渐升华：在新文化运动影响下，具有初步共产主义思想的知识分子为五四运动准备了最初的群众队伍和骨干力量，促进了马克思主义在中国的传播。中国共产党成立后，把马克思主义和中国国情相结合，制定了民主革命纲领，促进了国共合作和国民大革命的开展。抗日战争时期，民族意识全面高涨：抗日战争的全面爆发，使中国的民族意识由潜隐状态跃升到激烈状态，以国共合作为基础的全民族抗战使民族精神"在侵略者之前突然奋涨起来，成为一道新的、近代的中国长城"。

再如人教版必修二《殖民扩张与世界市场的拓展》一课，教材只叙述了新航路开辟后的16世纪，葡萄牙和西班牙征服了海洋，但并没有讲述其衰落的过程，而是紧接着讲述荷兰和英国的崛起。

材料：当时（1580年前），一艘开往东方的葡萄牙商船的运货单显示：船上装载了热那亚的平绒，佛罗伦萨的绯布，伦敦的棉布，还有荷兰的亚麻布。

——任学安《大国崛起·葡萄牙西班牙》

仔细阅读上述材料，可以提取至少三个有效信息，简要概括材料所反映的历史背景。

（葡萄牙垄断了东方的商路，葡萄牙国内手工业落后，意大利、英国和荷兰的手工业较为发达。背景：新航路开辟，殖民扩张和世界市场的拓展，荷兰和英国逐渐崛起。）

结合所学知识，这张运货单可以用来解释什么问题，请说明理由。

（示例：说明葡萄牙在16世纪后期走向衰落；理由是运往东方的商品都是欧洲其他国家生产的，并没有本国生产的商品，这是葡萄牙衰落的根源。）

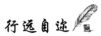

五、重视分析历年高考试题，构建以问题为中心的反思型复习教学

历年的高考试题都是精雕细磨的产物，研究这些试题，就如同和试题的命题者对话。研究历年全国卷发现，有些知识点会在不同类型试卷中重复考查，梳理这些知识点，构建以问题为中心的反思型教学，引导学生对历史问题进行深度思考和探究，提升学生的思维品质，培养学生多角度发现问题、论证历史问题和独立提出观点的能力。如对考点"晚清中国经济结构的变化和民族工业的兴起"的考查，多年来很多高考试题分别从不同角度关注到张之洞及其创办的近代企业——汉阳铁厂。

例1：（2010海南卷，16）1889年张之洞调任湖广总督，选址汉阳建铁厂。如图所示，他对选址的主要考虑是

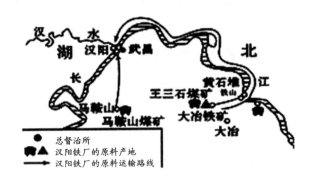

A. 节约生产成本　　　　　　　　B. 便于官府监管

C. 带动民用企业　　　　　　　　D. 与洋商争利

例2：（2013全国大纲卷，19）张之洞在戊戌变法期间撰写的《劝学篇》，在知识分子中产生了极大影响，行销百万册。这反映出

A. 保守势力转而支持改革

B. 洋务派"中体西用"思想已过时

C. 清政府成为变革的主导者

D. 洋务派与维新派思想有共同之处

例3：（2011年山东卷，29）汉阳铁厂的兴衰和武汉钢铁厂的建设见证了中国近现代工业发展的历史。阅读材料，回答问题。

材料一：1889年，湖广总督张之洞筹划在湖北设铁厂，考虑的厂址是大冶或省城武昌附近的汉阳。1893年，铁厂最终在汉阳建成投产。下图是19世纪末湖北省局部区域示意图。

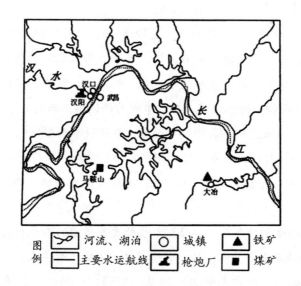

材料二：张之洞认为，若铁厂设于大冶，"厂在省外，实缺大员，无一能到厂者，岁糜巨款，谁其信之？若设在省，则督、抚、司、道皆可常往阅视，局务皆可与闻。"

——据《张文襄公全集》

（1）据材料一，指出与大冶相比，当时在汉阳建设铁厂的区位优势。

（2）据材料二，并结合时代背景，概括说明"督、抚、司、道皆可常往阅视"会对铁厂发展带来什么影响。

（3）现代企业在建厂选址时同样受到诸多因素的影响。运用矛盾的相关知识，说明在权衡这些因素时应当坚持哪些方法论原则。

例4：有学者列表对张之洞创办的汉阳铁厂进行成本分析。通过表格分析可知：

面临的问题	解决办法	成本
缺少铁矿砂	从120公里外的湖北大冶运输	60两白银（每吨）
缺少焦煤	从河北开平运输或从国外进口	16两白银（每吨）
厂址位于大别山麓的低洼潮湿地带	填土、垫高地基建厂	30万两白银

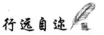
A. 近代工业刺激民族资本主义产生

B. 近代工业抵制了外国资本主义扩张

C. 近代工业创办克服了诸多困难

D. 洋务派官僚草率决策影响企业效益

例5：洋务运动中，在对汉阳铁厂进行选址时，清政府所请的西方技师提出要考虑的因素是地势、运输、矿石、煤、水等。而张之洞坚持汉阳铁厂要建在"能看见烟囱、便于上级检查和领导观光"的地方。最终，汉阳铁厂建在远离铁矿、煤矿的汉山脚下的稻田里。对该事件的评述不正确的是

A. 西方技师的选址标准表明西方人看待事物科学而理性

B. 张之洞坚持自己的观点，使汉阳铁厂顺利建成，并得到很好的发展

C. 清政府在向西方学习的过程中缺乏有效交流与沟通，铁厂办垮也在情理之中

D. 在经济全球化的今天，学习别人长处要有谦虚的态度和实事求是的精神

例6：（2018年全国Ⅱ卷，42）阅读材料，完成下列要求。

材料：1889年，两广总督张之洞从英国预购炼铁机炉，有人提醒先要确定煤、铁质地才能配置合适的机炉，张之洞认为不必"先觅煤、铁而后购机炉"。张之洞调任湖广总督，购得大冶铁矿，开始筹建汉阳铁厂，由于找不到合适的煤，耗费六年时间和巨资，仍未能炼出合格的钢铁。盛宣怀接手后，招商股银200万两，并开办萍乡煤矿，但由于原来定购的机炉不适用，依然未能炼出好钢，只得贷款改装设备，才获得成功。通过克服种种困难，汉阳铁厂成为中国第一家大型的近代化钢铁企业。1949年后收归国有。

——摘编自陈真等编《中国近代工业史资料》等

材料提供了一个中国近代企业发展的案例，蕴含了现代化的诸多启示。从材料中提炼一个启示，并结合所学的中国近现代史知识予以说明。（要求：观点明确，史论结合，言之成理。）

示例一：市场、资金、技术与资源的有效配置是工业化成功之路

在张之洞创办的汉阳铁厂陷入困境之际，盛宣怀接手经营后，采用市场经济手段，募集资金，解决资源问题，并有效改进技术，最终使汉阳铁厂发展成为中国第一家近代化钢铁企业，为中国近代化做出重大贡献。

20世纪70年代末开始，我国逐步摆脱计划经济体制的束缚，发挥市场功

能，吸收外资，引进技术，利用国内各种资源，使经济建设取得举世瞩目的成就。

综上所述，市场、资金、技术与资源的有效配置，是工业化发展必须遵循的经济规律。

示例二：官商不分的体制阻碍中国近代化进程

洋务运动中，洋务派创办的官办企业隶属总督、巡抚，形同官僚衙门，导致官商不分、政企不分。企业经营管理上存在官僚主义作风，在汉阳铁厂的筹建过程中，存在设备购置盲目、选址不当导致生产成本提高等问题，投产六年后企业濒临破产。由此可见，产生于半殖民地半封建社会的洋务企业，官商不分的体制是问题和弊端的根源。洋务派实现工业化、富国强兵的目的最终幻灭。

南京国民政府统治时期，四大家族凭借掌握国家政权，垄断国家经济命脉，形成官僚资本，官商结合，阻碍民族工业发展和近代化进程。

在旧中国，官商不分的体制，成为中国经济近代化的重要阻碍因素。

示例三：引进先进技术要从实际出发

19世纪60年代开始，洋务派引进西方先进技术，先后创办军事工业和民用工业，中国近代化从此起步。张之洞在筹划钢铁厂的过程中，在引进英国先进炼铁机炉时，违背企业经营须遵循的经济规律，忽视先进技术与资源相适应的原则，其推进近代化的宏大愿望却遭遇汉阳铁厂经营六年濒临破产的现实。十一届三中全会决定实行对外开放决策，为引进外资和技术，发展社会主义经济，从国情实际出发，采取设立经济特区等逐步推进的策略，不盲目求快，终于使社会主义现代化建设取得巨大成就。

上述历史启示我们，从实际出发，学习、引进先进技术是强国之路。

我们在复习教学中可对这些试题进行归类梳理，激发问题意识，引导学生对历史问题进行深度思考和探究，提升学生的思维品质，培养学生多角度发现问题、论证历史问题和独立提出观点的能力。从汉阳铁厂的案例中提炼历史启示，并结合中国近现代史知识，从半殖民地半封建社会的阶段特征、洋务运动的目的、清政府的管理弊端等角度去分析以汉阳铁厂为代表的工业化尝试给我们留下的许多教训。近代企业发展成与败、得与失的探索就是中国社会转型的一个缩影，从中可以看到中国近代化开端的艰苦历程。通过试题的问题来引导

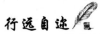
考生从中感悟历史启示，实现对历史的重新审视与深刻反思，培养学生多角度发现问题、论证历史问题和独立提出观点的能力。

2019年3月

附 录

新趋势·新挑战·新机遇

——参加2018年梅州市高中骨干教研员高级研修班研修体会

　　季春时节，东方明珠上海草木吐绿，生机盎然。4月17—24日，人民教育出版社和南方出版传媒股份有限公司组织举办了2018年梅州市高中骨干教研员高级研修班，研修新高考背景下的课程教学管理与教研能力提升。根据教育部的统一部署，我省2018年及以后入学的高中一年级学生，将使用高考综合改革新方案，这将引发学校课程重建、学生生涯规划、学生综合素质评价、学校教学管理变革等一系列连锁反应，课程如何设置、学生如何选课、如何走班教学、如何学业考试、如何综合评价等一系列问题摆在我们面前。我们带着这些问题考察了上海师范大学附属第二中学、华东模范中学、华东理工大学附属中学、上海市实验学校和上海市吴淞中学；聆听了上海师范大学附属第二中学宋红霞主任的"改革永远在路上"、上海市教育委员会教研室徐淀芳主任的"上海市高考改革与高中教育改革"、华东师范大学杨向东教授的"基于核心素养的教学与评价"、上海市实验学校瞿祖芳副校长的"稳中求变 变中求精——高考新政下学校管理探讨"、华东模范中学徐怡敏校长的"上海新高考简要解读及静安区的实践"、上海市吴淞中学张哲人校长的"教育要为想象不到的未来做准备"、华东理工大学附属中学王村丽副校长的学校办学经验介绍和人民教育出版社党委书记郭戈的讲话；观摩了华东理工大学附属中学的地理、生物公开课和上海市实验学校的数学公开课；参观了上海师范大学附属第二中学的标本馆、华东模范中学的科技馆和综合实践活动展示、上海市吴淞中学的劳动技术活动（综合实践活动）室、上海市实验学校图书馆等。本次研修学习是我们教研员一次很好的"充电"机会，既开阔了眼界，拓宽了思路，转变了观念，又加深了对新高考改革方案的领会和理解，促进了教育观念的更新和新课程理念的建立，体验了新高考在学校层面的组织管理与选课走班的操作流程，进一

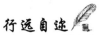

步提升了我们教研队伍实施新高考的组织管理能力和水平。

一、高考综合改革引领基础教育改革发展新趋势

党的十八届三中全会明确提出将考试招生制度改革作为深化教育领域综合改革的重大突破口。推进考试招生制度改革，探索招生和考试相对分离、学生考试多次选择、学校依法自主招生、专业机构组织实施、政府宏观管理、社会参与监督的运行机制，从根本上解决一考定终身的弊端。推行普通高校基于统一高考和高中学业水平考试成绩的综合评价多元录取机制。探索全国统考减少科目、不分文理科、外语等科目社会化考试一年多考。2014年，国务院印发《国务院关于深化考试招生制度改革的实施意见》（国发〔2014〕35号），由上海市和浙江省率先开展高考综合改革试点。2018年，第二批高考改革试点工作也将在山东、海南、北京、天津"两省两市"开展。

上海在高考改革和基础教育改革中的已有探索和实践，为开展新一轮高考改革试点奠定了工作基础和经验基础。《上海市深化高等学校考试招生综合改革实施方案》提出，2014年启动改革，调整统一高考科目，完善普通高中学业水平考试制度，建立高中生综合素质评价制度，形成分类考试、综合评价、多元录取、程序透明的高等学校考试招生模式。

改革考试科目设置：增强高考与高中学习的关联度，考生总成绩由统一高考的语文、数学、外语3个科目成绩和高中学业水平考试3个科目成绩组成。保持统一高考的语文、数学、外语科目不变、分值不变，不分文理科，外语科目提供两次考试机会。计入总成绩的高中学业水平考试科目，由考生根据报考高校要求和自身特长，在思想政治、历史、地理、物理、化学、生物等科目中自主选择。

改革招生录取机制：探索基于统一高考和高中学业水平考试成绩、参考综合素质评价的多元录取机制。高校要根据自身办学定位和专业培养目标，研究提出对考生高中学业水平考试科目报考要求和综合素质评价使用办法，提前向社会公布。

至2017年，上海新高考改革方案整套"两依据一参考"构架已经形成：即依据统一高考和高中学业水平考试成绩、参考综合素质评价（图1）。

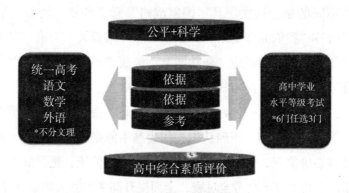

图1 成绩和素质评价

图1中，考生总成绩由统一高考的语文、数学、外语3个科目成绩和高中学业水平等级考试3个科目成绩组成。保持统一高考的语文、数学、外语科目不变、分值不变，不分文理科，外语科目提供两次考试机会。计入总成绩的高中学业水平等级考试科目，由考生根据报考高校要求和自身特长，在思想政治、历史、地理、物理、化学、生物等科目中自主选择。高中学生综合素质评价内容主要包括学生思想品德发展状况、中华优秀传统文化素养、修习课程及学业成绩、创新精神与实践能力、身心健康信息、兴趣爱好与个人特长等。

上海高考综合改革的一个重大突破是明确提出构建高中学生综合素质评价体系，打破"高分数=好学生"的框框，既符合高中教育改革的素质教育导向，也符合高校根据办学特色选拔培养高素质、多样化专业人才的需要，是迈出了破除"唯分数论"的重要一步。作为招生录取的重要参考，综合素质评价信息反映了人才观和质量观的变化。人才观和质量观的变化也对深化高中素质教育提出了明确要求，反映了基础教育改革发展的新趋势。

二、进一步明确新高考的内涵

党的十八大报告明确指出：把"立德树人"作为教育的根本任务。习近平总书记在党的十九大报告中强调：教育要坚持正确方向、坚持立德树人、坚持服务大局、坚持改革创新；教育要为人民服务、为中国共产党治国理政服务、为巩固和发展中国特色社会主义制度服务、为改革开放和社会主义现代化建设服务；要引导学生正确认识世界和中国发展大势，正确认识中国特色和国际比较，正确认识时代责任和历史使命，正确认识远大抱负和脚踏实地。

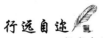

与以往不同的是，这次深具"国家战略"意义的新一轮考试招生制度改革，是为了回答"我们究竟要培养什么人、怎样培养人、为谁培养人"等根本问题，通过"动结构"而适应"新功能"，进而实现"学、教、考、评"等一系列目标升级的真改革。高考核心功能：立德树人、服务选才、引导教学。高考主要任务：立德树人——上好"一堂课"。高考命题工作，必须把"四个坚持""四个服务"和"四个正确认识"作为基本原则遵循，坚持不懈培育和弘扬社会主义核心价值观，传承和发扬中华优秀文化传统，把握好人才培养和人才选拔规律，使其贯穿于高考全过程，全面提升高考的育人功能和导向作用。

三、高考综合改革使我市基础教育发展面临新挑战

考试制度变化带来的挑战：考试科目原来是文理分明，语、数、外+"文综"=文科，语、数、外+"理综"=理科；改后取消文理分科，改为语文、数学、外语3门统考科目和3门选考科目。语、数、外各科满分仍为150分。录取模式原来是"依据高考统考科目成绩"，即所谓的"一张试卷定终身"；改为"两依据、一参考"，即依据3门统考科目和3门选考科目成绩，再参考学生综合素质评价结果（包括学生思想品德、学业水平、身心健康、艺术素养、社会实践五个方面）。考试时间原来是6月一次性进行所有科目统一考试，现改为考试分两次进行，选考科目在高三第二学期高考前，统考科目仍在6月。外语考试原来只能考一次，现改为有两次考试机会，取最好成绩计入高考总成绩。计分方式原来是考试总成绩由各科成绩直接累加，语文、数学、外语3门统一高考成绩加上3门选考科目按等级折算的相应分数。现改为考生总成绩由语、数、外3个科目（必考科目）成绩和高中学业水平考试3个科目（选考科目）成绩组成。

不可忽视的功利倾向。套餐制相对于以前也有进步，但距离实现学生充分的科目选择还有很大的距离。高中学校要根据新高考，对学生进行生涯规划教育，这是学生理性选择学科、选择考试的需要，也是培养学生自主性、独立性，适应新高考选课走班的新学校管理方式的需要。高考改革必须坚持推进招考分离，只集中进行科目改革，将无法根本扭转应试倾向和功利倾向。

表1　教学周期缩短了，常规教学任务更繁重了

年级	考试科目	考试类别	考试时间
高一	信息科技	合格性考试	第二学期末 6月28—30日
	地理、生物（可选择，至少1门）		
高二	地理、生物（高一完成合格性考试的科目除外）		
	思想政治、历史、物理、化学		
	地理、生物（高一需已完成合格性考试，学生可选或不选）	等级性考试	5月第一个周末
高三	语文、数学、外语	合格性考试/春季高考	第一学期末 1月10日左右
	思想政治、历史、物理、化学、地理、生物	合格性考试（仅供还未取得合格性考试合格成绩的考生参加）	4月第一个周末
	思想政治、历史、物理、化学、地理、生物（高二已完成等级性考试的科目除外）	等级性考试	5月第一个周末
	语文、数学、外语（听说测试）	秋季高考	6月7、8、9日

新高考实行选课走班制，对高中阶段的师资、场地条件有更高的要求，如果师资不足，选课走班就难以走下去。目前，全国高中的平均生师比为14.95，北京为9，上海为9.45，浙江为12.92。如果按生师比10计算，推进新高考要增加50%的高中教师，这是巨大的挑战。上海和浙江在推进新高考改革时，都觉得师资紧张，有的生师比达17的省市，师资缺口将特别大。从2014年起，上海市已开始建立普通高中学生综合素质评价体系。按规定，高中阶段学生社会实践不少于90天，其中志愿服务不少于60学时，为高校选拔人才奠定基础。截至2018年9月初，全市已认定市、区两级学生社会实践基地1729个，共提供学生实践岗位375 911个。各高中学校均已与基地签约，已签约基地数为1682个。95%的高三学生参加了志愿服务，86%的高三学生已完成高中阶段累计志愿服务60学时的要求。

由此分析，新高考改革方案将给我市今后的高中学校管理和教学工作带来挑战，高中教育资源也面临挑战：新高考增加了学生的选择性，学生多样化的需要以及对各门学科高水平教学质量的诉求必将带来对学校办学条件更高的要

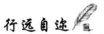
求，以及对办学设备设施的重新分配。普通高中必然要全面推行学生选课和走班教学，而这面临的第一大挑战，就是现有师资难以满足实际课程开设需求，有些学科的教师会出现数量短缺甚至部分教师工作量过大的现象，而有些学科的教师则可能出现过剩现象。现在梅州普通高中普遍存在大班额现象，对实行走班制教学是一个很大的挑战，如何解决实施教学的场地问题、教师数量和质量能否满足这种教学变革需要的问题，都是摆在我们面前的严峻课题。新高考彰显的选择性教育理念，实施分层、分类、分项教学，将助力学校实施素质教育，促进学生全面而有个性的发展。走班教学的推进涉及教学行为、制度与理念等各个层面的整体性变革，学校如何建立一种新的教学运行机制和模式，如何指导学生从6门科目中选择出自己喜欢的3门选考科目（总共有20种选择方式），统筹安排三年的教学计划、课程设置、教学管理以及考试时间，所有这些问题都将成为高中学校最直接、最现实、最紧迫的问题。为适应高考改革新方案，各校需全面开发与优化、编制符合自身实际的并促进学校特色发展、内涵发展的校本课程资源。

四、高考综合改革是我市基础教育改革发展的新机遇

总体来看，新一轮高考综合改革首先实现"教"的新突破，即教学模式由"齐步走"向"个性化"转变，高中实行不同程度选课走班，改变了原来行政班"齐步走"的教学组织管理方式，扭转片面应试教育倾向，学生得以自主选课、个性化学习，体现兴趣特长，推进素质教育。开展学生生涯规划教育，指导学生更好地选课选考、成长成才。"考"的新模式确立，考试科目由"固定组合"向"多元选择"转变，新高考方案完善考试评价方式，打破以往高考文科、理科的固定科目组合，超过7成学生选择了个性化科目组合，增加了学生的选择性，学生的兴趣爱好、学习潜能和个性特点得到充分体现。"招"的新实践，成功实现了基于考生个性化选课和高校多样化选考要求下的录取，增加了考生和高校的双向选择机会，使考生"录其所愿"，高校"招其所愿"。上海、浙江新高考录取整体平稳顺利，志愿投出率高、匹配度高、退档率低，考生家长满意度较高。

综合各方面情况看，高考综合改革目标明确、方向正确，总体进展符合预期，得到广泛支持和拥护。第三方评估显示，改革基本实现了引导素质教育、

缓解一考定终身的压力、推动高中教育教学等预定目标。这些突破和改变为今后基础教育发展提供了新机遇：

（1）各学校根据地域和生源特点确定学校的办学思想（办学理念）。办学思想对校外是一面旗帜，对校内是一个纲领，对历史是一个总结，对未来是一个目标。学校要保证办学思想的相对稳定和连续性，也要保证办学思想与时俱进、创新发展。例如，上海师范大学第二附属中学的办学思想是：一切以学生的全面可持续发展为本；上海市实验学校的办学思想是：办学前瞻创新，实验精致领先，教师专业发展，学生展能成志；上海市吴淞中学的办学思想是：尽吾身之责，为民族增光。这些学校的共同特点是能够根据学校的地域和生源特点提出明确的办学思想，让师生找到归属感，引导全校师生为共同的目标而奋斗。

（2）各学校突出教师专业化发展引领前行，打造一支"懂实验、乐学习、善教学、会研究、敢创新"的教师队伍。注重学校"价值共同体"的塑造，建立教师专业化发展学校运行机制，研究教师教育生涯理论，建设精致精研团队，开展"学科发展年"，落实差异化教学理念，推进高中课改研究。各级教育主管部门应尽快启动对高一教师进行人生生涯规划的全员培训，让他们认识到在新高考背景下，教师充当的角色不仅是知识的传授者，而且是学生的人生导师、学生选课的辅助者。人事部门应对现有教师的数量和学科配置情况进行调查，并尽早和当地政府协商教师储备问题，做好师资的保障工作。上海师范大学第二附属中学把"程序、精致、实效"作为学校的管理理念，开展了适应性教育模式的探索。着力探索分层教学、适应差异的课堂教学新模式，形成了以分层教学、信息化教学为特征的教学特色。上海市实验学校将打造和擦亮"实验"特色作为精细管理的目标，通过教学改革和管理制度，着力打造一支"懂实验、乐学习、善教学、会研究、敢创新"的教师队伍。上海市吴淞中学则在发扬"坚持师德准则，尊重学生个性，诱发求知兴趣，开发学习潜能"的"学趣合一"的教学传统的基础上，以教师发展带动学生发展，构筑以专业化教师队伍、人文化发展环境和信息化办学条件为主要内容的办学保障体系，促进教师和学生全面协调发展。这些名校的成功，来自它们能遵循学校发展规律和学生的发展规律，克服急功近利思想，克服一味地标新立异和"追风"行为，扎扎实实做好基础的常规管理。坚持走科研兴校之路，致力于促进教育教

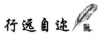

学质量和教师教育教学水平的提高，使教育科研服务于师资队伍建设，服务于新课程的实施，服务于课堂教学改革，服务于教学各个环节的优化，服务于教育管理水平提高，服务于每个学生的终身发展。这些都非常值得我们借鉴。

（3）及早着手高考改革之高中选课设置与评定研究。各校应积极创造条件，探索开设面向全体学生的基础课程、面向分层学生的拓展课程、面向少数学生的研究课程等多样化课程，积极推进创新、创客、创业实践等教育基地及实验场馆建设，培养学生创新精神和实践能力，大力推进素质教育，全面提升学生综合素养。

（4）及早着手走班制班级管理研究。长期以来，各高中学校习惯了以行政班为主体的教育管理模式，年级为实体，班级为单位，一级抓一级，层层落实。"6+3"高中学业水平等级考试后，单一的行政班模式无法适应全校大规模的选课走班教学，教学班与行政班并存成为学校管理的主要组织形式。各高中学校要整体把握校舍情况，提前做好规划，并争取专项资金支持，尽快开工建设，以满足走班教学的场地条件。不断推进县域教育现代化建设，引进先进的走班制校园管理平台，利用信息技术解决走班制模式中的排课、学生管理、班级管理、教师管理、课程评价、综合素质评价等管理难题。

在新高考方案下，学校只有为千差万别的学生提供丰富多样的课程机会，让其潜能得到充分的发掘、展现和发展，他们才会姿态万千地茁壮成长。基于学生的共性发展与基础发展，学校要提供必修的基础课程，培养其公民素养；基于学生的兴趣爱好与需求，学校要提供选修的个性课程，以促进其个性发展和顺势成长。此前各高中学校在执行国家课程方案过程中往往是考什么教什么，教什么学什么，重基础课程轻个性课程，重必修课程轻选修课程，导致选课走班教学流于形式，不利于学生的全面发展和个性发展，不利于学生的健康成长。新高考的实施，打破了这一封闭僵化的课程实施模式，各高中只有认真落实国家课程方案，重建学校课程，规范课程实施，认真落实选课走班教学，才能适应课程改革和高考改革的要求，实现育人质量的提升，赢得全社会和人民的认同。

（5）指导学生及早进行选课和人生职业规划。高一学生新学期入学后，各校应尽快启动学生生涯规划课程的开设，让学生明确自己的性格特点、特长爱好、适合做什么等，为学生自主选择课程做好前期准备。高考改革正式推动后，把人生选择前置，让学生从高二，甚至高一就开始考虑毕业后的方向。选课对高中生而言，无疑是一场博弈，是一项新挑战！选择自己擅长的科目能拿分，但也可能在以后的职场上会竞争激烈。方便于找工作的志愿科目，又未必是自己的兴趣所在。表面看来，选择的自由度大了，但实质上却是需要考虑的方面更多了。"3+（6选3）"的模式，也就是除了语、数、外三科，学生们还要根据自己的特长、偏好等分别从物理、化学、生物、政治、历史、地理6门科目中选出3门作为选考科目，于是产生了大约20种"风格各异"的选考方式。

实施新高考方案后，生涯规划教育必须成为必修课，国家必然有相应的教材或指导意见，我们不能等待教材，各学校应根据实际开设课程，注意生涯规划教育与心理健康教育的区别，课程实施要形式多样，体现综合性、实践性的特点。既有知识的传授，也有技能的培养，还有态度、观念的引导。要根据学生的需要以及学校和地方的课程资源，将心理健康教育、社会实践、社区服务、研究性学习、职业体验、学习指导、生活指导等融合在一起实施，使各个内容要素彼此渗透，体现课程的综合性。要结合学生的实际需要，注重实用性，致力于解决学生生涯发展过程中面临的实际问题。

2018年4月

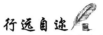
2018年广东省"新修订普通高中课程方案和课程标准省级培训"培训日志

我们怀抱理想！

——摘自魏恤民主任讲座课件，是为题记

培训日志

5月22日

风日晴和人意好

教育为国家的明天培养人，教育人需先天下之思而思，则能先悟先行。

——张民生

今天早上，风日晴和。得益于培训组织方的周到安排，我们早早来到华南师范大学大学城校区。华师大校道两旁浓荫蔽日，花开烂漫，校园远离喧嚣，静谧平和。各市教育行政部门负责人、基教部门负责人、教研部门负责人、校长、普通高中全学科的各地各学科骨干教研员、各师范院校师范类专业负责人等1300多位教育精英齐聚华师大，一起参加这次学习培训。

上午的开班典礼和通识培训在体育馆举行，省教育厅王创副厅长介绍新课程方案和课程标准培训的背景、重大意义、特点，要求以省级培训为基点，全面推动普通高中课程改革。国家教育咨询委员会研究员、上海市基础教育课程改革专家咨询委员会的张民生老师作深化高中课程改革，落实立德树人根本任务背景下的题为《核心素养背景下的高中课程改革》的报告，张民生老师围绕"为谁培养人，培养怎样的人，怎样培养人"等问题，指出教育为国家发展服务，要培养出"具全球胜任力的人"。因此要全面落实立德树人，研制中国学生发展核心素养体系及学科体系；高中课程改革新高考，《普通高中历史课程标准（2017年版）》修订新教材；教学与评价是落实素养的关键；基于核心素养的学业评价，真实情境加真实问题的解决。修订课程方案和课程标准迫在眉睫，切实让核心素养落地，让学生具备适应终身发展和社会发展需要的必备品格和关键能力，而教学与评价是落实素养的关键。

下午的学科培训，先由魏恤民主任做《在路上——历史课程标准修订整体介绍》专题讲座，从为什么要修订、怎么修订等方面阐述了课程标准修订的艰难历程，既高屋建瓴，又充满教育情怀，令人钦佩又感慨万千，特别是"学科核心素养的提出给了我们学科自信"这一金句，让我更爱自己的选择。第二阶段，深圳科学高中姚晓岚校长着重从时空观念、历史解释及课堂实施策略等方面，与我们学员一起分享了其"历史学科素养的培养策略"课题研究成果，其所举教学实例有助于我们更好地推动课堂教学改革。

5月23日

无边光景一时新

历史学科核心素养是指学生在接受历史教育过程中逐步形成的、具有历史学科特点的综合品质和关键成就，是历史学科育人价值的集中体现。这就要聚焦学生是如何运用所学知识去解决历史问题，以及他们是如何构建自己对历史的认识的。

——叶小兵

课标组专家、首都师范大学叶小兵教授在《基于核心素养的历史教学》专题讲座中分析了在核心素养理论框架下，结合丰富的教学实例，从教学目标、教材分析、教学过程、教学评价等方面分享了其在历史教学中如何落实学科核心素养的实践成果，具有很强的实用性和可操作性。我们认识到核心素养是个体在面对复杂的、不确定的现实情境时，能够综合运用特定学习方式所孕育出来的学科和跨学科的观念、思维模式和探究技能，结构化的学科和跨学科的知识与技能，以及世界观、人生观和价值观在内的动力系统，在分析情境、提出问题、解决问题、交流结果的过程中表现出来的综合性品质和关键能力。通俗

地讲就是用受教育所学的东西来解决问题的综合性品质。

历史学科核心素养，是学生在接受历史教育过程中逐步形成的、具有历史学科特点的成就（包括基本知识、关键能力和方法、情感态度和价值观的综合表现），是历史学科"育人"价值的集中体现。历史学科教育的目的是人的培养，但传统的历史教学过度地在学科上发力，教师也常常纠结于历史知识的容量和难度，而忽略了历史学科的本质和历史教育的真正价值。因此，重建历史教育价值的关键，是实现由"学科知识本位"的教学转向"以人为本"的教学，就要聚焦于受过历史教育的人所应具有的能力、习惯、气质、品格等，而历史学科核心素养正是解决这一问题的钥匙。只有抓住历史学科核心素养的培养，才能全面发挥历史学科的"育人"功能，正确引领历史教学的改革与发展。

北京大学赵世瑜教授既是明清社会文化史的史学名家，也是教育部《普通高中历史课程标准》《义务教育历史与社会课程标准》制订组核心成员、岳麓版中学历史教材主编。他在《新时代需要怎样的历史观》中从史学角度介绍了新时期的史学观及其走向，特别从"哲学的背景""怀疑与批判精神"方面谈到新时期史学发展方向，指出现在已进入史学的新时代，认为史学发展的走向是方法取向和多元解释，要质疑"常识"，注重史料的多样化，最后回到历史学科核心素养。这有利于我们学会如何引领学生接地气地去学习历史，从反思角度更好地引导学生去理解历史和认识历史。

5月24日

春风试手先梅蕊

了解学习者已有的认知结构局限性就要求我们突破这些局限。

——凯斯

深圳大学师范学院附属中学童盟老师《基于新课程的历史教学设计文本结构初探》专题讲座结合教学实例，围绕历史学科五个核心素养分享其教学设计模式。他从基于历史《普通高中历史课程标准（2017年版）》及相关解读的文本分析、基于文本分析基础上的教学设计撰写样式思考以及基于教学设计撰写样式思考下的案例分析三方面，鲜活地向我们展示了新课改下深圳的学校是如何探讨落实历史学科的核心素养的。

广州市教研员李渊浩老师《核心素养视域下的中学历史教学设计》专题讲座，围绕"历史学科核心素养如何落地"这一主题，从教学设计的要素、教学策略、教学实验反思等方面分享教学实践成果，特别提到"一位真正优秀的教师不是教书，而是育人"这一金句，让人深思！教学设计是教师根据课程标准的要求和教学对象的特点，对教学各要素进行安排、确定合适的教学方案的设想和计划。教师的教学意图、思想和理念，体现在教学设计上，作用在课堂教学上，影响在学生成长上。因此，教师在设计教学时关注学生历史学科核心素养的培养和提升，对课堂教学落实《普通高中历史课程标准（2017年版）》的要求至为关键。在历史教学中，教师应该在遵循历史学科的性质和特点的基础上，以促进学生发展为根本目的，以学生"思维品质"和"关键能力"的培养和提升为目标，确立教学中心、整合教学内容、开发课程资源、设计教学问题和教学活动。

总的来说，深圳的教师更多从课程理论分析到教学设计角度去解读和落实核心素养，而广州的教师更多从课程理论分析到教学实践角度让核心素养落地。李老师分析了教学设计的众多要素，并展示了不同类型的教学设计，给我们展示了广州在应对《普通高中历史课程标准（2017年版）》下核心素养培养方面的鲜活事例。

培训感悟

要顺利实施新方案、《普通高中历史课程标准（2017年版）》，山区中学历史教师必须重新审视核心素养背景下的中学历史教师专业化发展路径策略，突出把教学实践智慧作为历史教师专业化发展的核心内容，把实践情境作为专业化发展的根基，把"以学生为重"作为专业化发展的根本，把"学习为主，经验科学相结合"作为专业化发展的重要支撑。确立新的认知观、教学观和评价观，从知识本位转变为素养本位。大力开展"素养课堂"研究，构建"学习中心课堂"，实现在教学理念上以学生的学习与发展为教学的本位、重点；提高教学手段的多样化和信息化水平；以学生历史学科核心素养的整体发展为着眼点，把握学业质量水平，多维度进行学习评价，准确判断学生学科核心素养的达成度，最终帮助学生面向其长远的未来。

2018年5月